HERMANN SCHREIBER

JAMES COOK

Auf der Suche nach dem fünften Erdteil

Ueberreuter

CIP-Kurztitelaufnahme der Deutschen Bibliothek

Schreiber, Hermann:
James Cook: auf d. Suche nach d. 5. Erdteil /
Hermann Schreiber. – Wien; Heidelberg:
Ueberreuter, 1981.
ISBN 3-8000-2221-4

J 1222/1

Umschlag von Erich Hölle
Illustrationen und Karten von Anna Stangl

Papier und Gesamtherstellung: Salzer - Ueberreuter, Wien
Printed in Austria

Wäre nicht die Freude, die aus einer ersten Entdeckung resultiert, und sei es auch nur die Entdeckung von Sandbänken und Riffen, so wäre dieser Dienst unerträglich, besonders in entlegenen Gegenden wie dieser, knapp an Nahrung und fast allen anderen notwendigen Dingen.

James Cook in seinem Tagebuch während der gefahrvollen Fahrt am Barriereriff Ostaustraliens.

Die erste Reise

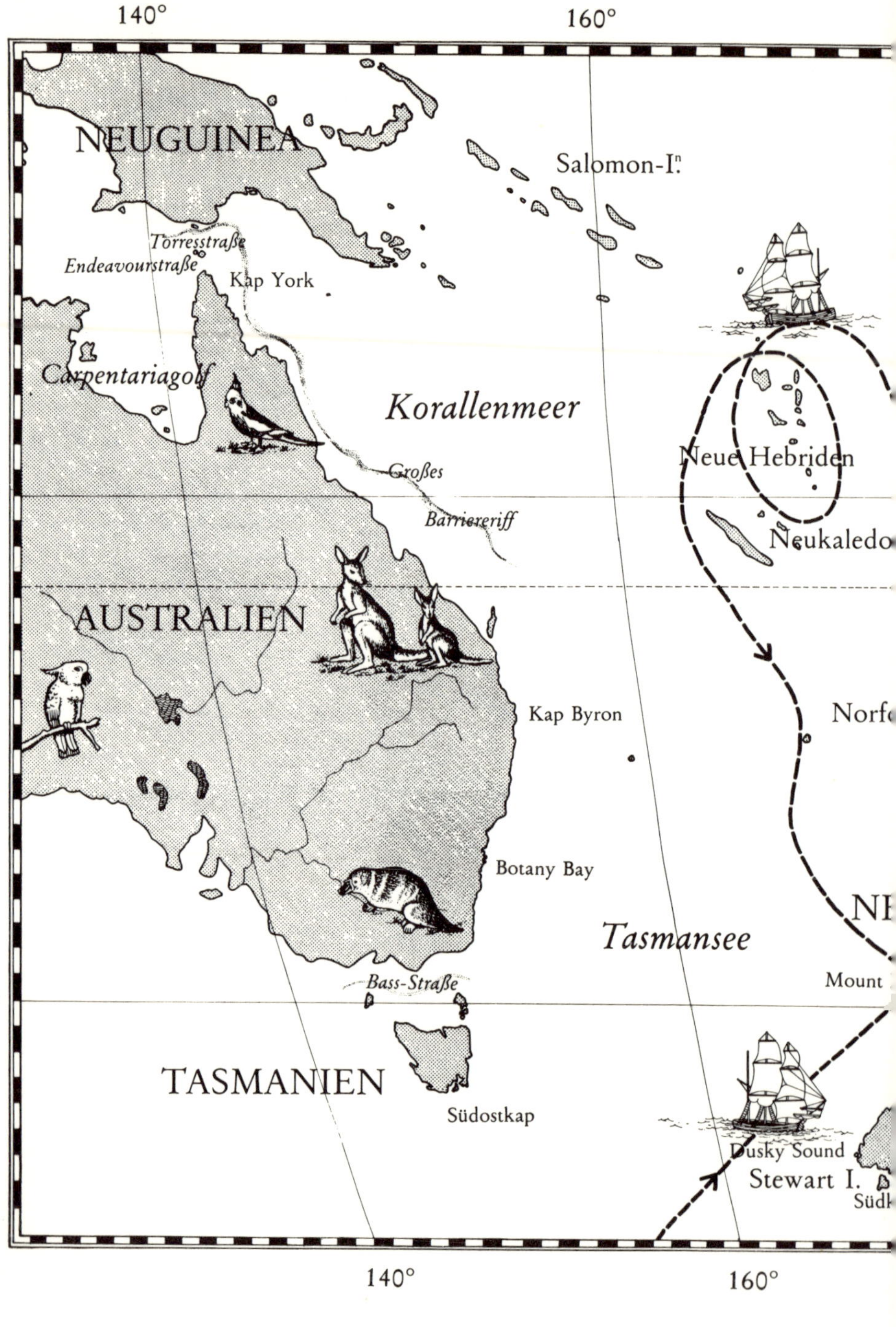
140°
160°
NEUGUINEA
Salomon-I.
Torresstraße
Endeavourstraße
Kap York
Carpentariagolf
Korallenmeer
Neue Hebriden
Großes
Barriereriff
20°
Neukaledo
AUSTRALIEN
Kap Byron
Norf
Botany Bay
NE
Tasmansee
Mount
Bass-Straße
40°
TASMANIEN
Südostkap
Dusky Sound
Stewart I.
Südk
140°
160°

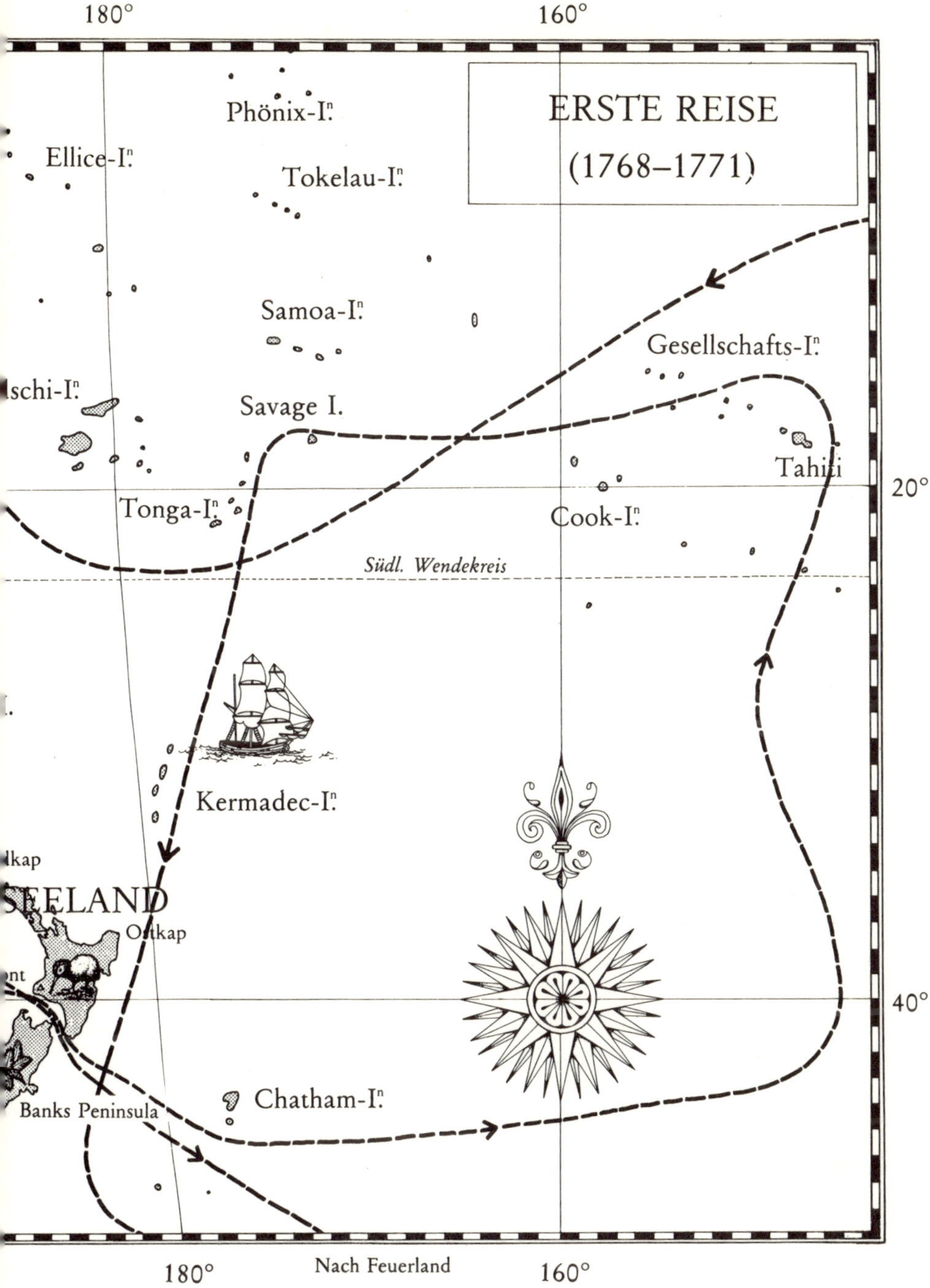

180°
160°
ERSTE REISE
(1768–1771)
Phönix-I.n
Ellice-I.n
Tokelau-I.n
Samoa-I.n
Gesellschafts-I.n
schi-I.n
Savage I.
Tahiti
20°
Tonga-I.n
Cook-I.n
Südl. Wendekreis
Kermadec-I.n
kap
SEELAND
Ostkap
nt
40°
Chatham-I.n
Banks Peninsula
180°
Nach Feuerland
160°

In geheimer Mission

Es war ein kleiner, dunkler Raum, in dem die Herren der britischen Admiralität zusammenkamen, mit gebeiztem Eichenholz getäfelt, mit Folianten angefüllt und durch zwei kleine Fenster nur unzureichend erhellt.

»Sieht ja aus, als wären wir alle Verschwörer«, murrte Sir Piercy Brett, als er sich ein wenig umgesehen hatte, »und das alles wegen ein wenig Himmelsbeobachtung und Astronomenkram? Glaubt ihr wirklich, daß die alte Venus die Franzosen so anhaltend interessiert – ich meine die Venus am Himmel natürlich . . .« schloß er mit seinem lauten Lachen, das in den Gängen des Admiralitätsgebäudes wohlbekannt war.

»Wenn's nur die Venus wäre, Sir Piercy«, sagte Lord Colville, der zu den Beratungen hinzugezogen worden war, »die steht ja nun tatsächlich hoch am Himmel, und jedermann, der ein Fernrohr besitzt, kann sich so eingehend mit ihr beschäftigen, wie seine Zeit dies zuläßt. Aber da hat uns nun einmal Mr. Halley, unser verdienter Hofastronom, auf die Tatsache aufmerksam gemacht, daß diese Venus, unser Abend- und Morgenstern, am dritten Juli des nächsten Jahres die Sonnenscheibe passieren wird ... ein höchst seltenes Ereignis, das sich im pazifischen Raum besonders gut beobachten lassen würde ...«

»Und mit dem Herrn Hofastronomen wollte sich's wohl niemand verderben, weil die Herren alle insgeheim doch an den Humbug von der Sterndeuterei glauben?« polterte Sir Piercy Brett.

Aber die also Gerügten blickten einander nur pfiffig an, so als wüßten sie etwas, was Sir Piercy sogleich umstimmen würde, ja als hätten sie sogar eine ganze Wundertüte von Überraschungen in der Hinterhand.

»Wir können Ihnen versichern, Sir Piercy«, sagte Lord Colville schließlich, als alle wieder ernst geworden waren, »daß uns Briten und Seefahrer mehr der Ort der Beobachtung interessiert als das Ding, das da beobachtet werden soll ...«

»Mit anderen Worten, die ganze Expedition zur Beobachtung des sogenannten Venusdurchgangs ist ein Vorwand?«

Colville wurde für einen Augenblick unsicher.

»Das ... das wäre zweifellos zu hart ausgedrückt. Seefahrt und Himmelsbeobachtung gehören seit Jahrtausenden zusammen, und die Wissenschaft erwartet sich mit Recht von dem seltenen Schauspiel der Venuspassage Aufschlüsse über himmlische Vorgänge und die Beschaffenheit dieses uns so nahen Planeten. Aber natürlich hat die Admiralität nicht das Recht, so zu tun, als wären die Gestirne wichtiger als unsere irdische Wirklichkeit. Wir hatten harte Kriege mit Frankreich, auf allen Ozeanen haben wir gegen die schneidigen Seeleute der Franzosen gekämpft, und wir wissen, daß sie nach ihren Niederlagen in Indien und Nordamerika in höchstem Grade an der Südsee interessiert sind ...«

»Und dort natürlich nicht so sehr an der See als an den vorhandenen Landflächen!« meinte trocken ein schlanker Mann, der bis dahin noch kein Wort gesagt hatte.

»Wer sind denn Sie?« erkundigte sich Sir Piercy indigniert; er war gewöhnt, daß junge Männer ihm sogleich vorgestellt wurden und daß sie keinesfalls eher das Wort an ihn richteten.

»Verzeihen Sie, Sir Piercy, das war mein Fehler«, sagte Lord Colville schnell und erhob sich, »gestatten Sie, daß ich Ihnen Leutnant

James Cook vorstelle, den Sie dem Namen nach ja längst kennen ...«

»Freut mich, Cook«, brummte Sir Piercy und drückte dem jungen Offizier herzhaft die Hand, »Sie haben mit der *Northumberland* ja wahre Wundertaten vollbracht ... Jetzt weiß man endlich, wie dieses Neufundland aussieht. War wohl nicht allzu lustig, solch eine Nebelinsel zu vermessen, wie?«

»Der Dienst muß nicht lustig sein, Sir«, antwortete Cook knapp, »Hauptsache, es kommt dabei etwas heraus. Überdies ging's für mich ja auch darum, das Handwerkszeug in den Griff zu bekommen. Ich habe ja so allerlei gelernt als Junge, dann auf See und schließlich in der Königlichen Marine ... aber der beste Lehrer ist doch die Wirklichkeit, da kann man sehen, ob man sich nicht etwas Falsches eingetrichtert hat.«

»Stimmt, ja«, sagte Sir Piercy Brett etwas mißmutig, »Sie haben sich die ganze Wissenschaft, die Vermessungstechniken und die Nautik selber beigebracht ... Vater hatte wohl nicht viel Geld, wie?«

»Wenig Geld und viele Kinder, Sir«, antwortete Cook unbefangen, »wie das auf dem Lande eben so ist ... Ich war das zweitälteste von sieben Kindern, und wenn mein Vater auch schließlich zum Verwalter aufstieg, für die teuren Schulen in der Stadt hätte es nicht gereicht. So habe ich es mir eben selbst beibringen müssen.«

»Was Ihnen zweifellos auch gelungen ist, Leutnant«, fiel Lord Colville schnell ein, da ihm das Verhör eines so verdienten Mannes inzwischen peinlich geworden war. »James Cook, Sir Piercy, war für seine ungemein schwierige Vermessungstätigkeit im Bereich des Sankt-Lorenz-Stromes und des Inselgebietes von Neufundland so hervorragend befähigt und hat dort so gute Arbeit geleistet, daß er sich ganz einfach durch seine Leistung für größere und heiklere Aufgaben empfohlen hat.«

Sir Piercy Brett hatte sich gesetzt, die Herren Hawke und Spencer waren ebenfalls anwesend, verdiente Stützen der Admiralität, und an einem Tischchen im Hintergrund Phil Stephens, der Geheimsekretär, der sich eifrig Notizen machte und, wenn er aufblickte, gelegentlich ein aufmunterndes Lächeln für den jungen Offizier hatte, den die mächtigen Herren hier und heute in die Mangel zu nehmen schienen.

»Ja, die Empfehlungen, meine Herren!« seufzte in diesem Augenblick Sir Piercy. »Die sind es eben ... Wir alle sind Männer, die ihr Geschäft verstehen, aber England ist eine Monarchie, diese Monarchie hat eine wohlgefügte Gesellschaft, und in ihr kommt nun einmal der Adel oben, danach das wohlhabende Bürgertum und schließlich, ganz unten, jenes namenlose Volk ...«

Lord Colville räusperte sich mahnend.

»Jenes namenlose Volk«, fuhr Brett unbeirrt fort, »das uns zwar schon so manchen braven Seemann geschenkt hat, das aber doch keinesfalls jenen verdienten Leuten aus der Oberschicht vorgezogen werden sollte, deren Namen man bereits kennt...«

»Ich weiß, auf wen Sie anspielen, Sir«, antwortete Cook, noch ehe sich Colville für ihn ins Mittel legen konnte, »ich kenne die Empfehlungen, die auf den gewiß sehr gelehrten Mr. Dalrymple hinweisen. Aber ich weiß auch aus französischen Logbüchern und Expeditionsberichten, wie unendlich gefährlich die uns unbekannten Gewässer der Südsee sind. Es gehört zu den Eigenarten der dort liegenden Inseln, daß Ringe von Riffen sie umgeben – Riffe, die nicht aus dem Wasser ragen, aber bis nahe an die Wasseroberfläche reichen, so daß sie für jedes tiefer gehende Schiff eine tödliche Gefahr darstellen. Und die Strömungen zwischen den Inseln sind unberechenbar, sie sind heimtückisch und haben schon manches Schiff in die Riffkränze gezogen, wenn nicht schon die Brandung das Fahrzeug auf die Riffe warf...«

»Ich danke Ihnen, Leutnant«, unterbrach Sir Piercy, »ich weiß, was Sie sagen wollen: mit aller Gelehrsamkeit wäre uns wenig gedient, wenn das Schiff dann gar nicht zurückkehrt. Das ist natürlich richtig. Dennoch fällt es mir schwer, gerade Mr. Dalrymple zurückzuweisen, denn er ist schließlich der Hauptverfechter der Lehre vom Südkontinent!«

»Aber erfunden hat er ihn schließlich nicht!« antwortete Lord Colville. »Wenn es diesen halb sagenhaften Kontinent gibt, wird ihn ein tüchtiger Seemann eher zu finden wissen als ein Gelehrter, meinen Sie nicht auch, meine Herren?«

Die kleine Runde schwieg, aber es war kein abweisendes Schweigen. Man hatte sich Pfeifen angesteckt, das Kollegium saß in dichten blauen Wolken, und der große blaue Ozean schien für all diese meervertrauten Gentlemen plötzlich ganz nahe zu sein.

»Aber wie soll unser braver Leutnant Cook etwas finden, woran er gar nicht glaubt?« gab schließlich Mr. Spencer zu bedenken. »Die besten Kartenzeichner stehen doch nun einmal in dem Geruch, nur an das zu glauben, was sie aufs Papier bannen können!«

»Darf ich dazu etwas sagen, meine Herren?« bat Cook, stand auf und trat zu einer Weltkarte, die an der Wand hing und zwischen den Kontinenten und Inseln noch so manchen weißen Flecken aufwies. »Hier, Gentlemen, hat Magellan auf seiner großen Fahrt den Pazifischen Ozean durchschnitten, von der Südspitze Südamerikas über die Ladronen zu den Philippinen, und hier« – er zog eine Linie mit dem

Finger, die in der Gegenrichtung verlief – »segelte der Spanier Mendaña von den Salomoninseln nach Chile. Dazu kommen die Reisen unserer eigenen Kapitäne, auf die ich nicht eigens verweisen muß, denn ein Drake, ein Cavendish, ein Wallis ... sie sind uns alle bekannt. Jeder dieser Männer hat Seefahrtgeschichte gemacht, aber keiner hat auch nur die Vermutung geäußert, er sei in der Nähe eines großen Landblocks vorbeigesegelt ...«

»Ich sag's ja«, brummte Spencer, »Leutnant Cook glaubt an keinen Südkontinent.«

»Ich glaube an den Südkontinent, aber nicht an jene Lage, die Mr. Dalrymple vermutet«, berichtigte James Cook. Seine Stimme war ruhig, aber geheime Leidenschaft zitterte in ihr, als er fortfuhr: »Und weil ich den Südkontinent tatsächlich im Süden vermute, nicht irgendwo zwischen den Inselschwärmen, die bereits durchfahren wurden und einigermaßen bekannt sind, werde ich mehr Chancen haben ihn zu finden als jeder, der sich nur auf dem Meßtischblatt ein Plätzchen für diese Legende ausgerechnet hat. Während die Herren Gelehrten die Venus beobachten, werde ich versuchen, von den Eingeborenen auf der Insel Tahiti etwas zu erfahren. All diese Insulaner sind Seefahrer und kennen die Geheimnisse der großen Strecken. Vielleicht weist mir irgendein alter Priester die Richtung zum Südkontinent, weil ich als Seemann um die Wunder der Welt weiß und nicht so verblendet bin zu glauben, sie ließe sich in jedem ihrer Winkel ausmessen und berechnen wie ein Kasernenhof.«

Die Herren sahen einander betreten an. War das nicht ein etwas unpassender Vergleich? Man wußte ja von diesem Leutnant, daß er die gefährlichsten und schwierigsten Forschungsaufträge übernommen hatte, um nicht in der eigentlichen Kriegsmarine Dienst tun zu müssen. Auf das Militär schien er also nicht sonderlich gut zu sprechen zu sein; um so stärker aber war offensichtlich sein Gottvertrauen, war sein Glauben an die Wunder der Schöpfung. Und einem dieser Wunder sollte er nun mit all seinem Mut, seinen großen Gaben und seinen Kenntnissen nachspüren.

Wenige Tage nach dieser Unterredung wurde James Cook das säuberlich ausgefertigte Patent eines Leutnants in der Königlichen Marine zugestellt, genauer gesagt die Ernennung zum Premierleutnant, woraus man schließen durfte, daß ihm andere Offiziere untergeordnet werden sollten. Wichtiger aber als der Dienstgrad war ihm, daß all das funktionierte, was nicht auf dem offiziellen, dienstlichen Weg über die britische Admiralität in Gang gesetzt wurde, sondern mit Hilfe erprobter Freunde. Denn was half das schönste Offizierspatent auf einem schlechten Schiff, wie man es etwa dem braven Wallis gegeben hatte, und was half das feierlichste Dekret, wenn man sich nicht auf seine Männer verlassen konnte? Das hatte das Beispiel des Kolumbus wie das des Magellan gezeigt, und beider Leben hatte James Cook sehr genau studiert.

Hatte nicht Kolumbus weder Schiffe noch Mannschaften erhalten – obwohl Königin Isabella sie ihm versprochen –, ehe die in Palos wohlbekannte Reederfamilie Pinzón auf seine Seite trat? Hatte nicht Magellan mit Schwert und Galgen Meutereien niederkämpfen müssen, noch ehe er den halben Weg zurückgelegt hatte?

So waren denn auch Cooks Freunde nicht müßig gewesen. Man kannte den tüchtigen Jungen in dem Hafen Whitby, seit er dort, kaum den Knabenhosen entwachsen, auf Walkers Kohlenschiffen herumgeschippert war; und so ein Kohlenkahn war es auch, den er sich für seine erste große Entdeckungsreise wünschte, ein robustes Schiff mit geringem Tiefgang und großer Tragfähigkeit, dem man Vorräte aufbürden und das eine oder andere Riff zumuten konnte. Ein Schiff für harte Arbeit, auch wenn es nicht sonderlich elegant im Wasser lag.

Gouverneur Palliser, in dessen Auftrag Cook Neufundland umrundet und kartographisch aufgenommen hatte, war einer der mächtigsten Fürsprecher des jungen Offiziers gewesen. Aber auch Lord Colville war sich seit Jahren über die Fähigkeiten Cooks klar. Man hatte nur einem Mann wie Dalrymple nicht von vornherein nein sagen können, gaben doch die wissenschaftlichen Gesellschaften des Königreichs nicht weniger als 10 000 Pfund für die Ausrüstung des Expeditionsschiffes: man mußte also zumindest so tun, als stünde die Venus im Vordergrund, als wären die an Bord gehenden Gelehrten die Hauptpersonen und der Kapitän ausschließlich ausgewählt, um die in allen himmlischen Wissenschaften wohlbewanderten Herren auch heil wieder auf die heimatliche Erde zu bringen.

Ein wenig eng würden sie es allerdings haben in den zwei Jahren, die sie unterwegs sein sollten. Das Kohlenschiff, das die Admiralität in Whitby angekauft hatte, schwamm schon vier Jahre lang, was nicht allzuviel war, aber auch nicht zuwenig. Da es in der Königlichen Marine schon ein Schiff mit dem schönen Namen *Endeavour* gab, was soviel heißt wie Wagnis oder Unternehmungsgeist, nannte man Cooks Expeditionsschiff *Endeavour Bark,* ein Zusatz, der freilich vergessen wurde, als sich das Schiff verdienten Ruhm sicherte. Zweiundzwanzig Geschütze wurden auf dem Schiff montiert, und an die hundert Männer, genau: 94, bezogen ihre Quartiere dort, wo noch Monate zuvor die schwarze britische Kohle verstaut worden war. James

Cook machte das am wenigsten aus, er war mit der Kohle aufgewachsen, und er wußte, was diese soliden Schiffe in der rauhen See rund um die Insel zu leisten hatten mit einer Ladung, die schwer im Schiffsbauch lag und bei heranstürmender See nicht selten verrutschte. Schiffe, die damit fertig wurden, die konnte man auf allen Meeren der Welt fahren, und man konnte sie lange fahren, denn sie schluckten ohne Murren eine große Menge an Vorräten.

In jenem regnerischen Frühling des Jahres 1768 hatten die Kinder von Whitby keinen köstlicheren Zeitvertreib, als zuzusehen, wie sich das alte Kohlenschiff, das sie alle kannten, nach und nach in ein schmuckes Expeditionsschiff verwandelte. Bisher hatte sie *Earl of Pembroke* geheißen, gewiß ein schöner Name, aber doch nicht halb so aufregend und geheimnisvoll wie *Endeavour*! Und was der junge Kapitän alles einladen ließ, war beinahe noch seltsamer, ja beinahe sah es aus, als wolle er nicht auf große Fahrt gehen, sondern eine lustige Pfingstparty feiern, soviel Früchte wurden geladen, soviel Bierextrakt kam an Bord, dazu eine Menge Zwiebeln und Sauerkraut.

Die Mannschaften sahen auch bald ganz anders aus als auf den Kohlenschiffen. Sie trugen nicht mehr jene Art Kleider, die diesen Namen kaum verdienten, weil sie ohnedies nach jeder Reise fortgeworfen wurden, es hätte ja doch keine Schiffersfrau den Ruß, den Schweiß, das Salz und den übrigen Dreck aus ihnen wieder herauswaschen können. Neu, sauber und warm eingekleidet, so zogen die Leute Cooks vom Schiffsjungen bis zum Leutnant Gore an Bord, der wohl Cooks rechte Hand werden sollte, weil man sich sagte, er habe schon zwei Weltumseglungen hinter sich, so jung, wie er war. Auch von den Matrosen waren schon einige dort gewesen, wo es zuerst hingehen sollte, nämlich auf der Insel Tahiti, und in den Hafenschenken von Whitby war denn auch viel mehr von den schönen Mädchen auf dieser Insel die Rede als von der Venus am Himmel, die man dort angeblich beobachten wollte. Am wenigsten glaubten die Schiffersfrauen an die Himmelsbeobachtung, dahinter steckte ganz sicherlich irgendein unchristlicher Reisezweck, sonst würden die fünfe, die schon auf Tahiti gewesen waren, nicht immer so vielsagend die Augen verdrehen und einander heimlich anstoßen, sobald die Rede auf diese Wunderinsel kam.

So munkelten sie alle und wußten doch nichts Rechtes, ja die Maate und Offiziere auf der *Endeavour* waren durch ein eigenes Schreiben von vielsagender Kürze sogar gebeten worden, nicht in ihren Kommandanten zu dringen, ihn nicht mit Fragen zu bestürmen, denn er dürfe es nicht sagen: es sei *Top secret,* ein Staatsgeheimnis ...

James Cook freilich, beim Auslaufen der *Endeavour* noch nicht einmal vierzig Jahre alt, kannte die Geheiminstruktion inzwischen auswendig, die ihm die Lords der Admiralität mit auf den Weg gegeben hatten. Und von allem feierlichen Gerede, aus all den gewundenen und das Eigentliche nur zaudernd aussprechenden Sätzen war ihm vor allem der zweite Absatz immerzu gegenwärtig, ja er meinte bisweilen, ihn wie ein weißes Schriftband am Horizont zu erblicken, mehr Verheißung als Befehl.

»Es beliebt Seiner Majestät, Sie zu ersuchen, mit Ihrem Schiff erneut in See zu stechen, sobald die Beobachtung des Venusdurchgangs abgeschlossen ist. Dabei sollen Sie Südkurs halten, um den bewußten Kontinent zu entdecken, und zwar bis auf eine Breite von 40 Grad – natürlich nur, falls Sie nicht schon früher auf die bewußte Küste stoßen. Finden Sie weder den Kontinent noch irgendein Anzeichen, das auf ihn hindeutet, so sollen Sie Ihre Suche in westlicher Richtung fortsetzen, und zwar in einem Meeresgebiet, das zwischen 40 und 35 Grad südlicher Breite liegt und in dem Sie sich nach Westen zu bewegen, bis Sie auf die Ostküste jenes noch kaum bekannten Landes treffen, das Tasman gesichtet und Neu-Seeland genannt hat.«

Dieser Abel Janszoon Tasman, das war ein tüchtiger Mann gewesen, wie alle Holländer zwar mehr am Handel als am Entdecken interessiert, im übrigen aber ein guter Seefahrer, der die großen Strecken nicht scheute und wie so mancher holländische Kapitän das Geheimnis kannte, seine Leute gesund um die Welt zu bringen. Darum war er in jenem Neuseeland, wie er es genannt hatte, auch nicht an Land gegangen, als ihn ein erster Landungsversuch gleich drei oder vier Mann seiner Besatzung gekostet hatte. Handel also konnte man mit diesem wilden Volk ohnedies nicht treiben, und das Land zu erobern, das war etwas für die Großmächte oder jene, die sich dafür hielten.

Und weil man dies wußte, hatte die *Endeavour* auch ihre vielen Geschütze mitbekommen. Einen Kontinent zu erobern, der so mutige Eingeborene aufzuweisen hatte wie jene auf Neuseeland, das würde der *Endeavour* zweifellos nicht möglich sein. Aber sie konnte wenigstens trachten, die Botschaft heil nach Hause zu bringen, die Nachricht, wo dieser vermaledeite Kontinent denn nun tatsächlich lag – wenn es ihn überhaupt gab. Ihn zu finden würde jedenfalls ungleich weniger Zeit in Anspruch nehmen, als in immer neuen Reisen nachzuweisen, daß es ihn nicht gab. Also wünschte James Cook, Premierleutnant Seiner britischen Majestät, sich diesen Erfolg, mochte es auch eine Bestätigung der Thesen sein, mit denen jener Mr. Dalrymple die gelehrten Herren in und um London in so bemerkenswerte Erregung versetzt hatte. Genau besehen, war das ganz gut so, denn andernfalls hätte man ihm gewiß nicht soviel Geld zugebilligt. Zweieinhalbtausend Pfund für den Kohlenkahn, etwa ebensoviel für die Umrüstung und dazu nun noch fünftausend Pfund für die Durchführung. Schwindlig konnte einem werden bei solchen Summen. Sein Vater hatte von soviel Geld niemals auch nur träumen können...

Ein Paradies mit kleinen Fehlern

Der Atlantik war noch nicht überquert, als sich der Koch bei James Cook melden ließ, ein einarmiger Mann, den der Leutnant darum nur nach einigem Widerstreben an Bord genommen hatte, der seine Sache aber recht gut machte.

»Was gibt's? Die Vorräte können doch noch nicht zu Ende sein?«

»Die Vorräte nicht, Sir, im Gegenteil. Die Mannschaften finden, es gebe zuviel . . .«

»Zuviel zu essen?«

»Zuviel Sauerkraut, Sir.«

»Hast du ihnen nicht erklärt, daß das wegen der Gesundheit ist? Sie brauchen dieses Gemüse, weil sie sonst den Skorbut bekommen und die Zähne verlieren, ja vielleicht sogar das Leben!«

»Gewiß, Sir... das habe ich erklärt. Aber Sie wissen ja, wie Seeleute sind: die halten das alles für Tricks und glauben, wir wollen sie mit dem Zeug nur vollstopfen, damit weniger Fleisch ausgegeben werden muß!«

James Cook überlegte eine Weile.

»Du meinst also, so sind die Seeleute? Dann paß auf: Morgen, wenn wieder Sauerkraut gekocht werden soll, sagst du dem Küchenjungen so ganz nebenbei, Sauerkraut gebe es nur für die Offiziersmesse; es sei nicht mehr allzuviel da davon, man könne für die Mannschaft keines kochen, verstanden?«

»Zu Befehl, Sir!« antwortete der Koch. Es war zu erkennen, daß er noch nicht ganz begriffen hatte. Eigentlich hatte er ja melden wollen, es gebe zuviel Sauerkraut, und nun, nun sollte es auf einmal zuwenig sein?

Die Bucht von Rio kam eben in Sicht, als sich der Segelmacher bei Cook melden ließ, ein erfahrener Seemann, der meist für die Mannschaft sprach. Man redete darum von diesem und jenem, ehe der Mann zur Sache kam. Es gehe da ein Gerücht auf dem Schiff um, daß das Sauerkraut nicht mehr ausreiche.

»Das kann natürlich vorkommen, Sir«, sagte der Mann treuherzig, »irgendeiner in Whitby hat da Mist gemacht beim Einkaufen. Aber wenn es zuwenig ist, verdammt noch mal, Sir, dann soll es für alle zuwenig sein oder für keinen.«

»Sie meinen, es soll an alle ausgegeben werden, auch wenn es dann eines Tages gar kein Sauerkraut mehr gibt?«

»Genau das meine ich, Sir, mit Verlaub, und die anderen ... die anderen sagen dies auch!«

»Also gut, der Hafen ist schließlich nicht fern, ich gebe dem Koch die Anweisung, Sauerkraut wieder für alle zu kochen. Aber dann, das sage ich euch, dann muß es auch gegessen werden. Ihr seht jetzt, wie kostbar es ist!«

Nun murrte niemand mehr, die Teller wurden reingeputzt, und der Gesundheitszustand der Mannschaft durfte als ausgezeichnet gelten. Es gab nur wenige Erkrankungen, und diese verliefen harmlos.

Dennoch hatte die Expedition das erste Todesopfer schon wenige Monate nach der Ausfahrt zu verzeichnen. Den Atlantik hatte die *Endeavour* ohne Verluste überquert, auch in Rio de Janeiro, der feindseligen Hauptstadt des portugiesischen Brasilien, hatte James Cook die Nerven behalten und gute Miene zum bösen Spiel des Vizekönigs gemacht, der die Briten offensichtlich aus tiefstem Seelengrund haßte: die Vorräte waren wichtiger, das Schiff mußte für den gefährlichsten Teil der Reise neu verproviantiert werden. Aber in Feuerland, an der unwirtlichen Südspitze des südamerikanischen Kontinents, hatte das Schicksal zum ersten Mal zugeschlagen, und kein Seemann war das Opfer geworden, sondern das unbedeutendste Mitglied der kleinen Gruppe von Wissenschaftlern ...

Mr. Joseph Banks, der reiche Sponsor des Unternehmens, hatte sich in seinem jugendlichen Wissensdrang mit seinen gelehrten Freunden an Land gewagt. Man ankerte in der Success Bay an der Ostspitze von Feuerland, der Wind kam mit Regen und Schnee sehr kalt aus dem Südwesten, und James Cook, der sich auch ein wenig die Beine vertreten und sogar mit einigen Eingeborenen zu sprechen versucht hatte, begab sich bald wieder zurück an Bord. Es war der 17. Januar 1769, ein Dienstag, die Kälte nahm in den Nachtstunden außerordentlich zu, und Cook war darum in größter Sorge wegen der Gelehrtengruppe, die nicht wie vorgesehen bei Einbruch der Dunkelheit an Bord zurückgekehrt war. Cook hatte sie ja ein Stück begleitet, er wußte, was sie bei sich hatten und daß sie für eine Nacht im Freien nicht ausgerüstet waren.

Die Herren kamen denn auch gegen Mittag des nächsten Tages in jämmerlicher Verfassung zurück und mußten an Bord der *Endeavour* sogleich gelabt werden. Der Diener von Mr. Banks aber hatte die eisige Nacht nicht überlebt, und sein Herr machte sich die bittersten Vorwürfe. Dieser Tod eines Mannes, der keinen Einfluß auf sein Schicksal hatte nehmen können und der gewiß lieber an Bord geblieben wäre, gab allen zu denken, und Mr. Banks wurde fortan wesentlich vorsichtiger.

War schon dieser Zwischenfall ganz dazu angetan, den Kommandanten nachdenklich zu stimmen, so tat die schwere Prüfung, die dem Schiff und der Mannschaft bevorstand, ein übriges. Feuerland mußte umrundet, der Pazifik mußte erreicht werden; aber die Tagebücher der britischen Kapitäne, die diesen Weg einige Jahre zuvor genommen hatten, ließen nichts Gutes erwarten, ja die *Dolphin* hatte nicht weniger als drei Monate in der wegen ihrer Flauten berüchtigten, tief in die Felsen eingeschnittenen Passage zugebracht, die nach ihrem Entdecker Magellanstraße hieß.

Einem richtigen Seemann, der seinem Schiff vertraute, war selbst ein kräftiger Sturm stets lieber als eine anhaltende Flaute, und in den schneeigen Einöden von Feuerland, zwischen den kahlen Felsen dieser düsteren Wasserstraße, da hätte die *Endeavour* wohl den ganzen glückhaften Schwung verloren, mit dem man ausgelaufen war. Also entschied sich James Cook für das Wagnis und nahm den Weg um Kap Hoorn, den Weg, den Francis Drake rund zweihundert Jahre früher mit seiner *Golden Hind,* ohne es zu wollen, entdeckt hatte, als wilder Sturm ihn nach Süden verschlug.

James Cook hatte Glück, mehr Glück als die meisten Seefahrer in dieser Weltgegend. Zwar nahm ihm der Nebel häufig die Sicht, aber am 25. Januar erkannte er doch querab an Steuerbord den dunklen Bergkegel, der so charakteristisch für das am meisten gefürchtete Kap der alten Seefahrt ist. »Man mochte meinen, es sei eine Insel«, notierte James Cook in sein Bordtagebuch, »aber eigentlich ist das für die Schiffahrt nur von geringer Bedeutung. Was ich wissen wollte, war: Ist dies nun das südlichste Stück Land vor oder auf Feuerland? Aber das neblige Wetter und die kräftigen westlichen Winde, die uns vom Kap wegdrückten, hinderten mich daran, meine Neugierde zu befriedigen und mir Gewißheit zu verschaffen.«

Eine andere Gewißheit aber wurde ihm in den nächsten Wochen zuteil. Er legte seinen Kurs quer durch den Südostpazifik nach Tahiti, weiter westlich als die wenigen Seefahrer, die seit Magellan diesen großen Ozean bezwungen hatten. Es erschien ihm sinnlos, hinter anderen herzufahren, er zog seine eigene, wenn auch unsichtbare Furche durch die See. Und als er etwa tausend Kilometer westlich von Chile kein Land gefunden hatte und auch keinerlei Anzeichen dafür feststellen konnte, daß sich ein Kontinent in der Nähe befinde, da hatte er seinen ersten Sieg über jenen Mr. Dalrymple errungen, der so gerne statt Cook die Expedition geführt hätte. Die *Endeavour* nämlich segelte längst durch jenes Gebiet, auf dem Dalrymples Südkontinent liegen sollte, aber sie hatte Hunderte von Faden Wasser unter dem Kiel ...

Die *Endeavour* war mit ihrem geringen Tiefgang, der schwerfälligen Bauweise der Kohlenschiffe und dem wenig ausgebildeten Kiel kein Schnellsegler. Da hatte es im Siebenjährigen Krieg sowohl bei den Briten wie bei den Franzosen schon viel schnellere Kaperfahrzeuge gegeben, schnittig, wendig, wahre Windsbräute, deren Kapitäne erst refften, wenn es unbedingt sein mußte. Dafür brachte James Cooks Kohlenschiff eine beträchtliche Stabilität mit, hatte auf dem Weg um Kap Hoorn weniger Segelfläche wegnehmen müssen als alle Fahrzeuge vor ihm auf dieser Strecke und trotzte mit seiner soliden Bauweise auch jenen Wellen, die einmal aus der falschen Richtung kamen. Dennoch wollte der Kommandant nun keine Zeit mehr verlieren. Die Venus wartete schließlich nicht, und welche Blamage, wenn die *Endeavour,* vom Sturm verschlagen oder gar havariert, so spät in Tahiti eingetroffen wäre, daß man die Beobachtungsvorkehrungen nicht rechtzeitig hätte treffen können!

Einige Inseln, die in Sicht kamen, blieben darum unerforscht, vor allem weil Bougainville, der tüchtige französische Entdecker, schon vor Cook dort angelegt hatte. Erst am 7. April 1769 gelang eine echte Entdeckung mit der Insel Ravahere, einem kleinen Eiland, das durch Korallenbänke und Riffe mit anderen Inselchen zu einer Gruppe zusammengeschlossen war, und als am 10. April Mehetia in Sicht kam, eine Insel, die sowohl Wallis als auch Bougainville schon besucht hatten, bemächtigte sich der Männer auf der *Endeavour* beträchtliche Hochstimmung: nun war Tahiti nicht mehr weit, es war sogar zum Greifen nahe, die große, bergige Insel, von der die Besatzungsmitglieder, die sie kannten, nur mit glänzenden Augen sprachen.

Seiner hochaufragenden Gipfel wegen kam Tahiti schon am nächsten Tag in Sicht. Nun wurden die Männer ungeduldig, ja sie beschimpften den alten Kahn, der sich der paradiesischen Insel so gemächlich näherte, als handle es sich um den Kohlenhafen Cardiff. Erst am 13. April rasselten die Anker aus den Klüsen der *Endeavour*. Man hatte die Matavai Bay als Liegeplatz gewählt wie vordem schon Wallis, und James Cook ließ, ehe er Landurlaub gab, den Schiffsarzt um ein Gespräch bitten.

»Wir sind nun etwa acht Monate auf See, Doktor«, sagte der Kommandant, »wir sind gewissermaßen am Ziel, und die Seeleute werden nun ganz anders geartete Aufgaben zu erfüllen haben. Sagen Sie mir ganz offen, in welcher Verfassung Ihrer Meinung nach meine Leute sind!«

»Die Mannschaft besteht ja so gut wie ausschließlich aus jungen Leuten, Sir«, antwortete Dr. Munkhouse, »dank unserer Vorkehrungen, aber auch wegen ihrer Jugend und guten Konstitution, haben sie alle die lange Seereise gut überstanden. Es gibt einige wenige Erkrankungen an Skorbut mit schwachen Symptomen. Ich habe jedem, der auch nur die geringsten Anzeichen von Skorbut erkennen ließ, Bierwürze verabreichen lassen, bei stärkeren Krankheitserscheinungen auch Sonderzuteilungen an frischen Zitrusfrüchten und Zwiebeln.«

»Was schlagen Sie an Maßnahmen während des Aufenthalts auf Tahiti vor, Doktor?«

»Für das Schiff: alle Räume gut durchlüften, nachdem sie peinlich genau gesäubert worden sind. Alle Leute sollen ihre Spinde ausräumen, reinigen und die Sachen an die Sonne legen, damit diese völlig durchtrocknen können.«

»Und die Männer selbst? Was sollten sie tun?«

»Ohne in die Dienstpläne eingreifen zu wollen, Sir: Bewegung an Land und in guter Luft wäre vonnöten, dabei sollten Überanstrengungen vermieden werden. Die Ernährung auf der Insel bedarf der

Gewöhnung; wird jetzt zuviel gegessen, zuviel Ungewohntes, zuviel Früchte, so können sich im Verein mit dem reichlich vorhandenen Trinkwasser schwächere Durchfälle einstellen. Ja und dann gibt es das große Problem ...«

»Sie meinen die Mädchen?«

»Gewiß ... diese Naturkinder machen es unseren Männern nicht schwer, sie sind jung, hübsch und wohlgestaltet, sie tragen auch nicht viel auf dem Leib und locken die Seeleute durch ihr bloßes Dasein. Jedes Übermaß wäre auch hier gefährlich. Die Nachturlaube sollten darum mit Zurückhaltung gewährt werden, und bei Frauen, die sichtlich Umgang mit vielen Männern haben, besteht auch die Gefahr, daß unsere Leute sich böse Krankheiten zuziehen ...«

James Cook seufzte.

»So also sieht das Paradies aus der Nähe aus: ein Bündel von Sorgen für den Kommandanten und neue Verantwortung zu der bisherigen hinzu. So ganz ohne Zwischenfälle wird es hier wohl nicht abgehen, das ahne ich schon. Immerhin bin ich zufrieden, daß wir noch gut zehn Wochen bis zum Venusdurchgang vor uns haben – in dieser Zeit könnte man ja beinahe ein Observatorium bauen, das wir in dieser reinen Luft gar nicht brauchen. Darf ich Sie bitten, an die erste Gruppe der Landurlauber ein paar ermahnende Worte zu richten? Wenn ich es sage, nehme ich mit meinem Kommandoton den Leuten vielleicht die Freude, und die haben sie sich schließlich verdient!«

Der große Magellan hatte auf seiner Durchquerung des Pazifischen Ozeans eine Inselgruppe entdeckt, deren Eingeborene ihm alles gestohlen hatten, was nicht niet- und nagelfest war. Er hatte darum den Inseln erbost den Namen Ladronen gegeben, was soviel heißt wie Diebsinseln. In den ersten Tagen des Aufenthalts auf Tahiti war Cook wie auch die Gelehrten seiner Expedition mehrfach versucht, auch die große Insel Tahiti, die für die Briten offiziell noch König-Georg-III.-Insel hieß, als Diebsinsel zu bezeichnen.

»Sie werden es nicht glauben, Sir«, beklagte sich Dr. Munkhouse bei James Cook, »aber diese braunen Teufel haben mir doch tatsächlich, sosehr ich auch aufpaßte, meine Schnupftabaksdose gestohlen ... und Dr. Solander ist beinah noch mehr geschädigt, denn ihm haben sie das Fernglas fast aus den Händen geklaut!«

Das war natürlich nicht auf die leichte Schulter zu nehmen. Dr. Solander war ein hervorragendes Mitglied der Gelehrtengruppe, sein Fernglas gehörte gleichsam zur Ausrüstung der Expedition. Indessen zeigte sich auch, daß auf Tahiti nicht viel verborgen bleiben könne. Offenbar hatten die Diebe in ihrer naiven Freude über die eigenartigen Gegenstände diese herumgezeigt, vor allem wohl auch, weil sie weder mit dem einen noch mit dem anderen etwas anzufangen wußten. Und da die beiden Herren keine Bestrafung verlangten, sondern nur eben die entwendeten Gegenstände wiederhaben wollten, fühlte sich auch niemand zu großer Geheimhaltung verpflichtet. Kurz, nach ein paar Stunden des Wartens und des Ärgers brachten die Insulaner, scheu wie Kinder, die etwas angestellt haben, Fernglas und Schnupftabaksdose wieder – die Dose freilich war leer.

»Hoffentlich haben die Kerle meinen guten britischen Tabak wenigstens aufgegessen und kriegen jetzt tüchtiges Magenbrummen«, sagte der Schiffsarzt erbost. Es konnte den Tahitianern nur nützen, wenn sie beizeiten erkannten, daß man nicht alles an sich nehmen und schon gar nicht es einfach verzehren durfte.

Allein, die Lektion half nicht viel, denn es stellte sich bald heraus, daß diese kleinen Diebstähle vor allem für die jungen Männer der Insel eine Art Sport waren; sie wetteiferten sogar darin und waren sich kaum bewußt, etwas Schlimmes zu tun, auch wenn es für die Expedition und für sie selbst schließlich doch ernste Folgen hatte.

Die erste Aufgabe der Besatzung bestand darin, an der Küste, aber noch im Bereich der Schiffsgeschütze, einen kleinen befestigten Stützpunkt anzulegen, von dem aus die Himmelsbeobachtungen durchgeführt werden konnten. Leutnant Cook hatte darum in der Jolle ein ganzes Strandstück erforscht, aber keinen günstigeren Platz gefunden als die Matavai-Bucht, in der auch schon die *Dolphin* geankert hatte. Diese Arbeiten für die Errichtung des Forts und das dazu nötige Gerät zogen zahlreiche Neugierige an und mußten durch einen Maat und bewaffnete Matrosen gesichert werden. Dennoch versuchten die Tahitianer immer wieder, sich der Gerätschaften, ja sogar der Waffen zu bemächtigen – einmal, weil sie die Wirkung der Gewehre unterschätzten; zum andern wagten sie es, weil sie wohl erkannt hatten, daß Cook ernste Zwischenfälle oder gar Blutvergießen vermeiden wollte. An einem Tag, an dem es Mr. Banks gelungen war, mit einer einzigen Schrotladung drei Enten zu erlegen, was die Insulaner in größten Schrecken versetzte, wurde einem Wachsoldaten das Gewehr entwunden. Der vor dem Wachzelt diensthabende Maat gab daraufhin den Befehl zu feuern, und der Dieb wurde tatsächlich tödlich getroffen. Das gestohlene Gewehr aber hatte einer der fliehenden Gefährten des Getöteten, ungeachtet seiner Todesangst, blitzschnell an sich genommen, und es tauchte nicht wieder auf.

Unter solchen Umständen war es äußerst wichtig, daß das Fort schnell errichtet wurde und seine Abwehrkraft erlangte, und tatsächlich war dies schon nach zwei Wochen eifriger Arbeit erreicht. Der befestigte Bereich brauchte ja nicht groß zu sein, und Geschütze an

Land zu bringen war vollends überflüssig angesichts der drohenden Kanonenschlünde der *Endeavour*, die jeden Quadratmeter Land rund um die Matavai-Bucht mit ihrem Feuer erreichen konnten.

Am 1. Mai war die Palisadenwand geschlossen, man brauchte keine Eindringlinge mehr zu fürchten, und der kostbare Quadrant, ein astronomisches Instrument von höchstem Wert, wurde mit anderen Beobachtungsgeräten an Land gebracht. Für die Eingeborenen hatte der Quadrant, ein Gerät zur astronomischen Standortbestimmung, noch viel weniger Wert als etwa die Schnupftabaksdose des Dr. Munkhouse, aber natürlich wurde das unersetzliche Ding vom Augenblick der Ausschiffung an scharf bewacht – und war dennoch unauffindbar, als es am nächsten Tag fest eingebaut werden sollte.

Nun mußte Cook Großalarm auslösen, denn was half die schönste Festung, was half auch das pünktliche Eintreffen auf Tahiti, wenn die Beobachtung des Venusdurchgangs selbst nicht mehr möglich war! Alle großen Kanus wurden beschlagnahmt, alle Häuptlinge, deren man habhaft werden konnte, wurden gefangengesetzt. Mr. Banks und der Astronom Green, der seine Felle schon davonschwimmen sah, machten sich mit einigen Bewaffneten ins Landesinnere auf, um den Spuren der Diebe zu folgen, und nach ein paar Stunden höchster Aufregung, in denen sich sogar James Cook hatte an Land locken lassen, brachten die beiden Herren tatsächlich den Quadranten zurück. Er war ein wenig verschmutzt, aber im wesentlichen unversehrt und wurde fortan nicht mehr aus den Augen gelassen...

Nun konnte nur noch diesiges Wetter die Beobachtungen gefährden, Nebel, wie sie schließlich auch im Pazifik aus dem Wasser aufsteigen, aber Cooks Glückssträhne begünstigte auch die Arbeit der Gelehrten.

»Dieser Tag«, schrieb James Cook am 3. Juni 1769 in sein Tagebuch, »erwies sich als außerordentlich geeignet für unsere Absichten, ja er hätte gar nicht schöner sein können. Von morgens bis abends zeigte sich nicht das kleinste Wölkchen, so daß wir die gesamte Passage der Venus vor der Sonnenscheibe beobachten konnten. Wir erkannten sehr deutlich eine Atmosphäre oder einen düsteren Schatten um den Körper des Planeten, was eine gewisse Verwirrung stiftete bei der Festlegung der Kontaktzeiten. Dr. Solander beobachtete ebenso wie Mr. Green und ich, aber die Ergebnisse unserer Zeitmessungen für die Kontakte lagen viel weiter auseinander, als man eigentlich hätte erwarten müssen. Allerdings hatte Dr. Solander ein stärkeres Teleskop als wir anderen. Den ganzen Tag über herrschte völlige Windstille, aber eben dadurch auch eine Hitze, wie wir sie noch niemals zuvor erlebt hatten...«

Als das getan war, hätte James Cook, seinem Geheimbefehl gemäß, eigentlich alles verladen und im Südpazifik auf die Suche nach dem rätselhaften Kontinent gehen sollen. Aber da er so viele schwere Monate auf Neufundland zugebracht hatte, um diese große Insel in einem kalten Meer genau zu vermessen und zu kartographieren, gönnte er sich auch das Vergnügen, das idyllische Doppeleiland Tahiti näher kennenzulernen und eine genaue Karte anzufertigen. Er benützte dazu das große Beiboot und nahm Mr. Banks mit sich, der sich durch seine großzügige Förderung des ganzen Unternehmens diese Auszeichnung verdient hatte. Auch hatte Banks stets besonders großes Interesse an den Eingeborenen gezeigt, die man schließlich auch von einer besseren Seite kennenlernen wollte.

Teils im Boot, gerudert, teils am Meeresufer wandernd, entdeckten die beiden Männer, daß Tahiti aus einer großen Insel mit hohen Bergen bestand, an der eine zweite, kleinere Insel hing. Verbunden waren die Schwestern durch eine Art Landbrücke, die so flach und oft sumpfig war, daß die Eingeborenen ihre Kanus darüber hinwegzogen, um die Ruderstrecken zu sparen. Die größere Insel wurde Tahiti-nui, die kleinere Tahiti-iti genannt; den Fluß auf der großen Insel nannten die Insulaner Vaitepiha.

An der Flußmündung wünschte Mr. Banks zu rasten. Es war etwas schwül an diesem Tag, und das Flußtal herab strich ein Hauch frischerer Luft aus den Bergen. Die Rudermannschaft blieb bei der Jolle zurück, Cook und der Gelehrte aber gingen an Land, um sich ein wenig die Beine zu vertreten.

Noch ehe sie ein Plätzchen für die Rast im Grünen gefunden hatten, knackte es im Unterholz, man vernahm einen unterdrückten Schrei, und gleich darauf verschwand ein brauner Schatten im Gebüsch.

»Wir haben ein Pärchen gestört«, sagte Banks lächelnd. »Diesen Naturkindern sind offenbar die Nächte zu kurz, und sie scheinen auch tagsüber genug Zeit für die Liebe zu haben.«

»Es ist doch ein wenig ungewöhnlich ...« gab Cook zu bedenken. »Ob da nicht einer unserer Matrosen dahintersteckt? Die kommen mit ihren Nachturlauben nicht aus, seit ich sie auf Anraten von Dr. Munkhouse eingeschränkt habe ... Wenn Sie gestatten, Sir, will ich der Sache auf den Grund gehen. Ruhen Sie ein wenig, ich bleibe nicht lange fort.«

Mr. Banks war ein gesprächiger Herr, ein Mann von Verdiensten. Zweifellos würde er es als nicht sehr höflich empfinden, so allein gelassen zu werden, und Cook gestand sich, daß er eben jenem Gespräch habe ausweichen wollen. Er hatte nichts gegen die vielen

Männer der Wissenschaft, aber es war ihm lieber, wenn sie unter sich blieben und ihm nicht mit ihrem Gerede den Kopf vollmachten. Sie hatten alle studiert, er aber hatte bei einem Kerzenstumpf und mit knurrendem Magen über zerlesenen Schulbüchern gebrütet, weil er sich andere nicht leisten konnte und tagsüber hart arbeiten mußte. Nun wußte auch er allerlei, aber er hatte stets den Eindruck, daß sein Wissen ganz woanders sitze als das dieser Herren, mehr im Herzen als im Kopf.

Die Flußufer waren nur von lichtem Unterholz bestanden. Lautlos drang Cook in die grüne Wildnis vor. Der Boden war weich, beinah sumpfig, und nach einigen großen Pfützen, die Cook nur mit Mühe vermeiden konnte, stand er am Rand einer kleinen Lagune, die gegen das Meer zu durch Buschwald geschützt war: ein sehr verschwiegenes Plätzchen. Es währte nur ein paar Sekunden, und Cook hatte die braune Schöne entdeckt, die offenbar nicht vor ihm geflohen war, sondern mit einem seiner Leute ein neckisches Nachlaufspiel veranstaltet hatte. Und dieser Mann – das war doch Webb!

Cook wußte im Augenblick nicht, ob Clement Webb, ein einfacher Matrose, dienstfrei oder Wache auf der *Endeavour* beziehungsweise im Fort hatte. Darum, und weil er die zwei Verliebten nicht stören wollte, zog er sich wieder zurück. Auch durfte man Banks nicht zu lange allein lassen, wenn man ihn nicht ärgern wollte. Aber seltsam war es schon, denn so weit hatten sich Matrosen noch nie von der Bucht entfernt. Wie wollte Webb denn rechtzeitig zum Abendappell auf dem Schiff sein? Er mußte ein Boot zur Verfügung haben, einen Einbaum der Eingeborenen!

Diese und andere Gedanken gingen Cook durch den Kopf, als er sich mit Banks zum Schiff zurückrudern ließ. Der Gelehrte war zwar noch ein junger Mann, aber er war als Baronet in Harrow erzogen worden und hatte in Eton und Oxford studiert, war an Strapazen nicht gewöhnt und litt unter der ungewohnten Hitze mehr als die Seeleute, die alle schon verschiedene Fernfahrten hinter sich hatten. Er machte auf der Heimfahrt keinen Versuch mehr, Cook ins Gespräch zu ziehen, denn der Leutnant, das war zu erkennen, beschäftigte sich mit einem Problem, das ihm hart zusetzte.

Auf der *Endeavour* freilich wußte man darüber schon mehr. Hicks, ein junger Leutnant, der das kleine Fort an der Bucht kommandierte, meldete aufgeregt, aber doch mit einer gewissen Erleichterung über Cooks Rückkehr, daß zwei Männer der Fortbesatzung während der Mittagswache unerlaubt das Weite gesucht hätten.

»Der eine ist Clement Webb«, stellte Cook fest, »und der andere?«

»Der andere, Sir...« stotterte Hicks, »der andere ist Gibson, Samuel Gibson, Sir!«

»Wann haben Sie bemerkt, daß die beiden fehlen?«

»Gleich nach der Mittagswache, Sir... sie sind von den Schanzarbeiten nicht eingerückt.«

»Warum haben Sie nicht Alarm gegeben und von der *Endeavour* Verstärkung angefordert, um die beiden zu verfolgen?«

Hicks blickte hilfesuchend um sich. Es war zu erkennen, daß er dem ganzen Vorfall keine besondere Bedeutung beigemessen hatte, weil sich auf der Insel im Lauf der Wochen ohnedies eine etwas freiere Dienstauffassung durchgesetzt hatte.

»Sie wissen doch«, fuhr Cook fort, »daß unsere Aufgabe hier beendet ist und daß wir in wenigen Tagen auslaufen. Abend- und Morgenappelle sind mit größter Genauigkeit durchzuführen, an Bord und hier im Fort. Ich kommandiere keinen Kauffahrer und keinen Walfänger, sondern ein Schiff der Marine Seiner Majestät!«

Hicks stand verzweifelt stramm, als der König erwähnt wurde, aber davon kehrten die beiden Ausreißer auch nicht wieder. Dazu kam, daß die Eingeborenen sich als verstockt erwiesen. Der Abend brach herein, acht Mädchen begannen am Strand mit ihrem verführerischen Tanz, dem *Timorodee*, so, als wollten sie noch weitere Seeleute zum Desertieren veranlassen. Und wenn Hicks oder Cook einen der stets um den Landeplatz streichenden Eingeborenen befragten, wo die weißen Männer sein könnten, zuckten die Tahitianer nur vielsagend die Achseln.

Cook ließ über Nacht eine volle Wache unterm Gewehr und befahl Ablösung um zwei Uhr morgens. Das war in Hinblick auf die bevorstehende lange Seefahrt ins Ungewisse eine harte Maßnahme, aber er mußte seinen Leuten vor Augen führen, daß man in diesem Paradiesgarten nicht so einfach herumspazieren und darüber alle Pflichten vernachlässigen dürfe.

Erst als es stockfinster war, ließ sich der Premierleutnant auf die *Endeavour* rudern und setzte sich mißmutig an die späte Mahlzeit, die ihm der Koch servierte. Dazu gab es eine Flasche Palmwein, die tagsüber im Wasser gehangen und eine erträgliche Temperatur hatte. Da er leicht moussierte, knallte der Korken, und als habe er auf dieses Signal nur gewartet, trat nach kurzem Klopfen Dr. Munkhouse ein.

»Wenn Sie schon gegessen haben, dürfen Sie sich zu mir setzen«, sagte Cook, »ich habe nämlich einen Bärenhunger, und was unser Smutje mir da vorgesetzt hat, das reicht wirklich nur für einen!«

»Keine Sorge, Sir!« beruhigte ihn Munkhouse. »Ich hörte nur, daß Sie Ärger hätten... und da wollte ich Sie nicht allein lassen. Ein wenig ist der Schiffsarzt ja wohl auch fürs Gemüt zuständig!«

Cook berichtete kurz, aber Munkhouse schien ohnedies schon alles zu wissen.

»Es erbost mich«, schloß Cook, »weil von einem Schiff, das ich kommandiere, ja wirklich niemand davonzulaufen braucht. Ich weiß, daß es in unserer Marine Kapitäne gibt, die ihre Leute wie Sträflinge halten, und wir alle wissen, wie es auf einem Walfangschiff zugeht... Aber wie stehe ich jetzt vor den Herren Gelehrten da? Woher soll ich Ersatz nehmen, wo wir doch mit einem Minimum an Mannschaft ausgelaufen sind, eben weil wir für die Herren Astronomen, Geographen und Botaniker unsere Kabinen gebraucht haben?«

Munkhouse war aufgestanden und an das kleine Fenster der Kapitänskajüte getreten. Die *Endeavour* hatte kein elegantes Heckkastell, sie war ein Frachtschiff, und man sah durch das dicke Glas nur einen Ausschnitt der Küste, darüber den roten Rand der Abendsonne und ein Stück Meer, auf dem sich rot und schwarzblau der Nachthimmel spiegelte.

»Es sind lauter junge Männer, Cook«, sagte der Arzt und vergaß ganz das förmliche *Sir*, auf das der Kommandant Anspruch hatte. »Spüren Sie die Tropen nicht? Ich spüre sie, obwohl ich einer der Ältesten an Bord bin. Es ist einem ganz seltsam zumute unter diesem Himmel und in dieser Luft, es ist eine so unsäglich milde Welt, und sie ist so voll Heiterkeit, wie das Paradies es gewesen sein muß vor dem Sündenfall...«

»Reden Sie mir nicht vom Sündenfall«, sagte Cook, »die zwei hatten weiß Gott Zeit genug zum Sündigen, einen von ihnen habe ich heute am hellen Mittag dabei erwischt... Aber Dienst ist Dienst und« – er suchte nach Worten und brach dann unwirsch ab. »Sie verstehen, was ich meine. Einmal hat alles ein Ende!«

»Und wenn sie nun ihre braunen Freundinnen wirklich lieben?«

»Lieben, ohne mit ihnen reden zu können? Lieben, obwohl sie alle wußten, daß wir hier nur für einige Wochen anlegten? Sie mögen jung sein, Kinder sind sie dennoch nicht. Nein, Doktor, aller Tropenzauber darf einen britischen Matrosen, der auf seine Fahne geschworen hat, nicht zum Deserteur machen. Wie sollen wir uns denn sonst die Welt erobern?«

»Ich wußte nicht, daß wir diesen Auftrag haben...« antwortete Munkhouse traurig, »ich glaube, da hätte ich nicht mitgemacht.«

»Ich ja auch nicht«, warf Cook ärgerlich ein, »aber wegen der Blümchen und der Sternlein am Himmel sind wir natürlich auch nicht hier. Nach uns werden schon die richtigen Kriegsschiffe kommen, das wissen wir doch alle. Und ausgerechnet James Cook muß die ersten Deserteure melden!«

Am Morgen darauf ließ Cook die Boote bemannen und die Küste abfahren. Jeder Häuptling, jeder Würdenträger, dessen man ansichtig wurde, erhielt eine höfliche Einladung mitzufahren, und nach drei Stunden waren sechs oder sieben etwas verdutzte braune Herren auf dem Achterdeck der *Endeavour* versammelt, wo Cook ihnen mit Hilfe eines alten Priesters namens Tupia, der geschickt dolmetschte, eine Standpauke hielt.

Es gab ein aufgeregtes Palaver, bei dem Cook zeitweise den Eindruck hatte, die Tahitianer wären mehr gegen Tupia als gegen ihn eingestellt. Schließlich berichtete der alte Priester in seinem gebrochenen Englisch, das ihm offenbar Captain Wallis wenige Jahre zuvor beigebracht hatte. Es war um so schlechter zu verstehen, als Tupia nur noch vereinzelte Zahnstummel im Mund hatte.

»Großer Kapitän nicht soll sein zornig«, zischelte er, »Häuptlinge alle sehr stolz, daß Mädchen auf Tahiti so schön und Matrosen aus England bleiben hier. Menschen auf Tahiti wollen viel lernen von Matrosen. Bitte Matrosen hierlassen und mitnehmen dafür Männer aus Tahiti für Arbeit auf Schiff.«

Während Cook noch überlegte, trat aus der Gruppe der Gelehrten Banks auf ihn zu und sagte leise:

»Seien Sie behutsam, Leutnant Cook. Hier sind Dinge im Spiel, von denen wir noch nicht viel wissen. Die Bräute unserer Matrosen gehören offenbar zu mächtigen Clans . . .«

Aber Cook war eigensinnig. Er hatte Zeichnen, Rechnen und Navigieren gelernt, aber die Völkerkunde der eben erst entdeckten Inseln, die kam für ihn weit hinter der britischen Marinedienstordnung. Mit einem kurzen Befehl ließ er die Wache an der Bordwand aufmarschieren und befahl, die Gewehre vor den Tahitianern zu laden.

»Tupia, du alter Fuchs«, sagte er dann, »mach den Herren klar, daß wir in sechs Stunden auslaufen. Entweder mit ihnen allen an Bord, oder aber mit Webb und Gibson. Ich bin bereit, zusätzlich einige Männer von Tahiti mitzunehmen, wenn sie unsere Sprache lernen wollen. Es wird zweifellos Gelegenheit geben, sie wieder hier abzusetzen, entweder auf meiner Reise oder mit einem anderen britischen Schiff. Denn«, er erhob die Stimme ein wenig drohend, »wir kommen wieder, und nicht nur mit Forschungsschiffen. Kannst du ihnen das klarmachen, *my friend*?«

Während die Häuptlinge betreten tuschelten und wohl einen Weg suchten, den Kopf aus der Schlinge zu ziehen, nahm Banks den erregten Kommandanten beiseite und führte ihn sanft, aber nachdrücklich vom Deck weg in jenes kleine Casino, wo die Gelehrten und die Offiziere ihre Mahlzeiten einnahmen, wenn man nicht – was allerdings nur selten vorkam – irgendeiner Verstimmung wegen getrennt speiste.

»Wir haben über der Venus und ihren Jüngerinnen auf dieser Insel vergessen, dem ganzen Archipelagus einen Namen zu geben«, sagte Banks. »Die Herren wollen Ihnen das Vorschlagsrecht lassen.«

»Aber Tahiti, wie die Eingeborenen es nennen, ist doch recht hübsch, und außerdem haben wir ja auch einen offiziellen Namen!«

»Gewiß ... King George Island ... daran soll niemand rütteln. Aber die ganze Gruppe, die ja weder unser Wallis noch die Franzosen vernünftig erfaßt und benannt haben, die muß doch einen Namen für die Landkarten bekommen!«

Die Herren nahmen um den Tisch Platz. Man kannte einander inzwischen schon allzugut: Charles Green, den Astronomen, Joseph Banks, den begüterten Botaniker, nach einer Erbschaft vermutlich der reichste Wissenschaftler der britischen Inseln überhaupt, schließlich den Linné-Schüler Solander, einen Naturforscher, und einen etwas farblosen Mr. Spöring, der für wissenschaftliche Hilfsarbeiten und als Präparator an Bord genommen worden war. Die beiden Zeichner weilten noch an Land, sie hatten die zeitraubende Aufgabe, die Schönheiten der entdeckten Inseln und Länder auf ihre Zeichenblöcke zu bannen, und auf Tahiti wußten sie eben nicht, wo anfangen und wo aufhören.

»Ich würde vorschlagen«, sagte Dr. Solander würdevoll, »die ganze Gruppe einfach die Paradiesinseln zu nennen. Denn ein Paradies sind sie doch tatsächlich!«

»Ein Paradies mit kleinen Fehlern«, gab Banks zu bedenken, »wir haben als Christen doch wahrlich eine andere Auffassung von paradiesischem Leben, als man sie uns hier vorführt. Denken Sie doch nur an den *Timorodee*-Tanz ...«

Cook beschloß, keinen Streit über Tahiti aufkommen zu lassen. Er brauchte die Einmütigkeit der Herren für die bevorstehende Fahrt ins Ungewisse; da mußten sie gute Nerven und übereinstimmende Absichten beweisen, sonst war die ganze Expedition gefährdet.

»Ich habe mir auch einige Gedanken gemacht, meine Herren«, sagte Cook darum und bemühte sich um jene rauhe Bescheidenheit, wie man sie vor allem Seeleuten gerne abnimmt. »Wir sind doch alle hierhergekommen, weil die *Royal Society* uns entsendet und die Expedition finanziert hat. Was immer wir noch entdecken, wird mit dem offiziellen Zweck unserer Fahrt, der Beobachtung der Venus, weniger zu tun haben ... Darum müßten wir unsere Dankbarkeit und Verehrung schon hier, auf Tahiti, bekunden, indem wir der ganzen Inselgruppe den Namen Society Islands, Gesellschaftsinseln, geben!«

»Ausgezeichnet!« rief Banks erleichtert. »Das ist wirklich eine salomonische Lösung. Die Königliche Gesellschaft hat dies weiß Gott verdient!«

»Es ist nicht nur eine salomonische Lösung«, warf der Astronom Green ein, »sondern das Ei des Kolumbus, womit ich unseren tüchtigen Kommandanten bewußt in die Nähe jenes großen Entdeckers rücke. Die Lösung ist ebenso einfach wie verblüffend, und sie trägt auch dem Umstand Rechnung, daß die Eingeborenen hier tatsächlich zugänglich, freundlich, kurz eine angenehme Gesellschaft waren!«

Nun lachten alle. Man hatte noch Schaumwein, wenn auch nicht von der allerbesten Sorte, und er war so warm, daß es eine beträchtliche Explosion gab, als man die Flasche öffnete, um die Inselgruppe zu taufen. Leutnant Gore, der an Bord für Ordnung zu sorgen hatte, steckte besorgt den Kopf durch die Tür, verschwand aber sogleich wieder, als er die vielen klugen Köpfe beisammen sah. Er hatte schon mit Wallis und Byron die Erde umrundet, ihm stand das Herz mehr nach dem Seewind als nach gelehrten Debatten.

Da hatte man nun also einen Namen, man hatte auch einen Kurs, der war in den Geheimanweisungen ja ziemlich genau vorgeschrieben worden, nur die zwei pflichtvergessenen Matrosen fehlten noch. Aber nicht mehr lange. Auf jenen geheimnisvollen Wegen, wie sie die Eingeborenen aller Erdteile finden, wenn sie Nachrichten schnell übermitteln wollen, hatten die gefangengesetzten, aber an Bord freundlich bewirteten Häuptlinge für Abhilfe gesorgt. Von ihren Freundinnen begleitet, die sich für den schweren Augenblick der Trennung sogar mit Blumengewinden bekleidet hatten, erschienen Clement Webb und Samuel Gibson am Waldessaum. Ihnen folgte ein junger Häuptling namens Tutaha, der, wie man munkelte, mehr Einfluß auf die Bevölkerung hatte als all die anderen Würdenträger, die schicksalsergeben an Bord der *Endeavour* beisammen saßen.

Tutaha kam mutig an Bord, um die Verhandlungen zu eröffnen. Aber James Cook, der mit der Abendflut auslaufen wollte, machte kurzen Prozeß und ließ auch ihn gefangensetzen. Nun war die Bestürzung am Ufer groß. Einige der Eingeborenen machten drohende Gebärden gegen die Männer des Leutnants Hicks, die sich aus dem Fort an Bord zurückziehen wollten, und Cook mußte einen Kanonenschuß abfeuern lassen, um die Tahitianer wieder zur Vernunft zu bringen. Von seinen braunen Freunden gedrängt, kam nun Webb an Bord und erklärte, daß man für die Desertion keinen anderen Grund gehabt habe als die Mädchen. Sie seien beide junge Matrosen, hätten derlei noch nie erlebt, sie bäten um Gnade.

James Cook, nervös wegen der Nachtfahrt durch das Inselgewirr, die ihm bevorstand, wollte zu einem Ende kommen.

»Ihr wißt, was die meisten anderen Kapitäne der *Royal Navy* mit euch gemacht hätten?« brummte er. »Kielholen wäre noch die mildeste Strafe, und das ist angesichts der Haie in diesen warmen Gewässern keine angenehme Sache... Und ein paar von meinen Kollegen, möchte ich wetten, hätten euch an den Großmast gehängt...«

Webb griff sich in einer Reflexgebärde an den Hals. Er wie Gibson wußten natürlich über diese härteste Strafe Bescheid. Aber an sich, so meinte er, hätten sie doch nicht mehr getan als ein Soldat, der eben einmal bei seinem Mädchen bleibt, statt nächtens noch über die Kasernenhofmauer zu klettern.

»Nur daß die Kaserne nicht Segel setzt und davonschwimmt!« sagte Cook ernst. »Ich kann die Sache nicht einmal tatsachengemäß ins Logbuch eintragen, sonst droht euch noch in England ein Verfahren. Ich bestrafe dich und Gibson mit dem Entzug der Rumration für den Rest der Reise und mit sechs Strafwachen für jeden, die ich noch einzeln ankündigen werde, je nach Notwendigkeit. Und jetzt gib deinem Kumpan das Signal, damit wir endlich hier wegkommen!«

Die Häuptlinge hatten zwar nichts verstanden, aber sie sahen nun Webb winken, sie sahen, wie Gibson sein Mädchen umarmte und loslief, und warfen nun ihrerseits die Arme jubelnd in die Luft.

»Wenn Sie gestatten, Leutnant«, sagte Banks leise neben Cook, »möchte ich vorschlagen, Tupia und seinen Diener an Bord zu behalten. Er hat darum gebeten, er befürchtet, daß man sich nach unserer Abfahrt an ihm rächen wird.«

Das war nicht ausgeschlossen. Auf Tahiti dachte man nicht sehr lange über Recht und Unrecht nach, und darum trat der Priester eine Reise an, wie sie allenfalls seine Vorväter in dieser Erstreckung über das große Meer geführt haben mochte.

Banks hatte sich am häufigsten mit dem Priester unterhalten, und obwohl der britische Gelehrte mindestens vierzig Jahre jünger war als Tupia, hatte sich zwischen den beiden schnell ein gewisses Vertrauensverhältnis herausgebildet. Tupia hatte behauptet, daß an die siebzig Inseln rund um Tahiti beisammen lägen, und als Banks dies Cook mitteilte, hatte dieser zum erstenmal von einer ganzen Gesellschaft von Inseln gesprochen. Natürlich konnte man so salopp geographische Entdeckungen nicht benennen. Waren es auch viele Inseln, ein Inselschwarm, in dem eine der anderen Gesellschaft leistete, so blieb es doch eine höfliche Geste, über sie alle die Erinnerung an die mächtige britische Gelehrtenfamilie zu breiten, wie sie sich in der *Royal Society* zusammengefunden hatte.

Landsuche im Sturm

Banks und Cook hatten auf Tahiti den gemeinsamen Ehrgeiz verfolgt, die erste eingehende und wissenschaftlich stichhaltige Beschreibung einer Südseeinsel zu liefern. Gewiß, eigene Landsleute und Franzosen waren hier schon gewesen, man hatte, strenggenommen, kein Neuland entdeckt, und von Tahiti sprach inzwischen die ganze Welt. Aber wer wußte schon Genaues über diese zaubrische Insel?

Cook hatte das Traumeiland in der Südsee mit der gleichen kühlen Sorgfalt vermessen wie die eisigen Küsten Labradors. Er hatte eine genaue Karte vorbereitet, die er zwar auf See nicht zeichnen konnte, für die er aber alle nötigen Messungen und Skizzen in der Tasche hatte. Und Banks, der Botaniker und Millionenerbe, hatte erst recht getan, als hinge seine Seligkeit von dem ab, was sich in den

Uferwäldern der bergigen Insel gefunden und gezeigt habe. Auf die hochaufragenden Berge hatte sich jedoch niemand gewagt; der dichte Buschwald, der sie bedeckte, die unbekannte Tierwelt darin und der Zeitaufwand ließen für diesmal einen Erkundungsvorstoß auf die Gipfel nicht zu. Einige kleinere Erhebungen bestieg Cook jedoch, um nach den Nachbarinseln Ausschau zu halten. Aber in dem leichten Dunst, der in der Hitze über dem Wasser lag, hatte sich nur ein einziges Eiland von all den siebzig gezeigt, von denen Tupia berichtet hatte, und das war etwas beunruhigend. Möglicherweise war Tahiti nur ein Zufallsfund, und es gab in nächster Nähe viel größere, reichere und interessantere Inseln?

Was Cook tatsächlich fand, nachdem die *Endeavour* am 13. Juli 1769 die Weiterreise angetreten hatte, das waren gute Häfen. Zwar gab es Inseln, bei denen sich das brave Kohlenschiff einen ziemlich riskanten Durchlaß suchen mußte, um das Korallenriff zu passieren und dann im Lagunenwasser geschützt zu liegen. Andere hatten eine zweite solche Passage, durch die man dann wieder ausfahren konnte, ohne umkehren zu müssen. Einen wirklich guten Hafen aber fand Cook auf einem Inselchen, das die Eingeborenen Huahiné nannten. Es lag achtzig Meilen Westnordwest von Tahiti und hatte seinen Hafen an der Nordwestküste. Cook zeichnete ihn sogleich, denn es gab auch hier ein gefährliches Riff wie jenes vor der Matavai-Bucht, auf dem Wallis aufgelaufen war. Hatte man die heikle Stelle jedoch gemeistert, so konnte man vor dem Eingeborenendorf Fare in aller Sicherheit ankern. Huahiné ähnelte Tahiti auch darin, daß es sich eigentlich um zwei Inseln handelte, eine größere, die bis etwa achthundert Meter Höhe aufstieg, und eine kleinere, deren Bergkegel nicht viel mehr als halb so hoch war. Beide Inseln waren durch einen natürlichen Kanal getrennt, eigentlich eine Meeresstraße. Man konnte sie bei Ebbe trockenen Fußes überqueren, denn es gab eine nur wenige Meter unter der Flutlinie verlaufende, beide Inseln verbindende Landbrücke.

»Seltsame Spiele der Natur«, sagte Cook, mehr zu sich als zu jenem Maat, den er zu sich gerufen hatte, um ihm das Beiboot zu überlassen. Es gab in diesen dicht beisammen liegenden Inseln so vieles zu sehen und aufzuzeichnen, daß er selbst sich auf das Wichtigste beschränken mußte. »Ich nehme die Pinasse und umrunde die Insel im Norden, Sie machen Aufzeichnungen über die Südküste. Alles, was für die Schiffahrt in diesen Gewässern gefährlich werden kann, ist genauestens aufzuzeichnen, vor allem Riffe und Strömungen!«

»Gelandet soll nicht werden, Sir?«

»Nur, wenn Sie einen großen Goldklumpen schimmern sehen,

Maat!« antwortete Cook lachend. Seine Männer wußten schon, was er damit meinte: die schönen Tage von Tahiti waren vorüber, nun herrschte wieder strengerer Dienst, und vor allem: man hatte Eile. Dennoch waren sich alle darüber klar, daß die *Endeavour* in einer der Märchengegenden der Welt kreuzte. Alles war neu, und alles war wunderbar, und folglich war auch alles möglich ...

Nach drei Wochen emsigen Kreuzens, Lotens und Skizzierens hatte James Cook die sechs großen Inseln westlich von Tahiti auf Kartenentwürfen festgehalten und eine ganze Anzahl weiterer soweit geortet, daß sie für die künftige Seefahrt leicht auffindbar waren; wo immer es anging, waren die Durchlässe der Korallenringe angegeben und auf Riffe in den Fahrstraßen zwischen den Inseln hingewiesen worden.

Der Mann, der sich nächst dem Kapitän für diese Arbeiten am meisten interessierte, war der junge Mr. Banks.

»Ihre Anteilnahme ist für mich eine angenehme Überraschung«, sagte Cook, als die beiden wieder einmal in der Kapitänskajüte beisammen saßen und die Lotungen des Tages, wie man sie auf einer Exkursion nach der Insel Tahaa vorgenommen hatte, in die Meßtischblätter übertrugen. »Ich hatte eigentlich erwartet, Sie würden den ganzen Tag Pflänzchen abschnibbeln und zwischen Löschblättern aufheben und sonst für nichts zu haben sein!«

Banks lächelte beinahe traurig.

»Was Sie an mir freut, oder an meinem Verhalten, Leutnant – das ist das Ergebnis eines Defekts, eines bedauerlichen Umstands, für den ich selbst allerdings nicht allzuviel kann. Es fällt mir auch nicht ganz leicht, zu Ihnen darüber zu sprechen, da Sie sich all das, was mir zufiel, mit soviel Bravour, aber auch Mühen und Entbehrungen verschaffen mußten ... Sie haben Schulen wie die meinen nie von innen gesehen, ob das nun Harrow ist oder Eton. Ich wußte meine ganze Jugend hindurch nicht, was ich wollte und wofür ich lernte. Ich hatte viele Interessen, aber kein Ziel, während Sie von einer Faszination getrieben wurden und von Ihrer Begabung ... Ich habe da und dort genippt, so lange, bis ich mich in Oxford dann endlich entscheiden mußte. Aber auch diese Entscheidung war mehr eine ... eine ästhetische als eine zwingende Berufung, auferlegt oder bindend ... Verstehen Sie mich?«

»Sie wollen damit sagen, Sie hätten alles werden können, und eben darum wußten Sie zunächst gar nicht, wohin es gehen sollte?«

»So in etwa ... mir winkten stets die Millionen der Familie, aber ich versichere Ihnen, Leutnant, sie bedeuteten für mich keine Verheißung, sondern Verunsicherung. Ich wußte seit meinem fünfzehnten

Lebensjahr, daß ich ein Überflüssiger sein würde, einer jener in England nicht ganz seltenen jungen Gentlemen, auf deren Leistung es eigentlich nicht ankam, und vor allem für mein Leben war und ist sie eigentlich gleichgültig: ich würde als berühmter Mann keinen Penny mehr zur Verfügung haben als in einer völlig nutzlosen Existenz als Dandy ... Ihr Leben war schwer, aber Sie wissen nun, daß Sie etwas erreicht haben. Was immer ich tue, wird an meiner Ausgangsposition gemessen werden, und wie ich über diese günstige Basis nennenswert hinausgelangen soll, das ist mir bis heute nicht wirklich klargeworden.«

»Aus dieser Unsicherheit also ergab sich – wenn ich Sie richtig verstehe, Mr. Banks – jenes über die eigentlichen Naturwissenschaften hinausgehende Allgemeininteresse?« fragte Cook und sah den Jüngeren nachdenklich an. Achtzehn Jahre trennten sie voneinander, und doch saßen sie nun in derselben Kajüte vor derselben Seekarte und beschäftigten sich mit der gleichen Weltgegend. Zwei Jahrzehnte also hatte er Banks voraus, aber es waren gerade jene Jahre, die Cook nicht missen wollte: die Lehrjahre in den rauhen nördlichen Meeren, wo ihm aufgegangen war, was es hieß, ein Schiff zu führen und mit ihm die Erde kennenzulernen.

Banks antwortete nicht mehr, und es war nicht zu erkennen, ob er die Eröffnungen bereute, die er dem Älteren gemacht hatte, der beinahe sein Vater sein konnte, oder ob ihn der Vorgang so gefangennahm, das langsame Werden eines Inselbildes auf dem Papier, die Gestalt eines Eilands, das damit zum erstenmal für die Seefahrt der Welt und die Wissenschaft Europas gleichermaßen greifbar wurde.

»Es ist ...« murmelte er aus seinen Gedanken, »als erschüfen wir dieses Eiland erst für die übrige Welt, beinahe kreisrund, mit einem sechshundert Meter hohen Bergkegel in der Mitte, einem Barriereriff und zwei Durchlässen in die Lagune ... Gleichsam eine Musterinsel, dieses Tahaa.«

»Aber bei weitem nicht so interessant wie die unmittelbare Nachbarinsel Raiatea. Tupia hat uns erzählt, daß es von Raiatea vor vielen Generationen eine große Auswanderung gegeben habe, in Hunderten von Auslegerbooten, in den fernen Süden. Sie sei ein Grund dafür, daß er mit uns reisen wolle: er hoffe, im Süden, auf den großen Inseln oder Kontinenten, die unser Ziel sind, Menschen seiner Sprache zu treffen. Verstehen sie ihn, so ist damit erwiesen, daß sie von den Gesellschaftsinseln ausgezogen sind ... vor vielleicht drei- oder vierhundert Jahren!«

Tupia mußte aber noch eine ganze Weile warten, ehe er die Probe aufs Exempel machen konnte. So ungeduldig James Cook auch war, die *Endeavour* ins eigentliche Operationsgebiet zu steuern, so zogen ihn die Nahziele der schönen Inseln rund um Tahiti doch um so mehr an, als er angesichts dieser Vielzahl von Inseln an einen einzigen, großen Südkontinent nicht zu glauben vermochte. Offenbar hatte hier das gewaltige Meer seit Urzeiten unterseeische Kontinente zerschlagen und nur jene hochaufragenden Korallenbauten bestehen lassen, die mit ihrer außerordentlichen Härte den Wogen trotzten und als schützende Ringe die vulkanischen Eilande umgaben. Die Berge, die Lagunen und das Korallenriff, das alles gehörte hier so schicksalhaft zusammen, das paßte so wunderbar in diese eigenartige und anziehende Welt, daß James Cook sich das, was Mr. Dalrymple so eigensinnig verfocht, ganz einfach nicht zu eigen machen konnte. Ein großer, grober Landklotz in dieser zauberhaften Welt, bewohnt von vielen Menschen, womöglich schon mit Städten und Königreichen eine eigene, neue, Europa ähnliche Zivilisation – das hätte jenes Wunder aufheben müssen, dem sie nun seit Monaten tagtäglich begegneten.

Am 2. August war in dem guten Hafen von Raiatea noch ein Leck ausgebessert worden, das sich die *Endeavour* auf der Kreuzfahrt zwischen den Korallenriffen zugezogen hatte; danach erst ging James Cook entschlossen auf Südkurs. Zwei Wochen später sichteten sie schon wieder eine Insel. Tupia nannte sie Rurutu, woraus hervorging, daß die Männer von Tahiti die dreihundert Meilen offener See wiederholt bezwungen haben mußten. Auch der Inselvulkan war Tupia bekannt. Er hatte nach früheren Ausbrüchen eine seltsame Form, die mit einiger Phantasie als ein Vogel gedeutet werden konnte, der sich gerade zum Auffliegen anschickt; das jedenfalls besagte der Eingeborenenname Manureva für den etwa 450 Meter hoch aufragenden Berg. Der Gesamtanblick der grünen Insel mit dem hellen Strandstreifen hinter der blauen Lagune war überaus reizvoll, und Cook wäre gern gelandet; aber die Brandung tobte so wild gegen das Riff, daß er die *Endeavour* dabei in unverantwortlicher Weise gefährdet hätte.

Selbst die Pinasse, die mit Leutnant Gore, Mr. Banks und Tupia besetzt war, hatte die größten Schwierigkeiten und gab den Versuch zu landen schließlich auf. Man hatte vor allem erfahren wollen, ob auf Rurutu Kenntnisse von anderen Inseln im Süden oder gar von größeren Ländern verbreitet seien. Die Eingeborenen, die an den Strand geeilt waren, um das Näherkommen des für ihre Gewohnheiten außerordentlich großen Schiffes zu beobachten, sprangen in ihre Auslegerkanus, sobald sie sahen, daß die Pinasse den Brandungsgürtel nicht zu durchbrechen wagte, und kamen in kühner Fahrt durch die Brecher ganz nahe an die Briten heran. Leutnant Gore schien die Lage zwischen den Kanus schließlich so bedrohlich, daß er einige Musketenschüsse abfeuern ließ, worauf die Männer von Rurutu sich etwas zurückzogen.

Cook umrundete die Insel, fand aber keinen Hafen und setzte die Fahrt weiter nach Süden fort. Rurutu, das die Eingeborenen in ihrem kurzen Schreigespräch mit Tupia allerdings Ohetiroa genannt hatten, schien eher zu einer Inselkette als zu einer Inselgruppe zu gehören. Die Eilande lagen nun weiter auseinander, und obwohl Tupia berichtete, sein Vater hätte ihm von einer weiteren Insel erzählt, die nur zwei Segeltage »hinter«, also südöstlich von Rurutu liege, ging Cook, der nun ungeduldig geworden war, auf reinen Südkurs und ließ Tubuai an Backbord liegen.

»Rurutu hat vor uns offensichtlich kein Weißer betreten oder gesichtet«, erklärte er im Casino den Gelehrten, »aber wir konnten nicht landen. Alle Eingeborenen waren feindselig eingestellt und bewaffnet, und gegen die kleinen Boote, die sie virtuos durch die Wellen reiten, hätten wir mit unserer Schiffsartillerie überhaupt nichts ausrichten können. Ich habe deshalb davon Abstand genommen, auf diese Weise weiter von Insel zu Insel zu hüpfen und immer mehr Zeit zu verlieren. Ich habe im Logbuch vermerkt, daß es hier in einer Reihe, die ich provisorisch Austral-Inseln nenne, noch mehrere bewohnte und sehr viel mehr unbewohnte Inseln gibt. Jene, die auf unserem Weg nach Süden liegen und leicht erreicht werden können, sollen mir willkommen sein. Hinsichtlich der anderen pflichten Sie, meine Herren, mir sicherlich bei, wenn wir sie späteren, gemächlicheren Entdeckungsfahrern überlassen. All dies wird sehr viel einfacher sein, sobald England in diesem Bereich der Welt feste und gut ausgebaute Stützpunkte besitzt.«

Das war ein erstes Bekenntnis zur Machtpolitik, und die Naturforscher blickten einander bedeutungsvoll an. Sie hatten den kleinen Zeremonien, durch die Cook schon bisher die zugänglichen Inseln für die Krone in Besitz genommen hatte, natürlich beigewohnt, aber den Akt doch mehr als symbolisch angesehen. Der Ozean war so weit, die Entfernung von England so ungeheuer. Wie wollte man hier präsent bleiben? Wie wollte selbst ein Seefahrervolk wie die Briten hier Kolonien gründen, versorgen und gegen die Eingeborenen schützen, von denen man inzwischen wußte, daß sie durchaus aufgeweckt, regsam, an ihrer Selbstverwaltung interessiert und keineswegs so primitiv waren, wie manche Autoren zu Hause vermutet hatten? Aber James Cook war schließlich Offizier, und er war ein erfahrener Schiffsführer; wenn er es als ein erreichbares Ziel und nicht als Utopie ansah, stand es den Herren der *Royal Society* übel an, ihre kleinen Bedenken herauszukehren und an der Zukunft eines britischen Kolonialreichs in diesen Breiten zu zweifeln. Hatte nicht Francis Drake, ein simpler Korsar, Halsabschneider und Beutemacher, bravourös die Erde umsegelt, ohne auch nur einen einzigen gebildeten Mann an Bord gehabt zu haben (bis auf den Pfarrer natürlich)?

Aber wo befand es sich denn, dieses vermutete große Südreich, das den Herren von der Admiralität den Mut zu solch einem Geheimauftrag eingegeben hatte? Auf dem Weg vom Kap Hoorn nach Tahiti hatte die *Endeavour* im emsigen Zickzack ihres Kurses ein ungeheures Seegebiet durchfahren und weder das Land selbst noch Anzeichen von seiner Nähe festgestellt. Und nun, als sich das Wissen des alten Tupia erschöpft hatte und die Inseln, von denen er wußte, hinter ihnen zurückblieben, tat sich der Große Ozean abermals in seiner unendlichen Leere vor ihnen auf, ganz so, als seien die Inseln, die sie bislang angelaufen hatten, von der Vorsehung selbst als Trost für die Seefahrer in die Einöde des Wassers und des Himmels gesetzt.

Zwei Wochen hatten sie seit Rurutu einen reinen Südkurs gehalten und etwa vierzig Grad südlicher Breite erreicht, ohne auch nur ein Riff, ohne auch nur das kleinste Atoll zu sichten. Das Wetter war von Tag zu Tag stürmischer geworden, und die Kälte des südlichen Pazifik kroch ihnen nach der paradiesischen Wärme auf Tahiti unangenehm in die Knochen.

Cook, Banks und Solander steckten die Köpfe zusammen.

»Es wird unwirtlich, Leutnant«, sagte der Naturforscher Dr. Solander. »Was es südlich von uns im Ozean noch an Land geben könnte, wird nicht sehr einladend sein ...«

»Andererseits sind wir nun auf der Höhe jener Inseln, die vor uns ein paar tüchtige Holländer gesichtet haben ... wobei sie sich glücklicherweise mehr für den Handel als für Landerwerb interessiert haben«, ergänzte Banks. »Nach allen Berichten, die wir besitzen und die zugegebenermaßen noch recht dürftig sind, müßte westlich von uns mindestens eine größere Insel zu finden sein, vielleicht sogar noch eine zweite!«

Cook zuckte die Achseln. Suchen, das war allemal Glückssache, und wenn es weniger stürmte, wenn es nicht mehr so kalt war, dann ging die Suche auch besser vonstatten.

»Ich habe mir meine Sporen im Nordatlantik verdient, meine Herren«, sagte Cook, »und Mr. Banks hat auch schon schlechteres Wetter kennengelernt, als wir in den letzten Tagen hatten. Aber wenn man sucht, muß man Glück haben, und vielleicht haben Sie beide mehr Glück als ich ... Wir fahren eine Schleife, um nicht dummerweise haarscharf an einem Stück Land vorbeizusegeln, und dann gehe ich auf Westnordwestkurs – fände das Ihre Billigung?«

Die beiden nickten. Es blieb ja alles Vermutung, und in dem ganzen Ozean der Unsicherheit und der Hoffnungen blinkte eigentlich nichts anderes auf als das, was die Herren Tasman und Roggeveen über den Südpazifik aufgeschrieben hatten.

Die Unterredung hatte am 2. September stattgefunden, und es währte noch volle vier Wochen, ehe sich Anzeichen dafür einstellten, daß der gefaßte Entschluß richtig gewesen sei. Am 1. Oktober, nach einem neuerlichen Kurswechsel von Nordnordwest auf Südwest, zeigte die Färbung des Meeres, zeigte aber auch vermehrt auftauchendes Treibholz und so mancher Vogelschwarm, daß man sich einem größeren Land nähere. Vor allem Tupia war in der Deutung solcher Anzeichen tüchtig, denn in den kleinen Auslegerbooten der Eingeborenen waren es die Wolken, ihre Färbung und ihre Stellung ebenso wie das Getier in der Luft, die dem Kundigen zeigten, daß er sich einer Insel nähere.

Am 7. Oktober, ein halbes Jahr, nachdem sie Tahiti erreicht hatten, zeigte sich am westlichen Horizont Land in einer Höhe und Ausdehnung, daß Cook wußte: War es nicht der gesuchte Kontinent, so war es doch immerhin eine sehr große Insel, viel größer als Tahiti, ja vielleicht sogar größer als das heimatliche England.

Wenn es noch etwas gab, was James Cook in diesen Wochen an die Heimat denken ließ, so war es das Wetter. Er fühlte sich intensiv an seine Frühzeit erinnert, als er mit tiefliegenden Kohlenschiffen durch das Schlechtwettergebiet Europas segeln mußte, nicht bloß einmal, nicht ausnahmsweise, sondern von Berufs wegen.

»Dazu kommt nun noch etwas«, meinte er, als Mr. Banks sich ihm mit seinem starken Glas zugesellte, »ich werde den Eindruck nicht los, daß Schlechtwetter im Süden noch scheußlicher ist als Schlechtwetter im Norden.«

»Wissenschaftlich dürfte diese Behauptung unhaltbar sein!« antwortete Banks lachend. »Aber ich verstehe, was Sie sagen wollen, Leutnant ... Da fährt man aus dem nebligen England weg, Monate, viele Monate, ein Jahr, umrundet die halbe Erde – und was ist das Ergebnis? Sturm und eiskalter Regen, wie bei uns zu Hause!«

Dennoch war die Stimmung an Bord der *Endeavour* nicht schlecht. Erstes war bisher alles so glatt gegangen, daß sich das Vertrauen in Cook gefestigt hatte. Die Männer auf dem umgebauten Kohlenschiff fühlten, daß sie es mit einem echten Seemann zu tun hatten, nicht mit einem feinen Offizier, der sich sein Kommando an den Stufen des Throns oder in den Salons der guten Gesellschaft erdienert hatte. Nur die gelehrten Herren, die diesem tüchtigen Kapitän vielleicht doch den Kopf zu voll machten, die stellten ein unkalkulierbares Risiko dar. Denn wie sollte ein Matrose Zutrauen zu Männern haben, die den ganzen Tag an Pflanzen, Knollen, Samen und Insekten herumschnitten, sie hin und her wandten, aufklebten, abzeichneten und anderen Schulkram betrieben, während rundum die Wogen gegen die *Endeavour* aufstanden und der eisige Wind die Segel so steif machte, daß man sie kaum handhaben konnte?

Am 9. Oktober hatte James Cook dann zum erstenmal den Boden dieses großen Landes betreten, von dem sie noch nicht recht wußten, ob es eine Insel oder doch vielleicht ein Kontinent sei. Die Holländer hatten allerdings einige Standortbestimmungen durchgeführt, aus denen hervorging, daß sich hinter den hohen Bergen, die man in klaren Augenblicken ausnehmen konnte, abermals Wasserflächen befänden. Es handelte sich also entweder um ein sehr langes und schmales Landstück oder ganz einfach um eine große Insel. Man würde ja sehen.

Die Eingeborenen freilich taten nichts dazu, diese Erkundungen zu erleichtern. Cook war an der Nordostküste einer Bucht vor Anker gegangen, hatte Boote ausgesetzt und kaum das Ufer in der Nähe einiger Hütten betreten, als auch schon ein Schwarm von Eingeborenen nicht auf Cook, wohl aber auf die Boote zustürzte. Die Begleitmannschaft schoß sofort, denn ohne die Boote wäre man der Überzahl ausgeliefert gewesen. Es gab einen Toten unter den Angreifern, was die braunen Männer ziemlich verblüffte, und einige Verletzte, die sich mit den anderen zurückzogen.

Tags darauf kam dann offenbar die Friedenspartei an den Strand, jener Teil der Dorfbewohner, der angesichts der unbekannten und überlegenen Waffen der Briten von kriegerischen Auseinandersetzungen nicht viel hielt. Nun trat Tupia in Aktion, der alte Priester, und siehe da, seine Erwartung hatte nicht getrogen: er konnte sich mit den Männern aus dem Dorf an der Bucht mühelos verständigen, in der Sprache, die auch auf Tahiti gesprochen wurde.

Gerade dieser Umstand aber führte dann sehr plötzlich zum Abbruch aller Verhandlungen, denn die ehrfürchtige Scheu, wie sie die Gewehrsalven erzeugt hatten, schwand angesichts der Tatsache, daß die Ankömmlinge so redeten wie die Dorfbewohner. Sie waren also nichts weiter als Fremde von anderen Inseln, gegen die man sich zur Wehr setzen mußte, vor allem da sie allerlei hatten, was man gern selbst zu besitzen wünschte.

Cook mußte noch einmal zu feuern befehlen, und zwar auf einen Eingeborenen, der sich mit seiner Beute aus dem Staub zu machen suchte, und das bedeutete nun das Ende der Kontakte. Die Pinasse fuhr noch die ganze Bucht ab, aber es lief eine so starke Brandung vom Osten herein, daß die Landung nirgends mehr möglich war. Überraschenderweise suchten aber auch hier die Eingeborenen die Berührung mit den Fremden, vielleicht auch nur die Auseinandersetzung. Das ganze Rund der Bai war besiedelt; man gewahrte sogar eingeteilte, bestellte Felder, die sich an den Hängen hinaufzogen, und dort, wo die Siedlungen bis ans Meer reichten, brachten die Eingeborenen immer wieder ihre Kanus zu Wasser, um durch die Brandungswellen zu stoßen und den Booten von der *Endeavour* den Weg abzuschneiden. Kam eines der Kanus nahe genug an die Pinasse heran, versuchte Tupia sogleich, die Leute von seinen guten Absichten zu überzeugen: man wolle tauschen, man wolle keinen Krieg. Aber obwohl die Männer in den Booten offensichtlich verstanden, kehrten sie sich nicht daran, sondern gingen mit unbändigem Mut gegen die Briten vor.

Abermals mußte Cook feuern lassen. Da die Angreifer in ihren Kanus dicht gedrängt saßen, mußten die Musketenkugeln treffen. Drei der braunhäutigen Männer fielen mit Todesschreien ins Wasser, ein Kanu kenterte, die Insassen schwammen in den Brandungswellen.

»Fischt sie auf, wenn ihr könnt ... aber Vorsicht, sie kämpfen auch mit dem Messer!«

Die Warnung des Kapitäns war nur zu berechtigt. Die Eingeborenen schienen von ihrer verzweifelten Lage keineswegs beeindruckt, sie stachen mit dünnen Messern, die aussahen wie Pfrieme, nach den Händen, die sie in die Boote ziehen wollten. Schließlich aber hatte man doch drei Gefangene, die an Bord der *Endeavour* gebracht werden konnten, zwei Männer, die wohl kaum zwanzig Jahre alt waren, und einen Jungen.

»Trocknet sie ab«, befahl Cook, ehe er in seine Kajüte ging, »und gebt ihnen etwas anzuziehen. Es darf ihnen nichts zuleide getan werden!«

Zu Banks, der ihm gefolgt war, setzte er hinzu:

»Ich weiß, daß Sie und Ihre Kollegen den Waffengebrauch gegen nackte Wilde verurteilen ... ich sehe voraus, daß man mich in England dafür angreifen wird, aber sagen Sie mir, was ich hätte tun sollen!«

Banks schwieg. Offensichtlich war er sich selbst noch nicht über das klar, was geschehen war. Es hatte gleich beim ersten Versuch, die große Insel zu betreten, Tote gegeben, wie viele, war schwer zu sagen, vielleicht waren Verletzte ertrunken, hatten den Strand nicht mehr erreicht. Mindestens vier Mann waren den Musketenkugeln zum Opfer gefallen.

»Ich habe die Aufgabe, Verbindung mit den Eingeborenen aufzunehmen«, fuhr Cook fort, während er sich, unbekümmert um den Gelehrten, trockene Kleidung anzog. »Man kann eine Insel mit himmelstürmenden Bergen und einer Ausdehnung wie ein ganzes europäisches Königreich nicht in Besitz nehmen, ohne sich mit den Einwohnern auseinanderzusetzen. Außerdem wären ihre Auskünfte für uns außerordentlich wichtig, denn sie sind intelligent, sie kennen das Eigentum, sie teilen die Felder ein und treiben geregelten Ackerbau. Zudem sind sie außerordentlich mutig und lassen sich auch durch unsere Musketen nicht verblüffen, was für eine festigende soziale Ordnung spricht und wohl auch für eine Religion, die ihnen Mut gibt und vielleicht sogar ein besseres Jenseits verheißt, wenn sie sich als Krieger besonders tapfer halten. All das wollen wir wissen, wollen Fragen stellen, wollen ihnen zeigen, daß wir friedliche Absichten haben – und nun gleich zu Anfang Blut, Verletzte, Tote, Feindschaft mit allen Folgen . . .«

»Ich bedaure wie Sie, was geschehen ist«, antwortete Banks nachdenklich, »und doch muß ich Ihnen ganz offen gestehen, daß mich dies alles nicht wirklich überrascht. Denken Sie doch an das, was ein Mann wie Cortez bei einem hochkultivierten Indianervolk erleben mußte: Menschenopfer, Grausamkeiten, schrankenlosen Absolutismus . . . Wir haben es hier mit ahnungslosen Völkern zu tun, die gar nicht wissen können, was gut und böse ist, weil ja noch keiner unserer Gottesmänner den Weg bis hierher gefunden hat.«

Tatsächlich schienen die Maori von Neuseeland, so schön sie gewachsen waren, so stolz sie Kopf und Haartracht trugen, Mr. Banks zumindest in einem Punkt recht geben zu wollen: sie benahmen sich, als hätten sie keine Vorstellung von dem, was gut und böse sei, und nur die Frauen verrieten wenigstens einen flüchtigen Begriff von Scham. Als einmal die Pinasse der *Endeavour* um einen Landvorsprung biegend in eine Bucht einfuhr, gewahrten die Matrosen etwa ein Dutzend Frauen und Mädchen, die im seichten Wasser beim Hummerfang waren. Als sie die Männer in dem Boot erkannten, tauchten sie schnell unter und schwammen zu einer nahen Felsengruppe, und erst als sie sich dort aus großen Lattichblättern Schürzen gemacht hatten, wagten sich einige der mutigsten wieder hervor, während die anderen überhaupt verborgen blieben.

Auch die Männer dieser Gegend schienen friedlicher, ruhiger und weniger räuberisch als an anderen Buchten; sie betrogen beim Tauschhandel nicht und luden die Männer von der *Endeavour* für den Abend zu einem großen Fest – zumindest übersetzte Tupia die Veranstaltung, die vor sich gehen sollte, mit »Alle viel essen«, und das konnte doch wohl nur ein Festmahl bedeuten.

Leutnant Hicks sollte an Bord bleiben, da er bereits die Patrouille mit der Pinasse geführt hatte und Cook daran lag, die Leute nicht zu überanstrengen; aber Hicks bat, mit an Land gehen zu dürfen: er sei nun neugierig, zu sehen, was die jungen Damen aus der Bucht auf dem Leib tragen würden, wenn sie feierten. Der Kapitän konnte sich ein Lachen nicht verkneifen. Es war doch immer dasselbe: die Männer mochten noch so schrecklich bemalt sein, mochten mit Speeren und Keulen am Ufer herumtanzen – wenn sich ein paar von den sanften braunhäutigen Schönheiten zeigten, glaubten selbst seine Offiziere gleich wieder, sie befänden sich auf Tahiti.

Cook befahl, daß die *Endeavour* während des ganzes Festes mit Fackeln beleuchtet bleibe und die Deckwachen mit größter Aufmerksamkeit patrouillierten. Er traute es den Maori ohne weiteres zu, auch ein großes fremdes Schiff zu entern, wenn dies unbemerkt geschehen konnte und ein Großteil der Besatzung an Land sei. Die Gelehrtengruppe freilich nahm vollzählig und in bester Stimmung am Landgang teil, bot er doch endlich die Möglichkeit, diese bisher so abweisenden Naturmenschen aus der Nähe zu betrachten und einiges über ihre Gewohnheiten zu erfahren.

Auf Weisung des Kapitäns war jedoch jeder Mann, der sich an Land begab, bewaffnet, auch die Herren Botaniker und Zoologen hatten wenigstens ein Damenpistölchen, Terzerol genannt, eingesteckt, um sich notfalls verteidigen zu können.

Zwischen Hütten und Strand brannten große Feuer; etwa fünfhundert Menschen, Männer wie Frauen, hatten sich versammelt, und Dutzende von Kindern sahen stumm, mit großen Augen von den Hütten aus dem Spektakel zu. Als die Boote von der *Endeavour* landeten, waren gerade die Frauen im Tanz begriffen. Sie trugen kniekurze Röcke aus rauher Leinenfaser und hielten in der Rechten einen kleinen Ball, der an einer kurzen Schnur hing. Eine etwas abseits stehende Frau rief ihnen die Bewegungen zu, die zu machen seien, und die etwa vierzig Frauen und Mädchen vollführten sie geschmeidig und rhythmisch zum Klang eines leisen, aber deutlichen Gesanges. Den Takt schlugen sie mit dem Ball auf Schultern und Schenkel.

»Die Sprache ist ganz ähnlich jener auf Tahiti«, sagte Banks, der mit Solander zum Kapitän getreten war, »aber diesen Tanz habe ich noch nie gesehen, auch nichts Vergleichbares.«

»Die Tänze auf Tahiti hatten einen ziemlich eindeutigen Gehalt«, meinte Solander, »da warben die Mädchen, und die Stimmung der tropischen Nächte war schließlich auch danach. Hier aber scheint es mir um den Tanz selbst zu gehen. Vielleicht haben sie gar keine andere Möglichkeit, sich auszudrücken, als den Tanz!«

»Mir ist am wichtigsten, daß es offensichtlich kein Kriegstanz ist«, sagte Cook, »denn wenn jetzt Hunderte von Männern mit ihren Speeren um uns herumsprängen, wäre uns gewiß nicht so wohl wie beim Anblick dieser Ballspielerinnen.«

Doch die Männer kamen auch noch, und Tupia flüsterte den Herren zu, daß dies nun der berühmte Haka sei, der Kriegstanz der Maori, von dem er gerüchteweise schon gehört habe. Natürlich werde er auf dem Fest nur angedeutet. An sich drücke er die Form des Kampfes aus, die ein Stamm wählt, wenn es um die Entscheidung geht. Es gebe keine Schlacht ohne diesen Tanz ...

Es kam, wie Tupia es angekündigt hatte. Cook und die Gelehrten, verstärkt durch ein paar Offiziere, Maate und Matrosen, hatten nicht allzuweit vom Strand auf einem Hügel eine Position bezogen, die einen guten Überblick und zugleich Rückenfreiheit gewährte. Im Lichte der Fackeln entspann sich ein außerordentlich heftiges Tanzgeschehen, bei dem ein Kampf mit primitiven Waffen täuschend echt nachgeahmt wurde. Der Schluß war offensichtlich eine Schmähung des Gegners, denn die Männer bildeten eine Reihe, wiesen ihre nackten und tätowierten Hinterteile und bückten sich zu einer ebenso drastischen wie unhöflichen Gebärde.

»Und Sie sind sicher, meine Herren«, fragte Charles Green, der Astrologe, ängstlich, »daß diese ... diese Verhöhnung nicht uns gilt?«

»Bestimmt nicht, verehrter Freund«, beruhigte ihn Banks, »das ist auch kein simpler Schimpf, sondern ein Zauber. Ich bin sicher, daß ein so tapferes Volk uns nie den Rücken kehren, sondern uns frontal angreifen würde ... Da, sehen Sie ... die Hinternparade war der letzte Akt, der Kampf ist vorbei, der besiegte Gegner wird verächtlich gemacht, und nun treten wieder die Damen in Aktion!«

»Ich sehe nur eine ...« widersprach Green, offensichtlich noch immer nicht ganz beruhigt. Und es war tatsächlich nur eine einzige Tänzerin, die sich nun, vom rhythmischen Gesang begleitet, zwischen den Reihen der Männer in wirbelndem Tanz auf den Strand zubewegte.

»Pukana ...« sagte Tupia hingerissen, »ich weiß es ... ich erinnere mich ... mein Vater hat es erzählt ... Es ist die Pukana!«

Damit fiel er in die Knie, als wäre die braune Schönheit im Sand vor ihnen eine Göttin, und verfolgte mit stummer Begeisterung, wie sie stehenblieb, sich nur noch leicht in den Hüften wiegte und die Bewegungen des Kopfes, ja der Augen den Rhythmus aufnahmen. Sie rollte und verdrehte die Augen, bis das Weiße beinahe allein zu sehen war, und drehte sich auf dem Platz, auf dem sie stand, daß die Schnüre ihres Rockes flogen.

Ein junger Mann brach aus der Reihe der Krieger und lief auf die Pukana zu, aber sie stieß ihn wie spielerisch mit der Hand weg, so daß er im Sand ausglitt und zu Boden fiel. Es war nicht zu erkennen, ob es sich dabei um eine Tanzfigur oder um einen Zwischenfall handelte, denn gleich darauf war der Tanz zu Ende, ja die Pukana machte sogar eine Gebärde der Aufforderung, der Einladung hinauf zu dem kleinen Hügel, auf dem die Fremden von dem großen Schiff dem Tanz beigewohnt hatten.

Die Tafeln, an denen man sich nun versammelte, waren ungewöhnlich, wenn auch stimmungsvoll. Sie bestanden aus großen Kokoswedeln, die von jungen Mädchen erst jetzt in den Sand gelegt wurden, dorthin, wo eben noch die Männer ihren Haka getanzt hatten. Würziger Duft stieg von den grünen Gedecken auf, und nach und nach fanden sich auch die Männer ein, die sich nach dem Tanz mit ihren Festgewändern bekleidet hatten. Sie sahen prächtig aus, doch erkannte man aus der Nähe, daß der reiche Schmuck mit einfachsten Mitteln zustande gebracht wurde: der Pelzbesatz stammte von jenen Hunden, die auch einen Gutteil der Fleischnahrung lieferten, edle Steine fehlten völlig, und neben viel Muschelschmuck gab es nur da und dort Halsketten aus Jade, die offensichtlich als besondere Kostbarkeiten angesehen wurden.

»Kolumbus wäre damit wohl nicht zufrieden gewesen«, sagte Banks leise zu James Cook, »der suchte doch überall nach Gold ... und Pizarro erst recht.«

»Und doch sind wir nicht bescheidener als er, denn wir suchen nach Land«, antwortete der Kapitän und seufzte. »Mir gehen die bestellten Felder, die vielen Siedlungen nicht aus dem Sinn. Hier ist ein Land, das für die Menschen unserer engen und regnerischen Heimatinsel große Bedeutung erlangen kann.«

»Aber Metalle scheint es nicht zu geben ...« stellte Solander nachdenklich fest. »Ich habe nachmittags ein Tauschgeschäft versucht, indem ich einem Mann für seine Steinaxt eine solche aus gutem Schwedenstahl geben wollte ... er hat entschlossen abgelehnt, obwohl die Obsidianklinge schon an den Schneiden splitterte.«

Inzwischen war aufgetragen worden, und kaum standen die Schüsseln, flache Gebilde aus hellem Flechtwerk, auf den Palmblättern, waren sie auch schon leer, weil die Maorimänner sich blitzschnell selbst bedient hatten.

Erst bei der zweiten Ladung kamen auch die Briten zu einem Stück gekochten Fleisches. Eine Schüssel mit hochaufgeschichteten Stücken, über die Kräuter gestreut worden waren, stand vor ihnen, als Solander, der Zoologe, plötzlich blaß wurde und den langen Fleischknochen, den er genommen hatte, mit einem halb unterdrückten Schrei fallen ließ.

»Das ... das ist ein menschlicher Unterarm ...« stammelte er.

»Ich dachte, Zoologen verstünden nur etwas von Tieren!« brummte Banks ungerührt. »Verderben Sie uns doch nicht den Appetit!«

»Das sind keine Tierknochen, meine Herren«, sagte Solander, sobald er sich gefaßt hatte, »fragen wir Tupia!«

Der alte Priester, den man richtiger wohl einen Medizinmann nennen sollte, war aber nur schwer aus seinem Eßrausch zu reißen. Schon der Haka hatte ihn in eine seltsame Ekstase versetzt, und nun hatte er sich mit der gleichen Wildheit wie die Maorimänner über das Fleisch hergemacht.

Als Banks, der sich am besten mit ihm zu verständigen wußte, endlich seine Frage anbringen konnte, reagierte Tupia höchst unwillig.

»Was wir essen, heißen *Tangata toa* ... geben Kraft für Mann ... Keine Frau davon essen.«

»Aber ich sehe doch die schöne Pukana aus derselben Schüssel essen!« beharrte Banks. Er wollte Klarheit, vor allem weil er ebensoviel Hunger hatte wie die anderen und weil er Solander nicht zu glauben vermochte.

»Die schöne Pukana ist Häuptlingstochter ... Häuptling keinen Sohn, also muß Tochter *Tangata toa* essen ... sie brauchen Mut, brauchen Kraft wie Mann ... darum auch tanzen Haka zwischen allen Männern!«

Banks war außerordentlich animiert. Tänze und Mahl lieferten einen ersten, hochinteressanten Einblick in Bräuche und Glaubenswelt dieses in seiner exotischen Lebensweise doch zivilisierten Volkes.

»Jetzt mußt du mir nur noch sagen, was *Tangata toa* eigentlich heißt und was das für ein Tier ist.«

Tupia wandte sich ihm voll zu. Seine Augen glänzten, er schwenkte den langen Knochen, den er mit den Lippen und Zähnen vom Fleisch befreit hatte, wie eine Keule und sagte triumphierend: »*Tangata toa* heißen: toter Krieger.«

Nun wurde auch Banks blaß.

»Meine Herren ...« sagte er leise, »wir wollen die Feier nicht stören ... Aber es scheint, daß Solander recht hat ... Unsere liebenswürdigen Gastgeber verzehren ihre toten Feinde!«

Während sich die Seeleute, vielleicht weil sie nicht allzuviel verstanden hatten, beim Mahl nicht stören ließen, schoben die Offiziere und die Gelehrten die Fleischstücke, die sie genommen hatten, diskret auf die Schüssel zurück. Vorsichtig aufblickend, gewahrte James Cook die hübsche Pukana, die sich ihnen gegenüber niedergelassen hatte. Sie lächelte, als habe sie verstanden, was da vor sich ging, und sagte ein paar Worte zu Tupia. Der nickte, und auf einen Wink der Häuptlingstochter stellte ein Mädchen eine andere Schüssel vor die Gäste hin, von der ein vertrauenerweckender Geruch aufstieg.

»Von diesen Koteletts soll mich kein Zoologe abhalten!« brummte Cook ingrimmig und zog eines der duftenden Stücke an sich. Es hatte eine durchaus vertraute Gestalt.

»Poaka!« sagte Tupia aufmunternd. »Essen für Frauen ...!«

Das Wort kannten sie aus Tahiti, es bedeutete Schwein, und die wohlbekannten Bratengerüche ließen auch den Schock über die Festspeise der Maorimänner schnell schwinden. Die Häuptlingstochter hatte die Lage gerettet.. Nur Solander kaute lustlos an seinem Schweinesteak.

»Ich weiß nicht«, sagte er halblaut, »ich glaube, ich werde in diesem Leben überhaupt kein Fleisch mehr anrühren ...«

Tags darauf, als man mit dem alten Tupia wieder vernünftig reden konnte, ergab sich, daß die Maorikrieger dieses Dorfes tatsächlich ein Boot mit Feinden überwältigt hatten. Und Tupia bestätigte auch, daß es kultischer Brauch sei, die Toten zu essen und ihre Köpfe zu präparieren. Jeder Maori sei überzeugt, daß dies seine Kraft und seinen Ruhm steigere. Es gebe keine größere Schmach, als vom Gegner verzehrt zu werden; man könne einem Mann ruhig vorwerfen, Kannibale zu sein, das würde ihn nicht treffen: es handle sich ja um einen kultischen Vorgang, um ein Stück Religion und um tiefste Überzeugungen. Sage man einem Krieger jedoch, sein Vater sei von den Feinden gefressen worden, so beleidige man ihn tödlich und müsse mit einem wütenden Keulenhieb rechnen.

»Ich habe nichts dergleichen im Sinn«, versicherte Banks, »aber was ich als Sammler natürlich unbedingt haben möchte, das ist einer der präparierten Köpfe!«

Tupia wurde vorgeschickt, aber das Unternehmen erwies sich als unerwartet schwierig. Obwohl die *Endeavour* eine ganze Anzahl verlockender Tauschartikel an Bord hatte und auch Dinge, die jeder Maori sehr gut brauchen konnte, wie die ausgezeichneten Beile und Sägen, weigerten sich die Männer, einen der fünf Köpfe, die auf niedrigen Pfählen steckten, an Banks zu veräußern. Schließlich mußte er einen praktisch rauben, wenn er dafür auch eine ganze Menge Tauschwaren im Sand zurückließ, und als Tupia später noch einmal nach Köpfen fragte, weil inzwischen auch Solander und Green die seltsamen und makabren Trophäen zu erwerben wünschten, waren alle Köpfe verschwunden und wurden trotz Drängens und neuer Versprechungen nicht mehr gezeigt.

Die Männer von der *Endeavour* wandten den Blick ab, als Banks mit seiner Beute an Bord kam.

»Was haben die Leute?« fragte er den Kapitän. »Nehmen sie mir mein verständliches Interesse für exotische Kultgegenstände übel? Ich werde den Kopf natürlich dem Britischen Museum anbieten oder den völkerkundlichen Sammlungen der *Royal Society*!«

»Darum geht es nicht, Mr. Banks«, antwortete Cook ernst. »Ich kenne meine Matrosen, die sind harte Burschen. Aber etwas fürchten sie: die Unglücksbringer. Leichen an Bord sind für das ganze Schiff ein übles Vorzeichen!«

»Das begreife einer!« murrte Banks, als er sich mit seiner grausigen Trophäe in seine Kabine zurückzog. »Abends essen sie ungerührt die toten Krieger, aber die sauber präparierten Köpfe, in denen sehen sie eine Gefahr!«

Die Korallenfalle

Die Begegnung mit den Kannibalen hatte das Jahr 1770 auf düstere Weise eingeleitet. Obwohl hier, im Süden des Pazifischen Ozeans, sommerliche Verhältnisse herrschen sollten, war das Wetter unfreundlich und von Stürmen und Regenböen beherrscht. Dabei bewegte man sich auf vierzig Grad südlicher Breite, war also von der warmen Äquatorlinie des Erdballs nicht weiter entfernt als etwa in Süditalien oder Sardinien und fühlte sich dennoch eher an die Wetterbedingungen rund um die Orkneys erinnert.

Cook war gegenüber diesen Widrigkeiten weniger empfindlich als die Gelehrten, die aus dem regnerischen London in der sicheren Erwartung sonniger Zeiten und paradiesischer Verhältnisse aufgebrochen waren. Aber er wollte nicht mehr viel Zeit verlieren.

»Unser Schiff«, sagte er bei der Beratung in dem kleinen Casino der *Endeavour,* »ist nicht mehr im allerbesten Zustand. Eine Rückfahrt rund um Kap Hoorn kann ich wegen der dort zu erwartenden schweren Stürme nicht verantworten.«

»Wir sollen also den endlosen Weg durch die Molukkensee und den Indischen Ozean nehmen und auf den Spuren Vasco da Gamas und zahlloser anderer rund um Afrika nach Hause fahren?«

Es war Banks, der diese enttäuschte Frage stellte, und er war nicht allein mit seiner Betroffenheit, denn der Entdeckerehrgeiz war auf dieser Fahrt keineswegs auf die Seeleute beschränkt. Sie empfanden sich alle als eine zusammengehörige, große Gemeinschaft mit den gleichen ehrenvollen Aufgaben. Keiner wollte ein Jahr nutzloser Seefahrt auf sich nehmen.

»Im Ernst, Leutnant«, sagte Banks, als sich das Stimmengewirr ein wenig gelegt hatte, »unsere Aufgabe ist doch die Suche nach dem Südkontinent... Kehren wir von diesen Inseln, die Tasman Neu-Seeland genannt hat, durch den Südpazifik nach Kap Hoorn zurück, so haben wir eine gute Chance, diesen Kontinent zu finden!«

»Wir hätten ihn schon finden müssen, wir und Magellan und Drake und andere, Mr. Banks«, widersprach Cook. »Ein Dutzend Schiffe hat die südlichen Räume des Stillen Ozeans bereits befahren, alle haben Inseln gefunden, keines einen Kontinent. Wenn es ihn gibt, so liegt er in hohen Breiten, das heißt nahe am Südpol – und in diese unwirtlichen Gegenden, in Südpolarstürme und Eisgefahren, kann ich mit der waidwunden *Endeavour* nicht mehr vordringen. Ich würde nicht nur leichtfertig hundert Leben aufs Spiel setzen, sondern auch alle Ergebnisse unserer Forschungen und Beobachtungen.«

»Und den langen Weg nach Westen... den kann das Schiff bewältigen?« erkundigte sich Solander.

»Es ist ein Weg in bekannten Gegenden, zwischen Stützpunkten der europäischen Mächte. Wenn nicht inzwischen wieder ein Krieg ausgebrochen ist, können wir auftretende Schäden auf den Gewürzinseln ebenso reparieren lassen wie in indischen Häfen oder im Kapland; wir können São Thomé anlaufen oder die Kapverdischen Inseln, kurz: wir sind nicht völlig auf uns selbst gestellt wie im Südpazifik und im Südatlantik, und wir werden aller Voraussicht nach auch besseres Wetter haben.«

»Und unsere Forschungsvorhaben? Unser Auftrag?« wollte Mr. Banks wissen.

»Dem dienen wir nach meiner ehrlichen Überzeugung mehr durch eine Umrundung von Neuseeland, um diese große Insel aufzunehmen...«

»Falls es sich um eine Insel handelt«, warf einer der Offiziere ein.

»Eine Zwischenfrage, die ich zwar als ungehörig empfinde«, sagte Cook scharf, »die andererseits aber beweist, wie wichtig es ist, die hier begonnenen Aufzeichnungen abzuschließen. Ist diese Arbeit beendet, so verlassen wir Neuseeland in Richtung Nordwesten, wobei wir weite unerforschte Gebiete an Backbord haben werden. Nach allem, was Portugiesen, Spanier und Holländer hier an vereinzelten Entdeckungen meldeten, scheint mir die Chance, hier im Südwestpazifik größere Landstücke zu finden, sehr viel reeller zu sein als eine vage, auf nichts gestützte Suche im Polargebiet zwischen uns und dem Kap Hoorn!«

Die Herren schwiegen nachdenklich. Sie alle hatten während der langen Anfahrt von England nach Tahiti Zeit genug gehabt, sich klarzumachen, welche Informationen man besaß. Es waren zum Teil unsichere Berichte, es waren Aufzeichnungen des Portugiesen Eredia und des Spaniers Torres, die sehr lange zurücklagen, und es gab zwei Holländer, welche die Briten schon eher gelten ließen, einen schlichten Seemann namens Dirk Hartog und den tüchtigen Tasman. Alle vier hatten Länder und Buchten gesichtet, wenn auch nicht erkundet, hatten zum Teil von hohen Bergen erzählt, aber nichts Sicheres, nichts wirklich Verheißungsvolles überliefert. Denn daß auch relativ kleine Inseln hohe Berge haben konnten, das wußte man nicht erst durch Tahiti, das bewies schon der Pik von Teneriffa.

»Wenn unser verehrter Kapitän den Portugiesen Eredia anführt«, sagte schließlich der Astronom Green, der sich sonst bei Diskussionen eher zurückhielt, »dann muß ich eine Lanze für unseren Dalrymple brechen. Denn mehr als Dalrymple hat wohl auch Eredia nicht von jenem gesuchten Südkontinent gewußt. Er weilte auf Java und wollte nach Süden vordringen, weil die Holländer alle Wege nach Osten versperrten ... aber hat er das geschafft? Ist er tatsächlich gereist?«

»Soviel wie Mr. Dalrymple allemal!« rief James Cook und schlug mit der flachen Hand auf die große Karte, die vor ihm auf dem Tisch lag.

»Manuel Godinho de Eredia hat vor zweihundert Jahren gelebt, ich gebe es zu, aber das war schließlich die große Zeit der Entdeckungen. Er hatte gute Kontakte zu einheimischen Fürsten, die ja diese uns unbekannten Gewässer nachweislich schon zu Zeiten des Marco Polo befuhren, und Eredia hat nach all diesen Angaben eine Karte gezeichnet, die uns südlich jener Gebiete, die Torres entdeckte, einen gewaltigen Landblock glauben macht ... Und ich muß sagen: nach allem, was ich auf dieser Karte sehe, ist zwischen uns und den großen

Sundainseln noch für eine Menge Land Platz, nicht etwa in der Polarregion, sondern zwischen dem vierzigsten und dem zehnten Breitengrad. Und darum will ich nach Nordwesten fahren, Gentlemen, weil unserm Herrn, dem König, ein Land in diesen warmen Breiten ganz gewiß lieber wäre und wertvoller obendrein als eine ausgedehnte Einöde rund um den Südpol!«

Die Herren erhoben sich und umdrängten Cook. Er hatte zum erstenmal seine eigene Karte mitgebracht, die Karte, in die alle Messungen und Lotungen eingetragen waren, die er bis zu diesem Tag vorgenommen hatte. Die Nordinsel von Neuseeland streckte sich mit ihrem Sporn schon recht deutlich in die blau grundierte See, von der Südinsel aber hatte Cook noch nicht viel mehr als die Küste jener Passage, die seine Offiziere nach ihm selbst benannt hatten.

»Ich habe meiner Meinung nach von dieser Passage aus genug gesehen, um den Inselcharakter dieses nördlichen Landes behaupten zu können«, sagte Cook. »Aber ich will zugeben, daß wir etwa vierzig Meilen Küste an der Nordinsel noch nicht kennen. Die wollen wir nun erkunden, danach kommt die Südinsel dran, wenn es eine einzige ist, wie die Eingeborenen sagen. Sehr einladend sieht sie nicht aus, wir wollen mit ihr nicht viel Zeit verlieren. Und danach ... ich kann Ihnen nicht helfen ... müssen wir heim: zumindest für diesmal!«

Der schmale, harte Mann, den man so selten lächeln gesehen, strahlte auf einmal über das ganze Gesicht, als freue er sich schon auf die nächste Reise, noch ehe diese erste abgeschlossen war. Erlöst, entspannt, stimmte nun alles zu, ja es gab Applaus für den Kapitän, der seine Karte einrollte und ging. Es gab noch viel zu tun ...

Am 31. Januar 1770 errichtete Cook eine weithin sichtbare Landmarke, die zumindest jedem europäischen Schiff deutlich machte, daß diese große Insel, die Tasman Neu-Seeland genannt hatte, nun für die britische Krone in Besitz genommen worden sei. Tupia erklärte den versammelten Maoris den Zweck des hochaufragenden Wahrzeichens, und sie versprachen, es zu schützen, damit es aufrecht stehen und sichtbar bleibe. Zugleich aber gaben sie zu bedenken, daß der Kapitän noch so manches dieser Zeichen werde aufstellen müssen, denn es gebe in dieser See sehr viele Inseln, zwei große und eine Menge kleinere. Cook war, als die Umrundung der Südinsel begonnen wurde, also eigentlich schon überzeugt, nicht an der Küste eines Kontinents entlangzufahren. Und da sich durch das Glas erkennen ließ, daß die Südinsel weit weniger dicht besiedelt und vergleichsweise unkultiviert war, versuchte Cook auch keine Landungen, sondern hielt sich vom Klippensaum fern. Ein Vorgebirge, das unter

44 Grad südlicher Breite aus dem Nebel tauchte und ebenso eine Insel wie eine bergige Halbinsel sein konnte, erhielt den Namen von Banks, der sich schließlich so viele Verdienste um die Fahrt erworben hatte, daß er nun, da Cook seine Meeresstraße hatte, zumindest mit einem Landvorsprung ausgezeichnet werden mußte.

Die Distanz zum Land, die Cook auf dieser Siebenwochenfahrt meist einhielt, hatte ihren besonderen Grund. Die *Endeavour* war nämlich im Februar, kurz ehe man nach Süden schwenkte, in der starken Strömung der Cookstraße in tödliche Gefahr geraten. Der Ebbstrom setzte hier, zwischen der Nord- und der Südinsel von Neuseeland, mit außerordentlicher Gewalt ein, weil es doch eine ungeheure Wassermenge war, die der Ozean beim Gezeitenwechsel zwischen den Landspitzen hindurchzog. Das Schiff schaukelte eben noch leicht in einer schwachen Brise, als die Ebbe es erfaßte und in rasender Fahrt auf Inselfelsen zutrug. Der Wind war zu schwach, um zu helfen, die Anker wurden ausgeworfen, fanden im Felsengrund jedoch keinen Halt, und 150 Faden Tau liefen ab, während die *Endeavour* den Riffen immer näher kam. Im letzten Augenblick, als Cook Schiff und Besatzung schon verloren sah, brach sich der Strom an der Insel und wich aus. Gleich darauf faßte der Anker Grund. Ein Krachen ging durch den ganzen kräftigen Kahn; es sah so aus, als mache er Rückwärtsfahrt, weil das Wasser an ihm vorbeischoß, aber die Ankertaue hielten, ein zweiter Anker wurde ausgeworfen, die *Endeavour* war gerettet – in letzter Minute. Die scharfen Felsen, an denen sich der Ebbstrom mit weißem Gischt hochwarf, waren nur noch dreihundert Meter weit entfernt.

»Mir ist klar«, sagte Cook, als er neben dem jungen Hicks auf der Back stand, »daß wir zu weit weg von der Küste sind, um taugliche Beobachtungen zu machen. Der Landvorsprung, den wir eben umrundet haben und den ich für die Südspitze von Neuseelands Südinsel halte – er kann ebensogut eine Insel sein, die nur ein schmaler Sund von der Hauptinsel trennt, und die Insel, die ich nach unserem guten Banks benannte, ist vielleicht ein hochaufragendes Kap. Aber ich kann, nach allem, was wir erlebt haben, nicht näher an die Insel herangehen. Das würde uns nötigen, immer wieder zu loten und nur bei Tag zu segeln ... Soviel Zeit aber haben wir nicht.«

»Schließlich sind wir ja auch keine Kolonisatoren«, pflichtete der Offizier seinem Kapitän bei. »Hier, wo niemand Bescheid weiß, geht es in erster Linie um die Ermittlung der Länderumrisse. Die Feinarbeit müssen wir ohnedies anderen überlassen!«

Es zeigte sich, daß man tatsächlich das Südende der langgestreckten Südinsel erreicht hatte. Etwa auf dem achtundvierzigsten Grad südlicher Breite nahm die *Endeavour* darum nun West- und bald darauf Nordostkurs. Die mächtige, mit gewaltigen Wogen anrollende Dünung hatte den erfahrenen Seeleuten klargemacht, daß sie den Landschatten verlassen hatten und sich in einem Meer befanden, in dem größere Landmassen nicht mehr zu erwarten waren.

Begleitet von hohen Bergketten an Steuerbord, erreichte die *Endeavour* Ende März 1770 von Süden her die breite Einfahrt zur Cookstraße. Sie war im Nebel schwer zu erkennen, aber die einzelnen Inseln gaben die Gewißheit, daß die Rundfahrt vollendet und der Abschied von Neuseeland nahe sei. In der großen nördlichen Bucht der Südinsel in Ruhe ankernd, konnte die *Endeavour* für die nun beginnende Heimfahrt überholt werden, und Cook machte sich mit den anderen Offizieren daran, die Notizen der Rundfahrt für eine Karte der Südinsel auszuwerten. Angesichts der schlechten Wetterverhältnisse wichen nämlich die Eindrücke der verschiedenen Wachhabenden mitunter erheblich voneinander ab. So war Leutnant Hicks, der ausgezeichnete Augen hatte, fest davon überzeugt, die Südspitze der Südinsel sei – ganz ähnlich wie Kap Hoorn – durch eine bergige Insel gebildet worden. Das von Cook so benannte Südkap läge demnach nicht auf der Hauptinsel, sondern es müsse zwischen dieser und dem Südkapinselchen eine Durchfahrt geben, man habe sie nur wegen der schwierigen Gewässer und der schlechten Sicht nicht einwandfrei ermitteln können.

Man entschied sich salomonisch, für die nachfolgenden Seefahrer anzudeuten, daß es hier möglicherweise eine Durchfahrt gebe. Dies geschah durch punktierte Linien. Auch die letzten Namensgebungen wurden eingetragen, wobei – da die großen Herren längst verewigt waren – nun auch die Sekretäre der Admiralität zu geographischen Ehren kamen.

Damit war aber auch die Stunde des Abschieds gekommen: des Abschieds von einer Aufgabe, die James Cook liebgewonnen hatte, trotz der schwierigen Bedingungen, unter denen sie gelöst werden mußte, oder vielleicht gerade deswegen.

»Es ist nicht leicht zu sagen, warum ich so ungern von hier scheide«, sagte er zu Banks, als die *Endeavour* so gut es ging überholt worden war und dem neuerlichen Auslaufen nichts mehr im Wege stand. »Vielleicht war es die Überschaubarkeit dieser Aufgabe, meine Überzeugung, es nur mit Inseln, wenn auch großen Inseln zu tun zu haben ... Es ist ein beinahe schöpferisches Erlebnis, wenn man nach Wochen in Regen, Nebel und schwerer See solch ein neues Land auf das Kartenblatt bannen kann für alle Zeiten. Gott hat dies alles geschaffen, aber er hat es sehr lange verborgen gehalten, und wir von der *Endeavour* haben hier ein wenig hinter die Geheimnisse der Schöpfung geblickt und sie für andere auffindbar machen dürfen.«

Die Stimmung war seltsamerweise auch bei den Matrosen nicht die beste. Zwar ging es heimwärts, aber was bedeutete eine Heimkehr schon angesichts einer endlosen Fahrstrecke mit höchst ungewissem Verlauf. Die vor ihnen liegenden Teile der Sundasee, des östlichen und südlichen Indischen Ozeans waren zwar zum Teil bekannt; aber eben diese bekannten Punkte und Strecken, die einander nicht selten widersprechenden Beschreibungen portugiesischer und holländischer Seefahrer schufen mehr Unsicherheit als Klarheit und machten nur eines deutlich: man kam nun aus einem großen und friedlichen Ozean in enge und klippenreiche Gewässer, in denen der Lorbeer des Entdeckers – wenn er überhaupt noch zu pflücken war – doch wesentlich höher hängen würde als in der Südsee.

Der Landvorsprung am Westeingang der Cookstraße, das Ende der Südinsel also, wurde Cape Farewell getauft. Hier nahmen sie Abschied von einem Land, das zwar der brave Abel Janszoon Tasman entdeckt hatte, das aber doch erst durch diese Fahrt der *Endeavour* in seiner Größe und seiner Lage erfaßbar geworden war. Die Fahrt ging nach Nordwesten, hinaus in ein Meer, das auch die Holländer schon mit Riffen und Untiefen genarrt hatte und jenseits dessen eine bislang nur gesichtete Küste liegen sollte – eine Küste wessen? Einer neuen großen Insel – oder gar des gesuchten Kontinents, der dann ja wohl bis nahe an Afrika heranreichen mußte . . .

Ein guter Kapitän mußte zu seinen fünf Sinnen einen sechsten besitzen, der ihm das sagte, was Augen und Ohren noch nicht klar genug ausmachen konnten. Das galt vor allem für Fahrten in unbekannten Gewässern. Seit dem Abschied von Neuseeland, seit Cape Farewell hinter dem Horizont versunken war und die endlose Wasserwüste der Tasmansee sich vor der *Endeavour* breitete, wurde Cook den Eindruck nicht los, daß bisher alles zu gut und zu glatt gegangen sei. Die Gefahren, die jede Weltreise begleiteten, schienen sich auf dem letzten Abschnitt zusammenzubrauen, schienen sich unsichtbar vor ihm aufzutürmen. Zur Verblüffung der erfahrenen Vollmatrosen, die das tiefe Blau des Meeres kannten, ließ Cook loten, immer wieder loten, aber es währte vierzehn Tage, ehe die *Endeavour* in flachere Gewässer gelangte. Und wie das oftmals so ist, wenn das Fahrwasser gefährlich ist: zugleich kam ein eisiger Südsturm auf. Mit nur hundert Metern Wasser unter dem Kiel wagte Cook den Kurs nicht gegen den Sturm zu halten. Zwar mußte westlich voraus Van-Diemens-Land liegen, ein mächtiger Brocken Land, von dem Tasman nicht hatte sagen können, ob er zu einem Kontinent gehöre oder aber eine große Insel bilde. Dieses Land, das der Holländer nach seinem Gouverneur und Auftraggeber benannt hatte, wäre nähere Erkundung zweifellos wert gewesen, aber der Sturm hatte die *Endeavour* gepackt und riß sie nach Norden – vielleicht zu ihrem Glück.

Zehn Tage tobte der Sturm. Das schwere Kohlenschiff aus England flog nicht vor ihm her wie die eleganten Korsarenschiffe der Franzosen, aber es machte seine Sache gut, und die Männer brauchten nicht allzuviel Dienst an den Pumpen zu tun.

»Wir sollten irgendwo unterkriechen, Leutnant«, sagte Banks, dem die angespannten Mienen der Offiziere aufgefallen waren. Man konnte nicht vorsichtig sein bei diesem Seegang, man konnte nachts nicht loten, weil die Gefahr zu groß war, daß ein Mann über Bord ging. Man mußte es in Kauf nehmen, daß die schweren Wogen aus dem Süden das Schiff immer weiter nach Norden trugen, an einer Küste entlang, die nur hin und wieder an Backbord in Sicht kam, endlos lang und mit hohen Bergen in den Himmel ragend.

»Nichts wäre mir willkommener als eine ruhige Bucht«, gab Cook zu, »aber ich kann mich dem Land erst nähern, wenn das Wetter ruhiger wird. Wir sind in der Südsee, wir müssen mit Korallenbänken vor der Küste rechnen, mit Riffen knapp unter der Oberfläche, die bei diesem stürmischen Seegang weder auszumachen noch zu vermeiden sind.«

Ende April flaute der Sturm ab. Die *Endeavour* konnte nun, immerzu lotend, einen landnahen Kurs einhalten und an einer Reihe von Buchten hin nach Norden laufen. In einer weit geschwungenen Bai, die sich zum Meer hin beinahe zehn Kilometer weit öffnete, ging James Cook am 29. April vor Anker, und da seine Leute zwei große Stachelrochen für die Schiffsküche erlegt hatten, nannte er den Ankerplatz, der ihm sehr gefiel, Stingray Bay.

Mr. Banks war von der Umgebung dieser nach schweren Stürmen willkommenen Zuflucht zwar nicht so begeistert wie Cook, er fand sie eher öde und nicht allzu fruchtbar; aber seine Stimmung besserte sich, als ihm Tag für Tag neue, völlig unbekannte Pflanzen auffielen oder gebracht wurden. Auch fremdartige Tiere sah man vorüberhuschen, so daß sich in den Gelehrten die Überzeugung festigte, man befinde sich in einem Teil der Erde, der von allen übrigen Gebieten, vor allem aber vom gewaltigen afro-asiatischen Kontinentalblock, seit urdenklichen Zeiten abgeschnitten sei.

»Da wir diese Erkenntnis in erster Linie Ihren Pflanzenfunden verdanken«, sagte Cook zu Mr. Banks, »werde ich dieser Bucht doch nicht den Verlegenheitsnamen nach den Stachelrochen geben. Dieses

Getier kann man schließlich längs der ganzen Küste fangen. Was halten Sie von der Bezeichnung Botanists Bay?«

»Klingt nicht schlecht«, gab Banks zu, »aber es spricht sich nicht allzu gut. Und denken Sie: Bucht der Botaniker ... da wird niemand landen wollen, der simplen Ackerbau im Sinn hat, und solche Leute werden wir oder wird England eines Tages hierherschicken. Sagen wir doch einfach *Botany Bay.* Das läßt sich leichter aussprechen, und es ist eine Huldigung an unsere Wissenschaft. Die ist schließlich doch wichtiger als der einzelne.«

Schon bei der Einfahrt in die Bucht waren an der Südküste einzelne Eingeborene gesichtet worden. Soweit man durch das Glas erkennen konnte, waren sie nicht so groß und gut gewachsen wie die Maori, aber ebenfalls dunkelbraun bis bräunlichschwarz von Hautfarbe und muskulös. Die meist platten Nasen gaben den Gesichtern etwas Primitives, und auch im Wesen unterschieden sie sich sehr deutlich von den Bewohnern der Inseln, die man bisher angelaufen hatte, Menschen, die selbstbewußt, kriegerisch und stolz gewirkt hatten. Die Eingeborenen an der Botany Bay kannten offensichtlich die Wirkung von Musketen nicht, denn sie verhielten sich feindlich, flohen auch nach dem zweiten Schuß noch nicht und machten sich erst aus dem Staube, als beim dritten Schuß einer der Männer verletzt wurde. Cook hatte leicht laden lassen, so daß es keine Toten geben konnte, aber die wenigen Buchtbewohner blieben scheu wie die Tiere und nahmen auch die Dinge nicht auf, die Cook bei den Kindern in den Hütten oder an der Wasserstelle niederlegen ließ.

Andererseits wagten auch die Seeleute nicht, sich näher mit den Speeren zu befassen, die man gefunden hatte, denn die Gelehrten warnten vor Gift. Eine merkwürdige hölzerne Waffe, ein gebogenes Holz ohne Schneiden, fand sich auch, aber niemand wußte etwas damit anzufangen. Die drei Kanus, die sich am Strand fanden, waren das Elendeste, was Cook an Wasserfahrzeugen jemals gesehen hatte. Offenbar lebten diese Menschen in der Steinzeit und waren so zurückgeblieben, weil die große Insel, die sie bewohnten, oder vielleicht der Kontinent, zu dem diese Küste gehörte, seit Urzeiten nicht mehr mit gesitteten oder weiter fortgeschrittenen Ländern wie China oder Indien in Verbindung stand. Wann und woher waren dann aber die Menschen auf dieses offenbar große und sehr einsame Landstück im Ozean gekommen? Wie hatten sie auf so erbärmlichen Kanus eine weite Strecke offenen Meeres bezwungen?

Die *Endeavour* blieb gut eine Woche in der großen Bucht liegen, aber die Hoffnung, den Eingeborenen näherzukommen, erfüllte sich nicht. Obwohl sich Cooks Männer angewöhnt hatten, kleine Gruppen zu bilden, um niemanden durch ihre Anzahl zu erschrecken, vollzog sich bei den winzigen, weit auseinanderliegenden Hütten an der Bucht stets das gleiche. Zeigte sich ein Weißer, so liefen Frauen, Kinder und alte Leute davon, die Männer jedoch stellten sich mit ihren Speeren den Fremden entgegen, bis die erste Schrotladung krachte; dann gaben auch sie auf, warfen die Speere weg und verschwanden.

Einigen Matrosen gelang es, im Nachsetzen einen Gefangenen einzubringen. Der Mann verstand kein einziges der Worte, die ihm Tupia langsam und eindringlich vorsagte, und Tupia wiederum vermochte mit den gestammelten Lauten des Mannes nicht das geringste anzufangen. Damit war nun wenigstens klar, daß dieses neue Land und die große Doppelinsel Neuseeland nicht zusammengehörten und daß es daher aus einer anderen Richtung besiedelt worden war.

»Ich bin zwar kein Anthropologe«, sagte Solander, der immerhin die Menschenknochen beim Maorifestmahl richtig erkannt hatte, »aber die Unterschiede in Körperbau, Gesamtcharakter und Sprache gegenüber unseren bisherigen Eindrücken auf den Inseln sind doch deutlich, ja gravierend. Diese Menschen hier haben zwar glatte schwarze Haare, also kein negroides Haargekräusel. Aber was Nasen und Lippen anbetrifft, so ähneln sie jenen Mischrassen, die man auf Borneo angetroffen hat, mehr als der Inselbevölkerung von Neuseeland oder Tahiti ... vielleicht sind sie auch von dort, also aus dem Nordwesten, hierhergewandert?«

»Das würde eine alte Landbrücke voraussetzen«, gab Banks zu bedenken, »Inselketten, die in den südostasiatischen Raum weisen ... oder einen so großen Inselkontinent, daß seine nordwestlichen Gebiete bis zur Sundagruppe der vielen großen und kleinen Inseln vorstoßen, wie sie uns Portugiesen und Holländer schon einigermaßen beschrieben haben.«

James Cook hatte während dieser Unterhaltung auf seiner großen Seekarte gemessen und auf einem Blatt Papier herumgerechnet.

»Es gibt da eine Beobachtung aus dem Beginn des vorigen Jahrhunderts«, sagte er dann, »die lange verschollen war und die unsere Admiralität erst vor acht Jahren entdeckte, als sich auch unser Land für die Südsee zu interessieren begann. Sie stammt von einem tüchtigen bretonischen Seefahrer namens Luis de Torres, der in spanischen Diensten die Erde umrundete und nach der Trennung von seinem spanischen Kollegen Quirós in diese schwierigen Gewässer geriet. Er erzählt eine wahre Schauergeschichte von einer nur aus Riffen und Untiefen bestehenden Meeresstraße zwischen einer waldreichen, großen Insel im Norden und einem Bergland, das vom Süden her gegen diese Wasserstraße vorstößt und in ein paar Inseln ausläuft ... Nach den recht kundig und verläßlich wirkenden Angaben, die er gemacht hat, könnte sich unsere Küste bis in die Gegend jener Wasserstraße hinziehen.«

»Wenn das so ist«, sagte Banks nach einem Blick auf die Karte, »dann gibt es einen Südkontinent, und Mr. Dalrymple hat doch noch recht behalten!«

»Ich habe die Möglichkeit nie geleugnet, daß es solch einen Kontinent gebe«, verteidigte sich Cook, »ich konnte mir nur nicht vorstellen, daß er dort liegt, wo Mr. Dalrymple ihn eingezeichnet hat. Daß wir uns in einem Land von großer Ausdehnung befinden, zumindest auf einer Insel, die viel größer ist als die Doppelinsel von Neuseeland, das glaube ich nun auch. Wenn sie aber ebenfalls lang und eher schmal ist, dann würde ich sie nicht als Kontinent bezeichnen ... jedenfalls wollen wir nichts unterlassen, ihre Ausdehnung zu erkunden!«

Es war ein löblicher Vorsatz, aber seine Ausführung wurde Cook und seinen Männern mehr als sauer gemacht, und die Woche in der Botany Bay erwies sich bald als die angenehmste Zeit, die das neue Land ihnen beschert hatte. Auf der Nordfahrt folgten noch einige ähnliche Buchten, ohne daß sie Sensationen brachten. Die Menschen blieben spärlich, größere Gemeinschaftssiedlungen schien es nicht zu geben, und die zwei Rassen, auf die man traf, unterschieden sich eigentlich nur durch den Haarwuchs. Auch die Männer und Frauen mit gekraustem Haar trugen dieses kurz geschnitten und gingen ebenso nackt wie die Leute von der Botany Bay. Während Männer und Kinder sich dem Schiff gelegentlich neugierig näherten, hielten sich die Frauen abseits oder wurden von den Männern zu dieser Zurückhaltung veranlaßt, so daß die Gelehrten und die Offiziere sie nur durch dieFerngläser beobachten konnten.

Kamen Eingeborene an Bord, so blieb alles, was sie sagten, unverständlich. Nur einmal war einer ihrer Wünsche deutlich erkennbar, das war, als die Besatzung zwei große Meeresschildkröten gefangen hatte und die braunen Männer versuchten, diese heimlich von Bord zu schaffen. Daran gehindert, wurden sie böse und ließen sich nicht dadurch versöhnen, daß Cook ihnen Brot reichen ließ (andere Speisen waren zu diesem Zeitpunkt nicht vorbereitet). An Land zurückgekehrt, zündeten die enttäuschten Eingeborenen mit einigen blitzschnellen Handbewegungen ein paar Grasbüschel an, zogen mit diesen einen Kreis um die wenigen Güter, Vorräte und Gerätschaften, die an Land lagerten, und wenige Minuten später loderte das trokkene Gras in der Bucht auf. Betroffen von der Absonderlichkeit dieser Waffe, vermochten die Briten, die an Land gegangen waren, nur sich selbst zu retten; die Vorräte, zu denen auch ein paar lebende Tiere gehörten, verbrannten.

»Das sind Kampfmethoden des Steinzeitmenschen«, sagte Solander, »so wurde in Vorzeiten gejagt, als der Mensch noch zu schwach war, große und wehrhafte Tiere zu besiegen. Die Stämme taten sich zusammen, es gab Treibjagden mit Hilfe von Lärm und Feuer, und die Beute wurde geteilt. Wir erhalten hier, in diesem abgelegenen Teil der Erde, lebendigen Anschauungsunterricht über die Frühstufen unseres eigenen Geschlechts ...«

»Sagten Sie eigenes Geschlecht?« warf der elegante Banks ein. »Ich bin mir da nicht so sicher. Könnte nicht eine schon zu Urzeiten abgespaltene Menschengruppe sich hier völlig selbständig entwickelt haben?«

»Oder auch nicht entwickelt!« meinte Cook. »Unsere Vorfahren sind sie gewiß nicht, denn wenn ich mir ihre Kanus ansehe und unsere brave *Endeavour*...«

Wie brav das Expeditionsschiff tatsächlich war, zeigten die nächsten Tage. Die Fahrt ging zunächst ohne Schwierigkeiten, ja in beträchtlicher Geschwindigkeit vonstatten. Cook landete nicht mehr, aber verzeichnete mit genauen Messungen charakteristische Punkte an der Küste, wie drei Hügel, die einander so glichen, daß er einen *Point Three Brothers* in die Karte eintrug. Ein Landvorsprung, der offenbar stärker besiedelt war, fiel durch eine gewaltige Rauchwolke auf. Wollten die Eingeborenen das Auftauchen des fremden Schiffes auf diese Weise melden? Cook nannte das Kap Smoky Head und fuhr weiter, bis sich bei einem neuerlichen Kap die Küste erstmals nach Westen zurückzog. Damit hatte man offenbar den östlichsten Punkt dieses unbekannten Landes erreicht, und Cook gab ihm den Namen eines Kollegen: des Weltumseglers John Byron aus Nottinghamshire. Er hätte wenige Jahre vor Cook über die Falklandinseln und atlantische Meeresströmungen berichten sollen, hatte seine Instruktionen jedoch nicht befolgt und war lieber in die Südsee hinausgesegelt – was James Cook nur zu gut verstehen konnte. Die Admiralität würde vielleicht mit dieser Benennung eines so wichtigen Küstenpunktes nicht einverstanden sein, aber schließlich hatte er einem Landvorsprung in der Botany Bay auch den Namen des Matrosen Sutherland gegeben, der am 1. Mai verstorben war, im übrigen aber herzlich wenig für seine Unsterblichkeit getan hatte.

Hart nördlich von Cape Byron öffnete sich an Backbord eine flache, durch vorgelagerte Inseln geschützte Bucht, und nach einer weiteren Insel, die möglicherweise auch eine Halbinsel war, wich das

Land nun sehr deutlich und in schier endloser Erstreckung nach Westen zurück. Die Berge hinter der Küste wurden niedriger, der Küstenverlauf blieb beinahe genau westnordwestlich, ließ sich aber nicht mehr so gut erkennen, weil nun zahlreiche kleine Inseln vorgelagert waren, die mit der Küstenlinie verschmolzen.

Am 26. Mai hatten all diese Inseln mit einemmal die *Endeavour* eingefangen. Über Nacht waren sie in ganzen Schwärmen aufgetaucht, es gab ringsum nur Festland und Inseln, das offene Meer war verschwunden, und die Wassertiefe betrug nur noch sieben Meter. Damit war die Gefahr, in einer Untiefe festzusitzen oder auf ein Riff zu fahren, unversehens da, so als habe eine mächtige Hand das schwere Schiff mitten hinein in eine Wasserfläche gesetzt, die man gar nicht mehr als Fahrwasser bezeichnen konnte.

Ein Boot wurde zu Wasser gelassen und fuhr, sorgfältig lotend, vor der *Endeavour* her, die gerefft hatte und sich nur noch ganz langsam bewegte. Da die Wassertiefe weiter abnahm und schließlich nur noch fünf Meter betrug, ließ Cook ankern und wartete auf Wind aus Norden: hier war kein Weiterkommen, man mußte von Glück sagen, wenn man auf dem gefahrenen Kurs zurückkonnte. Der Wind sprang bald um, die *Endeavour* wendete und lief nach Süden zu aus dem Untiefenbereich in die offene See hinaus – durch eine Passage des großen, langgestreckten Riffs, welche die Boote erkundet hatten.

Sie waren gewarnt, aber sie hatten ja nicht zum erstenmal mit Korallenriffen zu tun, und es gehörte zur Eigenart dieser Ringbauten um die Inseln, daß sich irgendwo in ihnen immer eine Passage auftat. Hier, an der Küste jenes großen und unbekannten Landes, befand man sich praktisch in der Nähe einer ungeheuren Insel. Die Korallenbauten, die sie nun ziemlich zusammenhängend begleiteten, mußten also auch irgendeinen Durchlaß haben. Gefährlich war aber, daß zwischen Riff und Küste auch kein sicheres Fahrwasser vorhanden war, keine jener Lagunen, in deren ruhigem Blau sich das Schiff geborgen fühlen konnte.

Eine weitere Unsicherheit schuf der sogenannte Tidenhub. In manchen Buchten drückte die Flut stark gegen das Land an, schob sehr viel Wasser unter den Kiel der *Endeavour*, und Cook versuchte, diese Tatsache zu nützen, indem er das treue Schiff auf den Strand setzen ließ: die Flut des nächsten Tages würde es ja doch wieder flottmachen. Man blieb nur so lange, wie es die dringendsten Ausbesserungen erforderten, denn die kleine Bucht, die Cook darum auch Thirsty Bay nannte, hatte keine Quelle. Die Männer konnten nur in aller Eile den Rumpf der *Endeavour* von den Muscheln befreien und nach kleinen Schäden durchforschen, dann ging es weiter.

Am 11. Juni hielt die *Endeavour* auf zwei niedrige und bewaldete Inseln zu, die wie durch Magie nicht näher rücken wollten. Das Wasser war spiegelglatt, der Mond erhellte die Nacht, und plötzlich lief das Schiff auf ein Korallenriff knapp unter der Wasseroberfläche auf und saß fest.

»Vor zehn Uhr (abends) hatten wir zwanzig und einundzwanzig Faden (ca. 30 Meter) Wassertiefe und segelten in dieser Tiefe weiter bis wenige Minuten vor elf Uhr, da wir siebzehn hatten«, schreibt James Cook. »Und bevor eine weitere Lotung vorgenommen werden konnte, lief das Schiff auf ein Hindernis und lag fest. Unverzüglich holten wir alle unsere Segel ein, ließen die Boote zu Wasser und loteten rund um das Schiff; und wir wurden gewahr, daß wir auf die südöstliche Ecke eines Riffs aus Korallenfelsen aufgelaufen waren. An manchen Stellen um das Schiff hatten wir drei oder vier Faden Wasser und an anderen Stellen wenige Fuß.«

Zu ihrem Unglück war die *Endeavour* zum Zeitpunkt des höchsten Flutstandes gescheitert. Es genügte also nicht, den nächsten Tag und die Flut abzuwarten, um wieder flott zu werden. Das Schiff mußte leichter gemacht werden, und es mußten starke Zugkräfte angesetzt werden, die es vom Felsen wieder herunterholten. Und natürlich mußte die ganze Zeit mit den drei Pumpen (eine vierte funktionierte nicht) gegen das eindringende Wasser gekämpft werden.

Die außerordentliche Ruhe, die der Kapitän bewies, teilte sich der Mannschaft mit. Cook hatte festgestellt, daß am Heck ein paar Meter tiefen Wassers waren, und legte nun die Treibanker so aus, daß der Gezeitenstrom ein erleichtertes Schiff vom Felsen und in tieferes Wasser ziehen mußte. Um elf Uhr vormittags gelang dies noch nicht, vielleicht war auch die Morgenflut nicht so kräftig wie die bei Nacht. Man warf weitere Gegenstände über Bord, tonnenweise: sogar Kanonenrohre traten den Weg in die Tiefe an, dazu leere Fässer, verdorbene Vorräte, Kisten, kurz alles, was irgend entbehrlich schien, und sogar die Herren Gelehrten trennten sich angesichts der verzweifelten Situation von dem einen oder anderen schwereren Stück ihrer Ausrüstung und ihrer Sammlerbeute.

Inzwischen hatte sich am Leck ein harter Kampf gegen das eindringende Wasser entsponnen. Es konnte durchaus sein, daß der Schiffsboden so weit aufgerissen war, daß die *Endeavour* zwar glücklich vom Riff herabglitt, dann aber zu sinken begann. Aber es mußte gewagt werden, sonst war alles verloren. Jeder tat an den Pumpen und den Ankern sein möglichstes. Die ausgesetzten Boote bugsierten, durch eine leichte Brise unterstützt, die *Endeavour* in tieferes Wasser, und die Männer an den Pumpen schafften es, das Schiff bis in den

Hafen über Wasser zu halten, der von dem dankbaren Kapitän daraufhin Cook Harbour genannt wurde.

Die Größe des Schadens zeigte allen, wie nahe sie dem Untergang gewesen waren, denn die Boote hätten nicht viel mehr als die Hälfte der Besatzung fassen können. Man blieb wegen der langwierigen Ausbesserungsarbeiten bis zum 4. August hier liegen, obwohl der Wind für die Weiterfahrt günstig gewesen wäre. Cook wollte seinen Leuten nach der großen Anstrengung ein wenig Erholung gönnen, weil er den Skorbut fürchtete, der vor allem bei Überanstrengung jene Menschen befällt, die sich nicht ausreichend mit frischer Nahrung versorgen können. Außerdem wünschten sie wohl alle nach dem Schock des Schiffbruchs freundlichere Eindrücke als Erinnerung mit sich zu nehmen. Sie verfolgten die faszinierenden Beuteltiere, die zwar nicht groß oder schwer waren, aber in ihrer bizarren Form und Fortbewegungsart tatsächlich Fabeltieren glichen. Dazu wurden Meeresschildkröten erlegt und allerlei wilde Gemüsepflanzen auf ihre Tauglichkeit für die Bereicherung der Nahrung geprüft.

Inzwischen hatte sich in Cook die Überzeugung gefestigt, daß er es nicht mit einem nur stellenweise schwierigen Fahrwasser zu tun habe. Er war dem Großen Barriereriff in eine Falle gegangen, die sich wie eine Reuse geschlossen hatte. Durch die Untiefen zurückzufahren durfte als ausgeschlossen gelten, auch besaß die *Endeavour* nur noch für drei Monate Lebensmittel und andere Vorräte. Die Fahrt mußte nach Norden oder doch Nordwesten fortgesetzt werden, denn nur dort durfte man annehmen, in bekannten Gewässern und mit Hilfe der holländischen Handelsstationen die gefährliche Lage zu überwinden.

Immer wieder bestieg James Cook allein oder in Gesellschaft des einen oder anderen Gelehrten die höheren Erhebungen an der Küste. Die Herren gingen gern mit, weil ihnen diese Exkursionen Einblicke in die Tier- und Pflanzenwelt auch außerhalb der eigentlichen Strandzone gestatteten. Für Cook bedeutete es jedoch häufig eine Enttäuschung, wenn er mit dem Glas das endlose Riff absuchte und keine Durchfahrt darin zu entdecken vermochte. In den wenigen Fällen, wo sich eine Chance zu bieten schien, entsandte er den Bootsmann mit der Pinasse zur näheren Erkundung, aber jedesmal erwies sich, daß die Gefahr für die *Endeavour* zu groß gewesen wäre. Das angeschlagene Schiff und die durch die lange Reise strapazierte Besatzung durften einem neuerlichen Schiffbruch nicht ausgesetzt werden.

Endlich schien sich eine Öffnung zu bieten; sie lag etwa auf 15 Grad südlicher Breite, und in der Hoffnung, den klippenverseuchten

Gewässern mit ihren vielen Untiefen bald adieu sagen zu können, benannte Cook den Landvorsprung, von dem aus sie den Durchbruch wagen wollten, hoffnungsvoll als Cape Flattery; ein Ausdruck, in dem allerdings die Befürchtung mitschwingt, daß sich die Hoffnungen, die der Ausblick vom Kap bot, vielleicht als trügerisch, als Schmeichelei des Panoramas erweisen würden. Tatsächlich ergab sich, daß eine landnahe Passage zuviel Risiko bedeutete und daß ein Riff, das Cook wegen der hohen Brecher für das äußerste gehalten hatte, noch lange nicht die vorderste Bastion des Barriereriffs gegen den offenen Ozean zu war. Schließlich fand sich dann aber doch im Schatten einer Insel eine Ausfahrt, die der *Endeavour* den Weg hinaus in die offene See gestattete. Cooks Leute nannten den Durchlaß in dem langen Riff die Cook-Passage und pflichteten ihrem Kapitän darin bei, daß er fortan nicht mehr allzuviel riskieren wolle: er hielt, fern vom Land, in der offenen See Kurs auf jene Meeresstraße, die der Bretone Torres entdeckt hatte.

Da die Beschreibungen des erfahrenen bretonischen Schiffsführers sehr verläßlich waren, mußte Cook auch in der Torresstraße mit engen Fahrrinnen, Riffen und anderen Schwierigkeiten rechnen; aber sie bot die einzige Möglichkeit, schnell nach Westen zu laufen und in die Gewässer von Timor zu gelangen, wo die Holländer seit geraumer Zeit Handelsniederlassungen unterhielten.

Doch noch war es nicht soweit. Um die Passage nach Westen nicht zu übersehen und statt dessen ins Gewirr der Salomoninseln zu gelangen, hielt sich Cook nun wieder näher am Land und geriet dadurch in die größte Gefahr. Starke Strömungen, gegen die sich die Segelfläche der *Endeavour* als machtlos erwies, trieben das Schiff wieder auf das Barriereriff zu, und die rettende Durchfahrt, die Möglichkeit, den Schaumkronen und drohenden Fangzähnen der Riffe zu entgehen, bot sich buchstäblich erst im letzten Augenblick. Der natürliche Kanal, der sie nun aufnahm und zwischen den Klippen durch in ruhigeres Wasser gelangen ließ, wurde von Cook darum Providential Channel genannt: es war ihm, als habe die Vorsehung im Augenblick des sicheren Untergangs doch noch rettend eingegriffen.

Eine Woche später war die endlose Küste endlich abgefahren und bis auf fünfhundertfünfzig Kilometer auch aufgenommen. Es war die gefährlichste Seefahrt, die Cook je zu absolvieren hatte, wenige Wochen nur, die ihn dennoch dreimal in Gefahr gebracht hatten, mit der *Endeavour* und allen seinen Leuten unterzugehen. Das Kap, das nun auftauchte und nach den Messungen des tüchtigen Torres die Nordspitze des aufgefundenen großen Landes sein mußte, wurde zunächst Northern Promontory genannt, später dann aber Kap York. Die

Fahrt war zuletzt nur noch im Schneckentempo vor sich gegangen, weil der *Endeavour* stets zwei Boote, immerzu lotend, vorausgefahren waren, damit der Ausbruch aus dem sich hier verengenden Barriereriff ohne neuerliche Havarie gelinge.

Es war ein stolzer Tag für James Cook, als er gemeinsam mit Dr. Solander und Mr. Banks eine höhere Erhebung in der Meeresstraße nach Westen erstieg und weithin kein Land mehr erkennen konnte. Hier war die Durchfahrt in den Indischen Ozean, in bekannte Gebiete möglich, hier durfte man sagen, daß die Erkundungsfahrten im Raum Neuseelands und des neuen, unbekannten Kontinents zunächst als abgeschlossen gelten mußten.

»Torres hat wertvolle Vorarbeit geleistet«, sagte Cook zu seinen Begleitern, »und es war eine glückliche Fügung, daß ein wachsamer britischer Handelsagent in Manila seine Aufzeichnungen an sich bringen konnte. War sich auch Torres selbst noch nicht klar, daß er eine so wichtige Meeresstraße entdeckt habe, uns haben seine Berichte und Messungen unser Ziel gesetzt. Was jetzt noch kommt, ist holländisches Entdeckungsgebiet.«

»Sollte man die Straße nicht doch nach unserem Schiff benennen?« schlug Banks vor. »Schließlich wissen wir von Torres nicht einmal sicher, ob er Portugiese, Baske oder Bretone war. Bei aller Kollegialität wäre es doch wohl Sache seiner Nation, welche immer es sei, ihn zu ehren, so wie es unsere Pflicht ist, zunächst unser erprobtes Schiff mit dieser ersehnten Durchfahrt zu verbinden!«

»Wenn Sie selbst es vorschlagen ... Ich habe nichts dagegen, hier eine Endeavour-Straße in die Karte einzutragen«, sagte der Kapitän. »Aber damit sind wir noch nicht am Ende. Ich nehme Sie als Zeugen, Gentlemen, daß ich von dieser Insel aus, von wo man weit und breit nur noch kleine Inseln und offene See erblickt, den ganzen von uns vermessenen Ostteil des neuen Inselkontinents für Seine Majestät König Georg III. in Besitz nehme! Im Westen dieses Landes ... das ist nun einmal nicht zu ändern ... haben sich holländische Seeleute so bemerkenswerte Verdienste erworben, daß wir ihre Interessen respektieren müssen.«

Es war eine kleine Insel, auf der dies alles vor sich ging, ein Inselchen mit einem einzigen Berg zwischen den dampfenden Urwäldern Neuguineas und den ausgedehnten Wüsten Australiens, aber sie erhielt einen stolzen Namen. James Cook nannte sie Possession Island, die Insel der Besitzergreifung, obwohl noch niemand auf der *Endeavour* oder auch auf einem der holländischen Schiffe in diesen Gewässern eine zutreffende Vorstellung von dem Land hatte, das an diesem Augustnachmittag des Jahres 1770 in Besitz genommen worden war.

DIE ZWEITE REISE

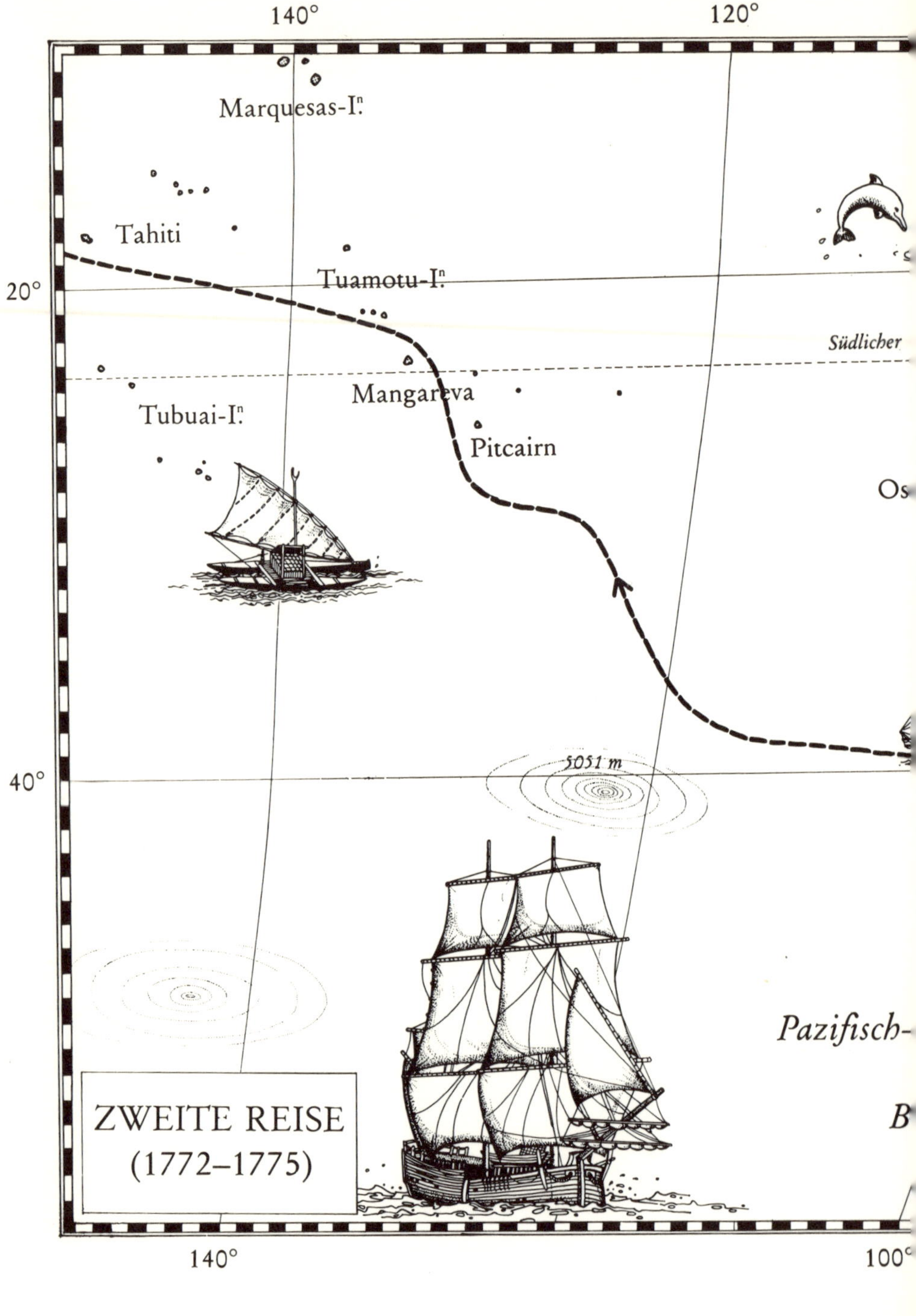

140°
120°
Marquesas-In.
Tahiti
Tuamotu-In.
20°
Südlicher
Mangareva
Tubuai-In.
Pitcairn
Os
5051 m
40°
Pazifisch-
B
ZWEITE REISE
(1772–1775)
140°
100°

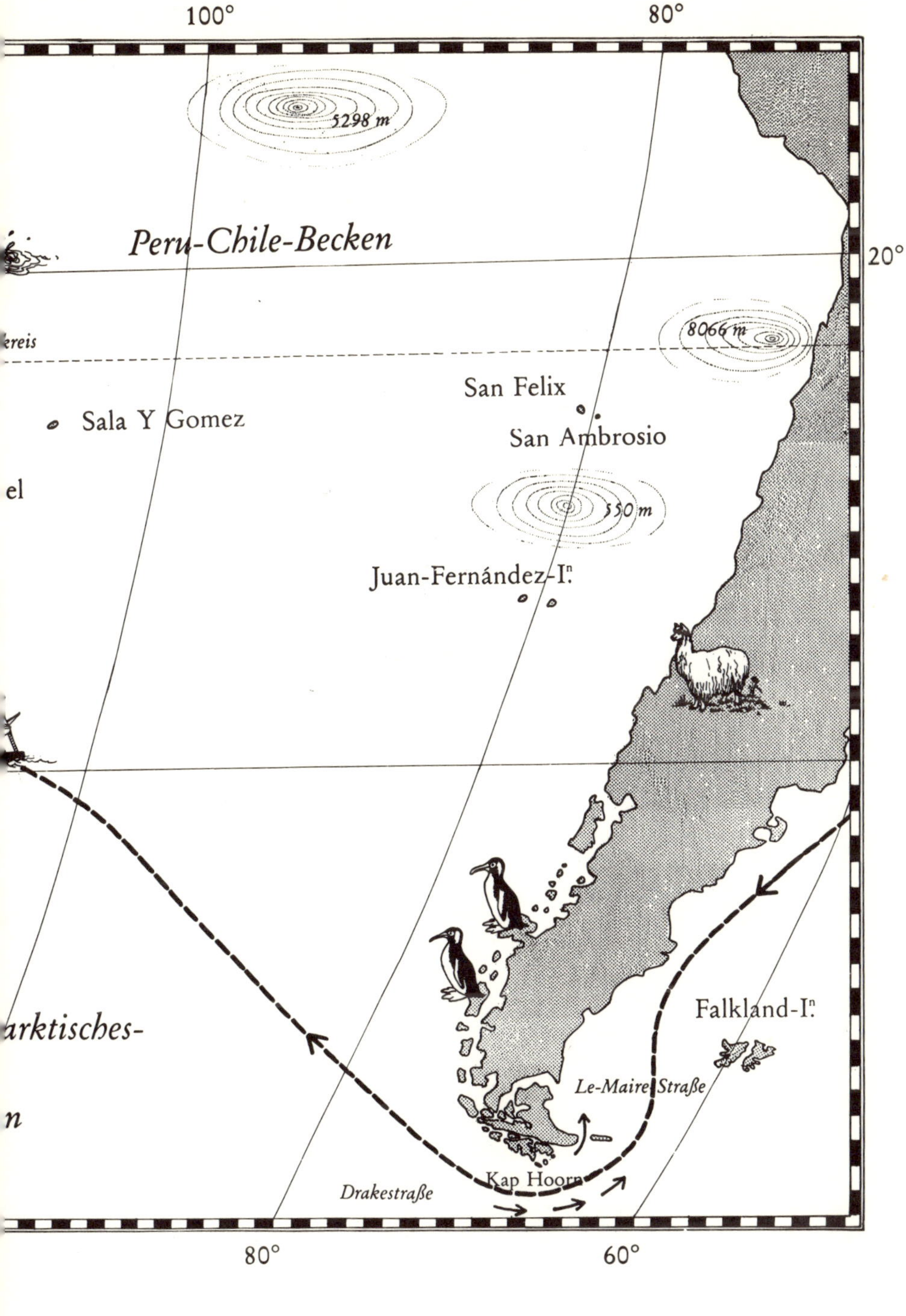

100°
80°
20°
5298 m
Peru-Chile-Becken
8066 m
...reis
San Felix
Sala Y Gomez
San Ambrosio
el
550 m
Juan-Fernández-I.
...arktisches-
...n
Falkland-I.
Le-Maire-Straße
Kap Hoorn
Drakestraße
80°
60°

Trennung von Joseph Banks

Als James Cook seine erste Südseereise als Ganzes überblickte, als er den Lords der Admiralität darüber Bericht erstattete, ergab sich eine seltsame, ja beinahe unheimliche Tatsache. Cook hatte in den zwei Jahren zwischen dem Auslaufen aus Rio de Janeiro und dem Eintreffen in Batavia, der holländischen Residenz auf Java – also auf der eigentlichen Entdeckungsstrecke –, keinen einzigen Mann seiner Besatzung durch Krankheit verloren, und das, obwohl die Erkrankungen auf See das große Problem der Seefahrt in diesen Jahrhunderten waren. Ganze Hochseeflotten wie etwa die des Admirals Anson gingen am Skorbut zugrunde, und einzig die Holländer schienen das Geheimnis zu kennen, wie man dieser Krankheit, damals auch Scharbock genannt, erfolgreich begegnen könne. Die Holländer vermochten es darum auch kaum zu glauben, als Cook nach dem Einlaufen in Batavia den Kapitänen erzählte, es sei unterwegs wohl der alte Sutherland gestorben, ernstlich krank aber sei niemand gewesen. Diese Tatsache, die kaum minder bemerkenswert ist als die aufgezeichneten Entdeckungen, meldete James Cook auch in einem Brief vom Oktober 1770 an Philip Stevens, der zu jener Zeit britischer Marineminister war.

Manches, was in diesem Brief steht, war leider schon wenige Wochen später überholt. Das ungesunde Klima von Batavia, die Entspannung nach dem glückhaften Rausch einer erfolgreichen Reise, vielleicht aber auch die nun zu reichliche und ungewohnte Nahrung wirkten zusammen, und die *Endeavour* verlor nun die ersten Besatzungsmitglieder durch Krankheiten, die zum Tod führten. Die Zerstreuungen im Hafen, die Kontakte mit einer nicht sonderlich gepflegten Bevölkerung und nach dem Wiederauslaufen die langsame Fahrt durch das heißeste Meer der Welt, das brachte die Krankheitskeime zur Entwicklung, und die tüchtige *Endeavour* verwandelte sich in ein Lazarettschiff. Erst die auffrischenden Passate besserten die Lage, aber beim Festmachen in den Downs der Grafschaft Kent am 13. Juli 1771 hatte der Tod nicht nur unter den Matrosen reiche Ernte gehalten, sondern auch den Astronomen Green ereilt. Ruhr und tropische Fieber hatten einen Wermutstropfen in den Kelch des Erfolgs fallen lassen.

Der Brief an Minister Stevens läßt deutlich erkennen, daß Cook, noch ehe die erste Reise wirklich beendet war, schon das Konzept einer zweiten entwickelte. Merkwürdigerweise aber verrät er in diesem Brief auch die Überzeugung, daß er seinen eigentlichen Auftrag – den großen Südkontinent zu finden – verfehlt habe. Viel größer als Australien hätte ein anderer Südkontinent ja doch nur sein können, hätte er sich tief hinein in die Südpolarregion erstreckt. Und damit wäre er für die kolonisatorischen Möglichkeiten des achtzehnten Jahrhunderts weitgehend wertlos gewesen.

Cook hatte schon auf Java die privaten Aufzeichnungen eingesammelt, die seine Leute gemacht hatten, damit nicht aus den Eindrücken einfacher Matrosen Gerüchte und Mißverständnisse entstünden. Vor allem aber ging es um die Geheimhaltung. In jenem letzten Drittel des achtzehnten Jahrhunderts, in dem James Cook seine berühmten Reisen absolvierte, durfte die Erdoberfläche als im wesentlichen verteilt gelten. Die Spanier und die Portugiesen besaßen zwar noch die wichtigsten Kolonien aus dem Entdeckungszeitalter, aber auch die Briten, die Holländer und die Franzosen hatten bereits ihre Ansprüche angemeldet. In Nordamerika und Indien tobten blutige Kämpfe zwischen England und Frankreich, in denen es um Kolonialland ging, und auch die Holländer waren nicht zimperlich, wenn sie in Ostasien Gelegenheit hatten, in die Positionen der Portugiesen einzurücken und den einträglichen Gewürzhandel zu übernehmen. Selbst Preußen, Österreich, Dänemark und Rußland machten schüchterne Versuche, noch im achtzehnten Jahrhundert zu überseeischen Niederlassungen zu kommen. Jede Information über neuentdeckte Inseln oder gar über Inselkontinente wie das zunächst Neuholland genannte Australien stießen auf ein Interesse, das sich mit unserem heutigen Interesse für die Weltraumfahrt durchaus vergleichen läßt.

Die Briten hatten die entscheidenden Informationen über den späteren Bismarckarchipel und Neuguinea in einer wahren Geheimdienstaktion an sich gebracht, und die Franzosen, die eigene Entdekkungsschiffe in den Südpazifik entsandt hatten, warteten gespannt auf die ersten Indiskretionen aus der Mannschaft der *Endeavour.* Aber auch Mr. Dalrymple, der ewige Konkurrent und Widersacher Cooks, sammelte Informationen, um sie gegen Cook zu nützen, und wollte durch die Behauptung, *sein* Südkontinent liege weiter östlich als zunächst vermutet, die australischen Entdeckungen Cooks als eine Bestätigung seiner eigenen These hinstellen. Das seltsamste und bis heute ungelöste Kuriosum schuf jedoch eine Karte aus dem Jahr 1555, auf der sich bereits wichtige Küstenlinien und Buchten von West- und Nordwestaustralien eingezeichnet fanden. Sie entstand in einer außerhalb Frankreichs heute vergessenen Seefahrerschule, die zu ihrer Zeit aber außerordentliches Ansehen genoß. Der reiche Reeder Ango, auch Angot geschrieben, hatte sie in der ersten Hälfte des sechzehnten Jahrhunderts in seiner Heimatstadt Dieppe begründet und aus seinem ungeheuren Vermögen erhalten. Dieser außerordentliche Mann, der eines Tages, als die Portugiesen ihm mitten im Frieden Schiffe wegnahmen, auf eigene Kosten eine Flotte ausrüstete, Lissabon überfiel und eine hohe Wiedergutmachung erpreßte, hatte sich die besten Lehrer der Seefahrt, der Astronomie, der Mathematik und anderer wichtiger Wissenschaften in den Hafen am Ärmelkanal kommen lassen und bildete dort Seefahrer aus, die zu den tüchtigsten ihrer Zeit gehörten. Die regelmäßigen Neufundlandfahrten, aber auch Fernhandel zu den Gewürzinseln brachten Ango und seinen Flotten reiche Erträge.

In dieser Schule oder Akademie gezeichnet, vereinte die Karte von Dieppe alle Kenntnisse, die um 1555 unter den Seefahrern Westeuropas über die Sundasee und ihre nähere Umgebung verbreitet waren. Die britische Admiralität sah also wohl deutlicher als Cook, der ja doch nur ein Seeoffizier war, daß zwischen all den Einzelergebnissen der Holländer, der Dieppe-Schule, des in Dieppe ausgebildeten Torres und den Eigenbeobachtungen des englischen Seefahrers und Abenteurers William Dampier nun, durch Cook, ein Zusammenhang sichtbar geworden war. Sie alle vermuteten, an die Küste zumindest einer großen Insel geraten zu sein, der eine im Westen, der andere im Norden, Cook im Osten. Aber so viele große Inseln konnte es zwischen den Messungen der verschiedenen Entdecker gar nicht geben, sie hatten einfach nur Platz, wenn man sie zu einem einzigen riesigen Inselkontinent verschmolz. Mr. Dalrymple war damit wohl noch immer nicht zufrieden. Träumer sehen in ihren Visionen ja keine Wüsten, sondern freundliche Gestade, und keine Riffe, sondern sanfte Buchten. Aber nun, mit James Cook, war gegenüber all diesen Vermutungen und nach sehr wertvollen Einzelergebnissen endlich die Stunde der Wahrheit gekommen, die eine Stunde der Klarheit sein mußte. Auf den Schreibtischen der Admiralität paßte das große und zukunftsträchtige Puzzle offensichtlich viel besser zusammen als auf dem schwankenden Kartentisch in der Kapitänskajüte der *Endeavour.* Denn während Cook sich noch Sorgen machte, ob Tupia, sein einziger Dolmetscher, gesund bleiben würde, um eine zweite Reise mitzumachen, bildete sich den Admiralen in London bereits die Vorstellung einer neuen britischen Machtposition im fernen Südpazifik.

So still es um Cook bei der ersten Ausfahrt der *Endeavour* gewesen war, so gut die Geheimhaltung funktioniert hatte, weil alle Welt gebannt zum Himmel starrte und zum Abendstern, den man beobachten wollte, so viele Querelen gab es nun um die zweite Expedition, um die neue Pazifikfahrt, bei der man offensichtlich bereits ernten wollte. Die kühnen Franzosen, durchwegs Herren mit wohlklingenden Adelsnamen, scheiterten zwar hin und wieder auf einem Korallenriff oder wurden von Kannibalen erfolgreich an der Heimkehr gehindert. Aber es waren im ganzen großen Raum des Stillen Ozeans mittlerweile doch allzu viele Nationen unterwegs, und nach den Kämpfen in Indien, Kanada, Louisiana und in der Karibischen See war es durchaus nicht erwünscht, noch weitere Fronten für Kolonialkriege gegen Frankreich zu eröffnen.

Der erste, der für Unfrieden und Auseinandersetzungen sorgte, war bedauerlicherweise eben jener Mr. Banks, mit dem sich James Cook auf der ersten Reise so gut verstanden hatte. Banks war zwar auf Batavia von keiner der Landkrankheiten ereilt worden, die so mancher britischen Seeratte das Leben gekostet hatte. Aber nach der Heimkehr, inmitten der ihn bestaunenden Londoner Gesellschaft, war dem nunmehr Dreißigjährigen sein Entdeckerruhm offenbar zu

Kopf gestiegen. Von den beiden Schiffen, welche die britische Admiralität für die zweite Expedition angekauft hatte, richtete Banks sich das kleinere, das nicht Cook, sondern Leutnant Furneaux kommandieren sollte, um die außerordentlich hohe Summe von 5 000 Pfund als schwimmendes Laboratorium ein und engagierte soviel Personal für seine wissenschaftlichen Bemühungen, aber auch für seine Bequemlichkeit, daß es zwischen Banks und Cook zu ernsthaften Spannungen kam. Banks wünschte nämlich sogar Musikanten mitzuführen, um auch in der Südsee das Leben eines kultivierten Gentleman der Gesellschaft führen zu können, während Furneaux und Cook jeden Kubikmeter Laderaum für Vorräte und Munition, für Ausrüstungsgegenstände und als Mannschaftsräume brauchten. Da die Admiralität nicht willens war, Cook fallenzulassen, zog Banks verärgert sein Geld und seine Person aus dem ganzen Unternehmen zurück (daß er dies aus Angst oder aus Sorge um sein eigenes Leben getan habe, ist hingegen eine völlig aus der Luft gegriffene Behauptung). Bemerkenswert und kennzeichnend für den Ernst der weltpolitischen Lage ist jedoch der Umstand, daß die Admiralität, wo Banks natürlich viel bessere Beziehungen hatte als Cook, nicht einmal durch den Ausfall von 5 000 Pfund dazu zu bringen war, auf Cook zu verzichten, sondern gegen alle Intrigen, an denen sich natürlich auch Dalrymple wieder beteiligte, an James Cook festhielt.

Die Auseinandersetzungen waren hart, und schon der Umstand, daß sich alles erst wenige Wochen vor der Ausreise entschied, beweist, daß Banks die ehrliche Absicht hatte, wiederum mit von der Partie zu sein. Hätte er sich gefürchtet, so wäre nichts einfacher gewesen, als von Anfang an zu erklären, die Auswertung der Sammlungen und Aufzeichnungen oder die Abfassung des Reiseberichts seien ihm wichtiger als eine neuerliche Reise. Sein Rücktritt mit der ganzen Gruppe ihm anhängender Assistenten, Laboranten und Präparatoren schuf im letzten Augenblick eine schwer zu schließende Lücke – aber Dalrymple wußte Rat. Er hatte seit einigen Monaten Kontakt zu einem seltsamen Kauz, einem aus Preußen stammenden Pastor und Polyhistor namens Johann Reinhold Forster, der mangels anderer Einkünfte für ihn übersetzt hatte – aus schier allen Sprachen, denn der Mann war zumindest in den Sprachen ungemein bewandert und auch sonst nicht unerfahren. So hatte er dem großen schwedischen Naturforscher Carl von Linné eine ganze Ausarbeitung über die Pflanzenwelt des Wolgagebietes eingereicht und sich auch mit Besiedlungsfragen abgegeben, was unter Umständen auf dieser zweiten Cook-Reise schon wichtig werden konnte.

Forster war frei und verfügbar, er hatte kein Amt, das machte ihn zu einer guten Lösung. Aber er hatte einen Sohn, und der zählte erst achtzehn Jahre. Dalrymple vermutete, daß dieser Sohn, der den englischen Königsnamen Georg trug, ein gut Teil der umfangreichen Übersetzungsarbeiten gemacht hatte, die er an den Vater bezahlen mußte, und letztlich sprach es für den sonst etwas schwierigen und rechthaberischen Mann aus Danzig, daß er diesen Sohn überallhin mitgenommen hatte und auch auf der Weltumseglung nun bei sich haben wollte. Also bewilligte man ihm die 4 000 Pfund, die er verlangte, eine Menge Geld nach damaligen Verhältnissen – vor allem, wenn man bedachte, wie knapp die Offiziere gehalten waren. Aber Cook hatte wiederholt dargelegt, daß man im Juli auslaufen müsse, um den geographischen Raum der Forschungen zu günstigen Jahreszeiten zu erreichen.

Die Schiffe stammten von derselben Werft, die auch die *Endeavour* gebaut hatte, ein Schiff, das sich unter Stürmen und zwischen Riffen hervorragend bewährt und trotz schwerer Schäden den Heimathafen sicher erreicht hatte. Sie wurden für den Expeditionszweck umgetauft: das größere erhielt den Namen *Resolution,* also etwa »Entschluß«, das kleinere *Adventure,* also »Abenteuer«. Dieses Schiff wurde Tobias Furneaux anvertraut, einem Mittdreißiger, der die Erde bereits auf der *Dolphin* umrundet hatte. Er stammte aus einem der winzigen Nester an der britischen Kanalküste, aus denen so viele gute Seeleute kamen, war aber für das verantwortungsvolle Kommando doch erstaunlich jung; die Admiralität legte also offensichtlich auch auf die körperliche Stabilität der Männer Wert, die leitende Positionen bei diesem Unternehmen innehaben würden. Johann Reinhold Forster war mit seinen annähernd dreiundvierzig Jahren einer der ältesten, sein Sohn Georg mit nur achtzehn Jahren gewiß einer der jüngsten Teilnehmer. Das Tagebuch, das der junge Mann auf dieser Reise geführt hat, ist darum fast ebenso erstaunlich wie die Entdeckungsreise selbst: welche Fülle der Interessen, wie viele frühe Kenntnisse, welch ausgezeichnete Beobachtungsgabe für einen Achtzehnjährigen – und wie rührend die menschliche Anteilnahme am Unerheblichen, an der Schwalbe, die Cooks Schiff beinah auf der ganzen Afrikareise nicht verläßt und immer wieder einen Schlupfwinkel an Bord findet, oder das Mitleid mit den Affen, die einige Matrosen auf den Kapverdischen Inseln gekauft hatten, dann aber zugrunde gehen ließen. Forster hatte noch einen zweiten jungen Helfer an Bord kommen lassen, den schwedischen Doktor Sparrmann, während der Astronom William Bayly, etwa gleich alt wie Vater Forster, auf der *Adventure* fuhr, vielleicht, um Rangstreitigkeiten unter den Gelehrten zu vermeiden.

Die Strecke von Plymouth bis Kapstadt erforderte die Zeit vom 13. Juli bis zum 30. Oktober 1772. James Cook hatte sich also nur genau ein Jahr in der Heimat aufgehalten und bewältigte die Anfahrtstrecke in ziemlicher Eile, weil jedermann wußte, daß auch französische Expeditionen unterwegs seien. Den gleichen Weg über Kapstadt hatten der bretonische Baron Kerguelen-Trémarec genommen, der aus einer uralten Seefahrerfamilie stammte, und Nicolas Marion-Dufresne aus dem Korsarenstädtchen Saint Malo, der noch im selben Jahr, 1772, auf Neuseeland in einen Hinterhalt geriet und gemeinsam mit sechzehn seiner Gefährten von den Maoris getötet und verzehrt wurde. Das Blutbad, das die Überlebenden der Marion-Dufresne-Schiffe unter den Eingeborenen anrichteten, erschwerte die Kontakte zwischen Europäern und Maori noch auf Jahrzehnte.

Cook blieb nur drei Wochen in Kapstadt, gerade die Zeit, die er brauchte, um beide Schiffe für die Fahrt in die südlichsten Breiten zu rüsten und jeden Winkel der Laderäume mit Vorräten vollzustopfen. Georg Forster nützte die wenigen Wochen nicht nur zu Ausflügen und zur Besteigung des Tafelberges, sondern verschaffte sich auch so gut es ging ein Bild vom Leben in der damals holländischen Kapkolonie. Die Weißen fand er allesamt dick und fett und, soferne sie Farmen im Landesinnern bewirtschafteten, reichlich ungebildet, weil sie keine andere Gesellschaft als Hottentotten hätten; günstiger urteilt er über Kapstadt selbst.

»Das Land versieht die Schiffe aller Nationen, die hierherkommen, mit Lebensmitteln. Das Klima ist so gesund, daß die Einwohner selten erkranken und daß Fremde sich vom Skorbut und anderen Leiden schnell erholen. Die ursprünglichen Landesbewohner, die Hottentotten, haben sich in das Landesinnere zurückgezogen, so daß der nächste Kral fast hundert englische Meilen von der Stadt am Kap entfernt ist.« An diese bemerkenswerte Mitteilung schließt sich die waches Umweltdenken verratende Beobachtung: »Die größten vierfüßigen Tiere, der Elefant, das Rhinozeros und die Giraffe, sind an der Spitze von Afrika zu Haus. Sie sind aber so häufig gejagt worden, daß sie nur noch selten vorkommen. Das Nashorn ist so rar geworden, daß der Gouverneur eine Verordnung hat ergehen lassen müssen, um die gänzliche Ausrottung zu verhindern« (!) – Hut ab vor Gouverneur von Plettenberg, der in diesem Zusammenhang im Jahr 1772 als der erste Umweltschützer namentlich erwähnt wird. Hätten die Kolonialpioniere des achtzehnten und neunzehnten Jahrhunderts für die Menschen ebensoviel Herz gehabt wie für die Nashörner, so wäre zum Beispiel die rassisch hochinteressante Urbevölkerung von Tasmanien nicht so unbarmherzig ausgerottet worden ...

Cook hatte also diesmal die andere Möglichkeit, die Anfahrt über Afrika, gewählt, bot doch die Polnähe den Vorteil einer kürzeren Anfahrtstrecke, wenn diese Fahrten in unwirtlichen, hohen Breiten auch harte Mannschaften verlangten. Die Admiralität hatte mit warmer Wollkleidung vorgesorgt, die jedoch im Wasser einlief und dann zu eng und zu kurz war, und die Schiffe selbst waren noch nicht auf den Sturm vorbereitet, als sie gleich nach dem Auslaufen aus Kapstadt in schwere See gerieten. Es gab durch schlecht gesicherte Luken Wassereinbrüche, die Schäden an den Vorräten verursachten, und in den Kajüten ging es erst recht drunter und drüber. Drei Wochen nach der Ausreise aus Kapstadt sichteten sie das erste Treibeis bei Außentemperaturen unter minus dreißig Grad und passierten Eisberge, die so hoch waren wie die Masten der *Resolution.*

In diesen Breiten hatte der französische Seefahrer Jean Baptiste Bouvet de Lozier mehr als dreißig Jahre zuvor Land gesehen und wegen des Eises, der Brandung und des Nebels nicht betreten können. Er nannte es nach dem Kalendertag, dem 1. Januar des Jahres 1739, Cap de la Circoncision (Fest der Beschneidung Christi), und so, wie dieses Fest in Vergessenheit geraten ist, erwies sich auch das Kap in Schnee und Eis als schwer auffindbar. Cooks Matrosen meinten inmitten der Eis- und Nebelwüste überall Landspitzen zu entdecken, und der Astronom William Wales und Forster *senior* versuchten durch das Messen der Wassertemperatur Aufschlüsse darüber zu erhalten, ob man sich zwischen Eisschollen oder in Landnähe befinde. Dabei gerieten das Forscherboot und die *Resolution* durch eine plötzlich aufziehende Nebelbank außer Sichtkontakt. Forster und Wales sahen sich in einem kleinen Beiboot, ohne Vorräte allein in der polaren Wasserwüste und strengten ihre Stimmen zu verzweifelten Rufen an. Da sie beim Rudern, Loten und Temperaturmessen auch nicht auf die Himmelsrichtung geachtet hatten, war die Orientierung so vollständig verloren, daß sie nicht zu rudern wagten, aus Angst, sich noch weiter von der *Resolution* zu entfernen, und es klang ihnen wie Himmelsgeläut, als endlich die Töne einer Schiffsglocke durch den Nebel drangen. Es war die *Adventure,* die das Kommandeurschiff suchte und die beiden Gelehrten an Bord nahm. Tags darauf waren sie dann wieder heil an Bord ihres Schiffes und fanden – wie Georg Forster sich ausdrückt – die enge Kajüte und die immerzu feuchte Bettstatt so köstlich wie noch nie zuvor ein anderes Bett.

Die schlechte Sicht behinderte die Forschungsfahrten beider Schiffe erheblich. Selbst hochaufragende Vulkaninseln wie jene, die wenige Monate zuvor der Baron von Kerguelen-Trémarec entdeckt hatte, waren nicht wieder aufzufinden oder blieben unbemerkt, wie die immerhin 2 500 Meter hohe Heard-Insel südöstlich der Kerguelengruppe im südlichsten Indischen Ozean. Am 17. Januar 1773 passierte die *Resolution* als erstes Schiff den südlichen Polarkreis und erreichte bald darauf 67¼ Grad südlicher Breite. James Cook war damit nur wenig mehr als hundert Kilometer vom antarktischen Kontinent entfernt, dem zweiten der großen Südkontinente, vermochte aber wegen des immer dichter werdenden Packeises nicht weiter vorzudringen.

Am 8. Februar riß die Verbindung zwischen der *Resolution* und der *Adventure* vollkommen ab, die Schiffe sollten sich erst im Mai auf Neuseeland wieder treffen, wo der Queen-Charlotte-Sund für diesen Fall als Treffpunkt vereinbart worden war.

Vorher aber hatte die *Resolution* sich sechs ruhige Wochen gegönnt. Man hatte die Südinsel von Neuseeland erreicht, an ihrer Südwestecke, dort, wo sich der fjordartig verzweigte Dusky Sound öffnete. Diese zu einem Dutzend ähnlicher Buchten gehörende natürliche Hafenbildung kam Cook nach wochenlangen Fahrten durch schlechtes Wetter sehr gelegen. Er ankerte nicht am Land, sondern bei einer kleinen Insel im Sund, die darum auch Anchor Island heißt, während eine nördlich davon liegende, größere Insel mit rüsselartiger Halbinsel den Namen Resolution Island erhielt. An einer Insel vor Anker zu gehen war angesichts der kriegerischen Eingeborenen auf Neuseelands Hauptinseln ebenso vorsichtig wie ökonomisch. Der Kapitän wollte seiner ermüdeten Mannschaft nicht auch noch langes Wachestehen oder gar Kämpfe gegen die Maori zumuten.

Ende März 1773 traf Cook hier ein, erst am 11. Mai lichtete die *Resolution* wieder die Anker, und selbst dieser späte Aufbruch kam den Gelehrten noch zu früh, die nach den vielen Monaten in der Wasser- und Eiswüste der Antarktis das frische Grün am Dusky Sound sehr genossen hatten. Die Berge, die ringsum auf über 1 200 Meter anstiegen, gewährten der schmalen Bucht Windstille und milde Temperaturen, und wenn man sich auch in dem dichten Unterholz nur mühsam fortbewegen konnte, so gab es doch eine Myrtenpflanze, aus der sich ein kräftigender Tee bereiten ließ, und Blätter eines Harzbaumes, aus denen die Briten Bier zu brauen verstanden. Beide Getränke halfen vor allem jenen Besatzungsmitgliedern, die während der vier Monate seit Kapstadt an Skorbut erkrankt waren.

Wäre nicht eine lästige kleine Mücke gewesen, die vor allem Forster *senior* so peinigte, daß er nicht einmal die Feder zu halten vermochte, man wäre vollauf zufrieden gewesen. Selbst freundschaftlicher Verkehr mit einer Eingeborenenfamilie bahnte sich an, die eine kleine Insel offenbar allein bewohnte. Da der alte Tupia inzwischen das Zeitliche gesegnet hatte, war man auf die Dolmetschkünste des inzwischen zum Maat beförderten Gibson angewiesen. Er hatte sich dank seiner verbotenen Liebschaften auf Tahiti eine gewisse Kenntnis des dortigen Dialekts angeeignet, vermochte sich aber mit der Maorifamilie auf dem Inselchen im Dusky Sound nur sehr mühsam zu verständigen. Dies bedauerte niemand mehr als der junge Forster, der sich für die hübsche Maoritochter interessierte, ihren Vater in seinen Aufzeichnungen aber ungeniert einen Indianer nennt und die kleine Wohninsel der Familie im Sund demnach auch die Indianerinsel. Wichtig ist seine Mitteilung, daß auch das junge Mädchen einen Speer trug und daß der Maori, ehe er die *Resolution* betrat, mit einem grünen Zweig eine Art Beschwörung des Schiffes vornahm, vielleicht einen Friedenszauber, der Schaden abwenden sollte. Die Briten wiederum verwendeten mit Erfolg weißes Papier, das sie hochhielten, um ihre friedlichen Absichten zu bekunden; eine Maorifrau antwortete einmal durch Hochhalten eines weißen Tierfells, eine immerhin seltsame Übereinstimmung in der Wertung dieser Farbe und ihrer symbolischen Bedeutung.

Die Ausfahrt aus der Bucht erwies sich als schwierig. Die Strömung stand gegen die *Resolution,* und obwohl man eine zweite, besser schiffbare Verbindung zur offenen See entdeckt hatte, mußte der Versuch, aus dem Sund herauszukommen, mehrere Tage lang wiederholt werden, ehe er endlich gelang. In den letzten Tagen des Aufenthalts hatten sich bereits die ersten Landkrankheiten eingestellt, wie stets, wenn man zu lange in einer fremden Gegend weilte. Einige der Gelehrten bekamen Durchfälle, und Commander Cook hatte eine Geschwulst am Bein, die ihm heftiges Fieber verursachte, auch litt er an Rückenschmerzen. Es handelte sich demnach um eine heftige Infektion, aber seine gesunde Natur kämpfte sie bald nieder, und am 11. Mai segelte die *Resolution* aus der nördlichen Einfahrt des Dusky Sound hinaus nach Norden.

»Bei hohen Wellen aus Südwest«, schreibt Georg Forster, »und von ganzen Scharen rußbrauner Albatrosse und blauer Sturmvögel begleitet, steuerten wir gegen Norden. Je weiter wir an der Küste heraufkamen, desto niedriger schienen die Berge zu werden, und in den ersten vierundzwanzig Stunden stieg das Thermometer schon um siebeneinhalb Grad ... Am folgenden Morgen (18. 5. 1773) früh um fünf Uhr erreichten wir die Mündung des Charlotten-Sundes, und um sieben Uhr sah man es von der Südspitze von Motu-Aro her, wo nach Kapitän Cooks voriger Reisebeschreibung ein Hippah oder festes Dorf liegt, dreimal aufblitzen. Es kam uns gleich so vor, als ob diese Signale von unseren Freunden auf der *Adventure* kommen könnten. Der Kapitän ließ deshalb etliche Vierpfünder abfeuern, die zu unserem Vergnügen auch beantwortet wurden. Gegen Mittag konnten wir unseren Reisegefährten bereits vor Anker liegen sehen, und kurz darauf kamen uns verschiedene Offiziere mit einem Geschenk von Fischen entgegen, und sie erzählten uns, wie es ihnen seit unserer Trennung ergangen war.«

Furneaux hatte sich allein nicht weiter in den Süden gewagt, sondern war, als sich die *Resolution* als unauffindbar erwies, auf Nordkurs gegangen, um sein kleines Schiff nicht den Gefahren des Packeises auszusetzen. Doch geriet er in eine Sturmzone und erreichte am 11. März eine Bucht an der Südküste Tasmaniens, das damals Van-Diemen-Land hieß. Sowohl Cook als auch Furneaux hielten es für den südlichsten Teil jenes großen Inselkontinents, dessen Ostküste Cook auf seiner ersten Reise abgefahren hatte. Daß es sich um eine eigene große Insel handelte, stellte sich mit Sicherheit erst 1798 heraus, als der britische Wundarzt George Bass sie mit einem Walfangboot erkundete.

Da Cook so viele Wochen im Dusky Sound gerastet hatte, waren die Leute von der *Adventure* schon überzeugt gewesen, die *Resolution* sei gesunken. Die Wochen im südlichen Neuseeland waren jedoch keineswegs pure Saumseligkeit, denn abgesehen von der schlechten Verfassung beinahe aller Besatzungsmitglieder hatte James Cook – wie noch öfter auf dieser langen zweiten Reise – erstmals selbst ernsthafte gesundheitliche Schwierigkeiten. Die vielen Wochen in Kälte und Feuchtigkeit, in denen es zwischen Kapstadt und Neuseeland auf dem ganzen Schiff keinen trockenen und keinen warmen Platz gab, legten ebenso wie die unsaubere Küchenführung des Schiffskochs vermutlich den Grund zu einer Gallenerkrankung, die James Cook noch wiederholt mit heftigen Koliken heimsuchen und gelegentlich auch an Landgängen hindern sollte. Unter diesen Umständen verdient die außerordentliche Ausdauer, ja Hartnäckigkeit, mit der Cook auf dieser Reise die südlichen Zonen aller Weltmeere absuchte, besondere Bewunderung.

James Cook gibt nicht auf

Die gemeinsamen Maiwochen in dem tiefen und gut geschützten Queen Charlotte Sound gaben Cook und Furneaux Gelegenheit, ihre Ansichten über Van-Diemen-Land auszutauschen, jene große Insel, die heute Tasmanien heißt und den düsteren Ruf genießt, Schauplatz des vollständigsten Völkermords der Geschichte zu sein. Weder Cook noch Furneaux haben eine Schuld daran, im Gegenteil: dadurch, daß sie übereinkamen, das Land nicht noch einmal genauer zu erforschen, haben sie vermutlich das Leben der unglücklichen Tasmanier um eine Generation verlängert...

Ist dieser Entschluß noch erklärlich, weil Furneaux immerhin soviel Van-Diemen-Küste aufgezeichnet hatte, daß man die ungefähren Ausdehnungen (nur eben nicht die Inselnatur) kannte, so bleibt aus heutiger Sicht unbegreiflich, daß Cook zu seiner ausgedehnten, eigensinnig im Zickzack verlaufenden und ungeheuer kühnen Südpazifikfahrt aufbrach, statt die Südküste des großen Landblocks Australien zu vermessen, dessen lange Ostküste er unter so vielen Gefahren aufgenommen hatte.

Waren es die Gefahren, die er mit der *Endeavour* im Barriereriff zu bestehen gehabt hatte, die ihm Australien selbst verleideten? Oder reizte es seine Entdeckerbravour nicht, in endloser und mühsamer Küstenfahrt kartographisch aufzuzeichnen, was doch schon einigermaßen bekannt war und keinen besonderen Ruhm mehr einbringen konnte?

Die Frage beantwortet sich durch die Instruktionen, die Cook erhalten hatte, nur zum Teil. Zwar hielt die britische Admiralität unter dem Einfluß der Dalrymple-Studie noch immer an der Vermutung fest, daß es im Südpazifik einen ausgedehnten Landblock geben müsse. Man nahm aus irrigen Gleichgewichtserwägungen an, daß die Erdoberfläche aus etwa gleich viel Wasser- und Landflächen bestehen müsse, hatte die bekannten Kontinente einigermaßen richtig berechnet und stellte naturgemäß fest, daß auf die angenommene Landhälfte der Erdoberfläche noch eine beträchtliche Menge fehle. Tatsächlich ist ja der Durchlaß zwischen Kap Hoorn und den Süd-Shetland-Inseln, die berüchtigte Drakestraße mit ihrer enormen Sturmhäufigkeit, eine vergleichsweise schmale Verbindung zwischen den zwei größten Ozeanen der Erde und in diesem Sinn keineswegs offene See. James Cook hatte sich eine Menge Wissensstoff selbst beigebracht, er hat sich zwar bei Ortsbestimmungen gelegentlich geirrt, im allgemeinen aber mit großer Genauigkeit gemessen und Karten geliefert, die bis ins neunzehnte Jahrhundert hinein unübertroffen geblieben sind; dennoch mag ihn seine natürliche Ehrfurcht vor den Häuptern der Wissenschaft daran gehindert haben, Lehrmeinungen wie die von der Ausgewogenheit der Land- und Meeresanteile der Erdoberfläche offen anzugreifen. Die durchaus unbewiesenen und unfundierten Südkontinentstheorien fanden darum durch James Cook eine ebenso überzeugende wie emsige Überprüfung – zumindest was ihre Umsetzung in die praktische Entdeckerleistung betraf.

Ehe Cook den Queen Charlotte Sound verließ, mußte er jedoch einige Bekanntschaften erneuern. Offensichtlich besaßen die Maori doch eine Form der Nachrichtenübermittlung auch über weite Strekken, denn am 23. und 24. Mai zeigten sich große Eingeborenenboote, deren Führer nach Tupia fragten. Man mußte ihnen erklären, daß der Mann aus Tahiti, dessen Dolmetschertätigkeit so nützlich gewesen war, nicht mehr lebe, worauf die Maori in den Booten eine Art Totenklage anstimmten.

Vermutlich waren es auch diese früheren Kontakte, die etwa drei Dutzend Eingeborene dazu veranlaßten, sich um den Handel mit den beiden Schiffen zu bemühen; in ihrer Tauschwut ging eine Bootsbesatzung so weit, selbst ihre Ruder den Briten anzubieten, worauf sie dann wegen aufkommenden Schlechtwetters in Schwierigkeiten gerieten und halb verhungert wieder in den Sound zurückpaddelten.

Der jüngere Forster, der sich schon im Dusky Sound so eingehend mit den vermeintlichen Indianern beschäftigt hatte, erhielt wenige Tage vor dem Auslaufen in den Südostpazifik doch noch Gelegenheit, sich die Maori ein wenig näher anzusehen, wenn er auch zum Unterschied von den Matrosen die Distanz des Beobachters gewahrt zu haben scheint.

»Am folgenden Morgen hatten wir verschiedene Kanus um uns her, in denen zusammen etwa dreißig Eingeborene sein mochten. Es befanden sich auch einige Weiber unter ihnen, die sich die Backen mit Rotstein und Öl geschminkt hatten, ihre Lippen dagegen sahen vom Punktieren oder Tätowieren ... schwärzlich-blau aus. Sie waren von ziemlich heller (Haut-)Farbe, die zwischen oliven- bis mahagonifarben liegt, dazu hatten sie pechschwarzes Haar, runde Gesichter und dicke, platte Nasen. Auch hatten sie schwarze Augen, lebhaft und nicht ohne Ausdruck. Unsere Matrosen hatten seit der Abreise vom Kap (d. h. von Kapstadt) keinen Umgang mit Frauen gehabt, sie waren also recht eifrig hinter ihnen her ... Da die Neuseeländer fanden, daß sie nicht wohlfeiler und leichter zu eisernem Gerät kommen konnten als vermittelst dieses niederträchtigen Gewerbes, so liefen sie bald im ganzen Schiff herum und boten ihre Schwestern und Töchter feil. Den verheirateten Weibern aber verboten sie, sich mit unseren Matrosen abzugeben.«

Solche und andere Kontakte brachten die verschiedensten Gefahren mit sich, von denen die geringsten noch die Diebstähle waren. Offenbar herrschten auf allen Südseeinseln andere Eigentumsbegriffe als in Europa. Schon Magellan hatte sich – obwohl er nur wenige Inselgruppen berührte – kaum gegen die flinken Diebe unter den Eingeborenen wehren können und darum, wie bereits erwähnt, eine ganze Inselgruppe Ladronen (Diebsinseln) genannt. Die nicht sonderlich wohlriechenden Schönen, die an Bord der beiden britischen Schiffe kamen, ließen mitgehen, was ihnen in die Hände fiel, und als einmal ein Matrose seine Jacke vermißte und sie dann beim Freund jenes Mädchens wiederfand, kam es zu dem vermutlich ersten Freistil-Box- und -Ringkampf in der Geschichte der britisch-neuseeländischen Beziehungen. Vor allem aber konnte es nicht ausbleiben, daß sich die Matrosen bei den nicht sonderlich gepflegten Maorimädchen Krankheiten einhandelten, unter denen vor allem die Besatzung der *Adventure* noch lange Zeit zu leiden hatte, Krankheiten, die nach Lage der Dinge nicht aus Europa eingeschleppt worden sein konnten, da Tasman ja gar keine Berührung mit Eingeborenen gehabt hatte. Sie mußten in dieser scheinbar so paradiesischen Inselwelt der Südsee bereits heimisch gewesen sein, noch ehe die ersten Seefahrer aus Spanien, Portugal, Holland oder Frankreich sich hier blicken ließen.

Am 7. Juni 1773 wurden die Forschungsfahrten wieder aufgenommen, und die beiden Schiffe bewegten sich zwischen dem 40. und 43. Grad südlicher Breite immerzu nach Osten, beinahe zwei Monate lang. Anfang August gelangten sie in die Gegend, in der Philip Carteret sechs Jahre zuvor eine kleine, unbewohnte Felseninsel entdeckt und sie nach seinem Steuermann Pitcairn benannt hatte. Wegen der hohen Brandung hatte er jedoch nicht landen können. James Cook kannte natürlich Carterets Bericht, vermochte die Insel jedoch nicht zu finden, einmal, weil er sich mit derlei stets nur ungern aufhielt, die Entdeckung war ja schon erfolgt, zum andern, weil Carteret die Pitcairn-Insel unter falschen Ortsbestimmungen auf der Seekarte eingetragen hatte. (Dieser Umstand fiel ins Gewicht, als Leutnant Fletcher Christian, der von den Meuterern der *Bounty* erwählte Führer, im Januar 1790 das kleine Eiland an einer Stelle sichtete, an der es sich der Karte nach gar nicht befinden konnte: auch die Strafexpedition der britischen Admiralität würde hier die Meuterer vergeblich suchen.)

Cook also segelte am 1. August 1773 an der Felseninsel Pitcairn, dem zweiten Geheimniseiland nach der Osterinsel, vorbei und stieß erst am 11. August auf Land, auf eine flache Kokospalmeninsel, der bald andere folgten. Die *Resolution* und die *Adventure* waren mitten in die Tuamotugruppe hineingeraten, einen breiten Saum winziger Inseln, der sich bis auf 15 Grad südlicher Breite, also bis nahe an den Äquator hinzog und die Gesellschaftsinseln mit Tahiti wie ein in den Ozean gestreuter Schwarm von Kleinoden gegen Osten zu abschirmte. Von manchen dieser Inseln nahm Cook an, daß die Franzosen sie bereits entdeckt hätten, bei anderen waren ihm die Spanier zuvorgekommen, und jeder dieser Entdecker hatte für eine jede dieser kleinen Inseln einen mehr oder weniger wohlklingenden Namen gefunden. Dadurch war die Verwirrung schon gegen Ende des achtzehnten Jahrhunderts beträchtlich, eine Verwirrung, aus der internationale Konflikte entstehen konnten, denn mit der Entdeckung war naturgemäß auch ein Besitzanspruch der betreffenden europäischen Macht verbunden.

Es spricht sehr für die Einsicht James Cooks, daß er als erster bestrebt war, stets den Namen zu erfahren, welchen die Eingeborenen ihrer Insel gaben. Das war gar nicht so einfach. Der unersetzliche Tupia lebte nicht mehr, und Cook hatte auch nicht Zeit genug, lange Nachforschungen anzustellen. Nicht alle, aber doch sehr viele der pazifischen Inseln sind darum im Lauf der zweihundert Jahre seit ihrer Entdeckung mit zwei, drei, ja vier Namen auf unseren Seekarten eingetragen worden. Erst heute hat sich die Einsicht wieder durchgesetzt, daß die Eingeborenennamen nicht nur die ältesten, angestammten und darum legitimen Bezeichnungen für diese Inseln sind, sondern auch die einzigen, die vor Verwechslungen schützen, konnten sich doch zum Beispiel die Spanier in ihrer Dankbarkeit, auf Land mit Frischwasser und Früchten zu stoßen, nicht genug tun: sie benannten jedes kleine Palmeneiland nach einem ihrer Heiligen, am häufigsten aber nach dem Heiligen Geist selbst oder nach der Mutter Maria.

Die Insel, die Cook am 15. August ansteuerte, trug zum Beispiel den Eingeborenennamen Maitea, den sich die Franzosen unter dem Entdecker Bougainville in Mehetia zurechtgemacht hatten. Captain Wallis, der die Insel bereits 1767 angelaufen hatte, nannte sie Osnaburgh (Osnabrück!) Island. Von hier, vom beinahe fünfhundert Meter hoch aufsteigenden Pic de la Boudeuse (Bougainville) »sah man bereits die Berge von Tahiti, dieser erwünschten Insel, aus den vergoldeten Wolken über dem Horizont hervorragen«, wie der junge Forster sich in seiner Begeisterung ausdrückte.

Tatsächlich war man auf Mehetia nur noch etwa hundert Kilometer von Tahiti entfernt, der großen Insel, die für die Entdeckung des ganzen Ozeanien zur Lieblingsetappe aller Seefahrer geworden war. Auch wenn sich die Expeditionsleiter, Männer von der Verantwortung eines Cook oder Bligh oder Furneaux, persönlich nichts aus den Versuchungen machten, die auf diesem paradiesischen Eiland auf jede Schiffsbesatzung warteten, so war es ihnen doch wichtig, auf dieser freundlichen Insel gutes Wasser tanken zu können, genug Nahrung zu erhalten und die Männer der Besatzungen durch den Umgang mit den friedlichen und entgegenkommenden Eingeborenen wieder in gute Stimmung zu bringen. Das Problem, der kritische Zeitpunkt ergab sich immer erst dann, wenn diese Trauminsel in den Tropen wieder verlassen und die Expedition ins Unbekannte fortgesetzt werden mußte, und bei solchen Gelegenheiten hatten ja nicht nur harte Kapitäne wie Bligh von der *Bounty,* sondern auch der gewiß menschliche und gerechte James Cook stets einen gewissen Widerstand der Mannschaften brechen oder zumindest Deserteure wieder einfangen müssen.

Manches war bei diesem Besuch Cooks jedoch anders als in früheren Jahren. Die Versorgung mit Nahrungsmitteln vollzog sich nicht mehr so reibungslos wie sonst. Die Familien versteckten die Schweine, obwohl die Briten ja Tauschware für die geschätzten Borstentiere gaben, und auch frisches Gemüse war nicht leicht zu bekommen. Das war ein großer Nachteil, denn die *Adventure* hatte zwanzig Skorbutkranke an Bord, und das nach einer Seefahrt von kaum mehr als zwei Monaten. Hier konnte Hilfe nur vom König selbst kommen, und die Engländer mußten sich mehr als bisher mit den Autoritäten der Insel beschäftigen.

»Der König machte sich in Begleitung seiner Gemahlinnen und einiger Bedienten, die ein paar Schweine und eine Menge Zeug mitnehmen mußten, auf den Weg nach dem Boot. Kaum war er aber unter einem großen Volksgedränge bis ans Ufer gekommen, als ihn die Leute insgesamt baten, sich nicht unter uns zu wagen. Einige fielen ihm sogar zu Füßen und umfaßten seine Knie, um ihn zurückzuhalten ... (König) Potatau war gerührt, ermannte sich aber bald wieder ... und rief mit entschlossener Stimme *Tute aipa matte te tayo* (Cook wird seinen Freund nicht umbringen). Mit diesen Worten sprang er ins Boot.

Sobald er bei uns auf dem Schiff war, eilte er nebst seiner Gemahlin, desgleichen mit seiner vorigen Gemahlin und deren Liebhaber in die Kajüte hinab, um Kapitän Cook seine Geschenke zu überbringen. Potatau war einer der größten Männer, die wir auf der Insel gesehen. Der ganze Körper dieses Mannes war ungemein ansehnlich und stark von Gliedern. Sein Schenkel war zum Beispiel so dick wie unser stärkster Matrose am Leibe. Seine weitläufige Kleidung und sein weißer Turban schickten sich sehr gut zu dieser Figur, und sein edles Betragen gefiel uns ... über die Maßen. Polatehera, seine erste Gemahlin, war ihm an Größe und Korpulenz ähnlich ... Als das Schiff *Endeavour* (seinerzeit) hier vor Anker lag, nannte sie sich Kapitän Cooks Schwester, und als man sie eines Tages nicht in das Fort auf Point Venus einlassen wollte, schlug sie die Schildwache zu Boden und beklagte sich bei ihrem adoptierten Bruder über die schimpfliche Behandlung. Als sie erfuhren, daß wir alsbald unter Segel gehen wollten, fragten sie (d. h. die königliche Familie) uns mit Tränen in den Augen, ob wir jemals wieder nach Tahiti kommen würden. Kapitän Cook versprach, in sieben Monaten wieder hier zu sein. Dies stellte sie völlig zufrieden.«

Diese und andere Szenen in Forsters Beschreibung von Tahiti begründeten den Ruhm dieser Insel in ganz Europa und machten sie zu einem Begriff vor allem für die Dichter unseres kleinen Erdteils. Die

Vorstellung von einer Insel der Seligen und die Figur des edlen Wilden, also zwei Motive, die in der Dichtung des achtzehnten und des neunzehnten Jahrhunderts noch große Bedeutung erlangen sollten, fußen zwar nicht allein auf Forsters Bericht, gewannen aber aus den Niederschriften des jungen Danzigers jenen poetischen Schmelz, jene naive Freude an der Begegnung mit einer anderen Welt, wie sie in den eher trockenen Berichten der Seefahrer und Gelehrten kaum je anzutreffen waren. Nur vier Jahre nach Forsters Aufenthalt auf Tahiti schrieb Justus Friedrich Wilhelm Zachariae sein Gedicht *Tahiti oder die glückselige Insel,* in dem er wie Forster unter anderem die Befürchtung ausdrückte, daß der weiße Mann dieses Inselparadies sehr schnell zerstören und die arglosen Naturkinder ihrer Naivität berauben werde. Zehn Jahre später schrieb dann Wilhelm Heinse seinen berühmten Roman *Ardinghello oder die glückseligen Inseln,* in dem allerdings Erinnerungen an das alte Griechenland deutlicher gegenwärtig sind als die frischen Reiseeindrücke, wie sie aus den Büchern eines Forster, Cook oder Bougainville inzwischen allen Gebildeten Europas bekannt geworden waren.

Es ist nach all dem nicht verwunderlich, daß auch die Matrosen der *Resolution* und der *Adventure* nur schweren Herzens von Tahiti Abschied nahmen, und James Cook hielt sich zweifellos auch seiner Mannschaften wegen diesmal besonders lange im Archipel der Gesellschaftsinseln auf. Daß er mehr als einen Monat lang zwischen der Gruppe der Gesellschafts- und jener der südlichen Tongainseln zu immer neuen Erkundungsfahrten und Vermessungen auslief, bedeutete eine Abweichung von den ursprünglichen Plänen, wenn auch nicht gerade eine Verletzung seiner Instruktionen, denn die Admiralität hatte ihm für die Erholungspausen zwischen den Südpolarvorstößen weitgehend freie Hand gegeben. Aber wir verstehen, vor allem wenn wir an Tahiti denken, das auf den ersten Blick überraschende Hin und Her, das große Zickzack der Cookschen Fahrten nun besser. Mit bewundernswerter Ökonomie, mit einem Maß an Geduld, das schon als Weisheit bezeichnet werden muß, schuf dieser Schiffsführer seiner Expedition die Möglichkeit, jahrelang im Zielgebiet zu bleiben, eben weil immer wieder vertraute Landschaften und Liegeplätze wie der Queen Charlotte Sound auf Neuseeland oder die Matavai Bay auf Tahiti die Heimwehgefühle der Seeleute beruhigten und ihnen vor Augen führten, daß es geradezu ein Glück sei, an Entdeckungsfahrten dieser Art teilnehmen zu dürfen.

Auch James Cook selbst scheint durch diesen neuerlichen Aufenthalt auf Tahiti seinen Gesundheitszustand gebessert und die alte Entdeckerfreude wiedererlangt zu haben, denn seine Fahrt quer durch einen bis dahin von keinem anderen Europäer berührten Teil des pazifischen Raums verrät den alten Unternehmungsgeist. Die Unruhe, die ihn oft vorantrieb, die ihn an sich bemerkenswerte Inseln links und rechts seines Kurses vernachlässigen ließ, ist von James Cook gewichen, als er in den letzten September- und den ersten Oktobertagen des Jahres 1773 nun in jene geheimnisvolle Zone zwischen den Inselschwärmen einbricht, die bis dahin nicht einmal die emsigen Holländer besucht hatten. Erst am Südrand der Tongagruppe wurden Inseln berührt, die schon Tasman gesichtet hatte, darunter das winzige Eua, das der Holländer mit dem allzu europäischen Namen Middleburgh versehen hatte, während er das nordwestlich davon gelegene Tongatabu gar Amsterdam nannte.

Forster beschreibt die Rundfahrt um die kleine Insel auf der schwierigen Suche nach einem Ankerplatz, ist Eua doch insgesamt nur 33 Quadratmeilen groß und ragt etwa dreihundert Meter hoch aus dem Wasser.

»Am Fuß der Berge schien etwas flaches Land zu sein, auf welchem junge Bananen standen, deren lebhaftes frisches Grün mit dem verschiedentlich kolorierten Buschwerk und der braunen Kokospalme ungemein schön kontrastierte. Das Tageslicht war noch so schwach, daß wir an verschiedenen Stellen die Hüttenfeuer der Einwohner durch die Büsche schimmern sahen; und bald darauf kamen auch einige Leute am Strande zum Vorschein. Die Berge waren niedrig und ragten über die Meeresfläche kaum so hoch empor als die Insel Wight (kleiner Irrtum Forsters: der Inselhügel von Eua ist 304, der von Wight nur 239 Meter hoch). Auf den Hügelhängen gab es hin und wieder einzelne sehr anmutig verstreute Klumpen von Bäumen, und zwischen diesen war der Boden so schön wie manche Gegenden von England mit Gras überwachsen.«

Die Südseeinsel, auf der sich der berühmte britische Rasen fand, erwies sich auch sonst als äußerst angenehm, sobald die *Resolution* und die *Adventure* den Ankerplatz an einer schmalen Öffnung der Felsenbarriere gefunden hatten. Die Eingeborenen kamen in ganzen Kanuschwärmen heran, waren ruhig und freundlich, betraten furchtlos das Schiff, vermochten aber nicht allzuviel von jenen Lebensmitteln zu liefern, die Cook zu erwerben wünschte. Die ganze Insel zeigte, daß hier jeder Fußbreit Boden genützt wurde. Die Plantagen waren mit größter Ökonomie angelegt und gegeneinander abgegrenzt, und selbst die Grenzzäune dienten noch dem Erwerb, indem sie Kletterpflanzen Halt boten. Eine offenbar sehr zahlreiche Bevölkerung tat hier ihr möglichstes, um von der Insel tatsächlich leben zu können. Ganz ähnlich ging es auf Tongatabu zu. Beide Inseln hatte

Tasman nur gesichtet, aber nicht betreten und darum auch nicht ihre Eingeborenennamen erfahren können.

Mit guten Frischwasservorräten, im übrigen aber nur mit Gemüse versorgt, setzten die beiden Schiffe am 8. Oktober ihre Südfahrt fort. Nachdem sieben Wochen lang alles einigermaßen gutgegangen war, brach Ende November, als Neuseeland bereits in Sicht war, ein so heftiger Sturm los, daß die gefährliche Nähe des Landes und der Klippen wieder verlassen werden mußte.

»Am 24. (November) abends sahen wir endlich die Einfahrt der Cookstraße, das Kap Palliser, vor uns, doch durften wir es nicht wagen, in der Dunkelheit hineinzusteuern, und ehe wir am nächsten Morgen Anstalten dazu treffen konnten, erhob sich der Sturm abermals und wurde um neun Uhr so rasend, daß wir beidrehen und alle Segel bis auf eines einnehmen mußten. Die Wellen rollten so lang und stiegen so entsetzlich hoch, daß sie beim Brechen durch den Sturm völlig zu Dunst zerstäubt wurden. Dieser Wasserstaub breitete sich über die ganze Oberfläche der See aus, und da kein Wölkchen am Himmel zu sehen war, die Sonne vielmehr hell und klar schien, bot die schäumende See einen überaus blendenden Anblick. Endlich wurde der Wind so wütend, daß er uns das einzige Segel vollends zerriß, welches wir noch ausgespannt zu lassen gewagt hatten. Nun waren wir ein Spiel der Wellen; sie schleuderten uns bald hier-, bald dorthin, schlugen oft mit entsetzlicher Gewalt über dem Verdeck zusammen und zerschmetterten alles, was ihnen im Wege war. Unter dem ständigen Werfen des Schiffes litt das Tau- und Takelwerk ungemein; auch die Stricke, mit denen Kasten und Kisten festgebunden waren, gaben schließlich nach, so daß alles in der größten Verwirrung vor und um uns lag. Als das Schiff einmal besonders stark rollte, riß auch der Gewehrkasten los und stürzte gegen das Seitengeländer, an das sich unser Reisegefährte Hood eben gestellt hatte. Kaum blieb ihm soviel Zeit übrig, sich zu bücken, doch hätte auch das ihn nicht gerettet, wenn nicht der Kasten schräg gegen das Geländer gefallen und darunter ein Hohlraum geblieben wäre, in dem Mr. Hood glücklicherweise unbeschädigt blieb ... Der Anblick des Ozeans war prächtig und fürchterlich zugleich. Bald überschauten wir von der Höhe einer breiten, schweren Welle die unermeßliche Fläche des Meeres, in unzählbare, tiefe Furchen aufgerissen, bald zog uns eine brechende Welle mit sich in ein schroffes, fürchterliches Tal herab.«

Die Tatsache, daß der Sturm mitunter abflaute, nach kurzer Zeit aber wieder seine volle Stärke erreichte, stellte an die Seeleute die höchsten Anforderungen, vor allem aber an die Kunst des Kapitäns. Die *Adventure*, die sich zu weit vom Land entfernt gehalten hatte, wurde so weit abgetrieben, daß die beiden Schiffe während der ganzen Reise nicht mehr zusammentrafen: Furneaux hatte es aufgegeben, den Queen Charlotte Sound oder auch nur die Cookstraße anzusteuern, da ihm die klippenreichen Gewässer zwischen den beiden neuseeländischen Inseln zu gefährlich schienen.

Cook nützte entschlossen jeden Augenblick, in dem der Sturm sich beruhigte, schlüpfte mit Glück und Kunst in schützende Buchten und verstand es auch, sie so zu verlassen, daß die *Resolution* vom neuerwachten Sturm nicht gleich auf die Klippen geworfen wurde. In der endlich erreichten großen Bucht, die nach Königin Charlotte, der Gemahlin Georgs III., benannt worden war, wartete Cook wochenlang auf seinen Gefährten, und da man sich nicht denken konnte, daß er den Weg in den wohlbekannten Sound nicht finde, vermuteten die meisten, daß die *Adventure* gesunken sei. Getrogen hatte auch die Hoffnung, Neuseeland mit Haustieren nach europäischem Vorbild bevölkern zu können. Bei einem ersten Unterschlupf in einer kargen Bucht hatte Cook Hühner an die Eingeborenen gegeben, aber diese waren so arm und von dem langen Winter halb verhungert, daß die willkommene Gabe schnellstens verspeist und nicht zwecks Aufzucht geschont wurde. Am Queen Charlotte Sound waren zwar die kleinen Gemüsepflanzungen wohl gediehen, aber den ausgesetzten Ziegen war es nicht besser gegangen als den eben erwähnten Hühnern: nach kurzer Treibjagd waren sie geschlachtet und verspeist worden ...

Durch den Sturm ebensowenig entmutigt wie durch die Trennung von Furneaux, bereitete sich James Cook auf den schwierigsten Teil seiner langen Reise vor: auf den Vorstoß in den Südpazifik, der so nahe an den Pol heranführen sollte, daß ein etwa doch vorhandener Südkontinent auf jeden Fall gefunden werden mußte.

Die Matrosen hatten alle Hände voll zu tun, um die *Resolution,* die nun schon viele Monate auf See war, vollkommen zu überholen und mit neuen Schutzanstrichen zu versehen; alle Fugen mußten gedichtet, jede schwache Stelle mußte überprüft und repariert werden. In dieser Lage kam es ihnen sehr zustatten, daß die Eingeborenen, die ausgezeichnete Fischer waren, tagtäglich große Mengen wohlschmekkenden fangfrischen Fischs heranbrachten und gegen allerlei Eisengerät oder andere Tauschwaren willig auslieferten. Eines Morgens jedoch waren alle Eingeborenenlager an der Bucht verlassen, und es zeigte sich, daß sie dies wegen schlechten Gewissens getan hatten: sie hatten nämlich sechs kleine Wasserfässer entwendet.

Nun mußten Leute für den Fischfang abgestellt werden, und da sie die Gegend nicht so gut kannten wie die Maori, wurden die Fänge sogleich dürftiger. Nach einigen Tagen wagten sich aber andere

Maori in die Nähe des Schiffes, die Fischversorgung kam wieder in Schwung, und Cook machte einem der jungen Fischer die Freude, ihm ein weißes Hemd zu schenken.

»Kaum hatte man dem Knaben seinen neuen Staat angezogen«, berichtet Georg Forster, »da wollte er vor seinen Landsleuten auf dem Deck paradieren. Diese Eitelkeit kam ihm aber teuer zu stehen. Ein alter Ziegenbock, der zum Mißvergnügen der Neuseeländer, die ihn fürchteten, auf dem Deck seinen Stand hatte, schien über die lächerliche Gestalt des kleinen Koah in dem weiten Hemdc böse zu werden und stieß mit ganzer Gewalt den armen Jungen zu Boden, so daß er alle viere von sich streckte und nicht wagte, aufzuspringen und davonzulaufen, sondern aus Leibeskräften schrie. Man half dem Knaben wieder auf die Beine, aber Hemd, Gesicht und Hände waren gleich schmutzig. In diesem Zustand kam er heulend in die Kabine und klagte seinem Vater, was für ein Unglück ihm begegnet sei; allein dieser gab ihm zur Strafe für seine Torheit einige derbe Schläge, ehe wir uns ins Mittel legen konnten. Das Hemd wurde gereinigt, und er selbst wurde über und über gewaschen, was ihm wohl sein Leben lang noch nicht widerfahren sein mochte. Der Vater aber rollte das Hemd sorgfältig zusammen, nahm sein eigenes Kleid ab und rollte aus beiden ein Bündel, worin er alle Geschenke zusammenpackte, die wir ihm und seinem Sohn gegeben hatten.«

Es konnte nicht ausbleiben, daß sich abermals zarte Bande zwischen den Engländern und den Maorimädchen anspannen, ja die hübscheste von ihnen, ein junges Ding namens Toghiri, verlobte sich sogar mit einem der jüngeren Matrosen und war von diesem Augenblick an die treueste Gefährtin ihres Erwählten. An Bord ließ James Cook jedoch all diese Damen nicht mehr, weil er das Ungeziefer und Krankheiten fürchtete. Sie schienen diese Zurückhaltung nicht übelzunehmen, solange sie nur genug Schiffszwieback hatten: Restbestände aus Vorräten, die Cook seinen Leuten nicht mehr vorsetzen wollte, die aber alle Eingeborenen mit größtem Behagen verzehrten.

Das Schiff war mit frischem Trinkwasser und Brennholz gegen die zu erwartende Kälte reichlich versehen, als es noch ein düsteres Zwischenspiel gab. Zwei Boote mit Frauen waren längsseit gegangen, und diese hatten Cook ihre Not geklagt. Ihre Männer stünden im Kampf gegen einen feindlichen Stamm, und sie fürchteten, sie würden sie nie mehr wiedersehen. Cook ließ ein Boot bemannen, und man folgte den Frauen, und tatsächlich fanden sich am Ufer einer nahen Bucht die fürchterlichsten Anzeichen einer Kannibalenmahlzeit. Ungerührt erstand einer der Matrosen einen der abgeschlagenen Köpfe und nahm ihn mit auf die *Resolution*.

Als man endlich auslief, was wegen widriger Winde und Strömungen gar nicht so einfach war, feuerte die *Resolution* immer wieder aus verschiedenen Rohren, um die *Adventure* aufmerksam zu machen, falls sie sich in einer anderen der zahlreichen Buchten an der Cookstraße aufhielte. Die Wahrscheinlichkeit war allerdings gering, denn Furneaux kannte schließlich den Queen Charlotte Sound und hätte im Fall einer Havarie ja mindestens eines der Boote entsenden können, um Verbindung mit Cook aufzunehmen.

Dennoch war die Stimmung nicht gedrückt, als am 25. November die Forschungsfahrt wieder aufgenommen wurde. Zwar hatten einige der Matrosen zwischen Kapstadt und dem Dusky Sound an Skorbut gelitten, sie hatten aber alle verfolgt, mit welcher Umsicht ihr Kapitän das Schiff für diesen Abschnitt der Reise vorbereitete. Am letzten Tag vor der Abreise war noch Kohl aus den angelegten Gärten geholt worden, bei welcher Gelegenheit man auch – nun aber wohlweislich fern aller Siedlungen – einige Haustiere aussetzte, damit sie sich in der Wildnis ungefährdet vermehren könnten.

Die *Resolution* lief mit Südostkurs quer durch den Südpazifik in allgemeiner Richtung auf Kap Hoorn. Man hatte bereits 62 Grad südlicher Breite erreicht, ehe sich das erste Eis zeigte; das gab Hoffnung, diesmal näher an den Pol heranzukommen. Aus dem Nordpolarmeer wußte Cook ja, daß die Eisverhältnisse sich von Jahr zu Jahr änderten. Die Wende 1773/74 schien in dieser Hinsicht günstig zu sein, der Südostkurs wurde beibehalten und am 21. Dezember 67½ Grad südlicher Breite erreicht – bei großer Kälte, schlechter Sicht und stürmischer See. Als ob das noch nicht genug wäre, begann es zu schneien und zu hageln, und die Taue wie die Segel froren so steif und fest, als wären sie aus Metall. In den Kabinen war es nur um zweieinhalb Grad »wärmer« als an Deck, und alles atmete erleichtert auf, als Cook Kurswechsel befahl und am Heiligen Abend, gleichsam als Weihnachtsgeschenk für seine Männer, den Kurs auf Nordost legen ließ.

Eine reine Ostfahrt in engster Polnähe hätte auch die Gefahr mit sich gebracht, einen Landblock im Norden zu übersehen, da ja der bisherige Reiseweg Cooks in diesen Gewässern weiter nördlich verlaufen war. Cook lief an seinen früheren Kurs bis auf zweihundert Leguas heran, also auf eine Distanz von etwa tausend Kilometern. Die Wahrscheinlichkeit, daß sich in diesem Zwischenraum ein größeres Land ausbreitete, war gering angesichts der Dünung, die frei aus dem Ozean herankam und keine Landnähe erkennen ließ. Cook bog darum abermals nach Südosten und wagte nun den tiefsten Vorstoß nach Süden, eine der kühnsten Fahrten, die je ein Segelschiff absolviert hat: Am 30. Januar 1774 wurde unter 106 Grad westlicher Länge, also etwa auf dem Längengrad der Galapagosinseln, eine südliche Breite von 71 Grad und zehn Minuten erreicht – eine Leistung, die erst im Jahr 1929 von dem norwegischen Expeditionsschiff *Norvegia* übertroffen wurde und für die Ära der Segelschiffe als sensationell gelten muß.

Die *Resolution* hatte ein großes Eisfeld erreicht, im Bereich jener Region, die heute als Amundsensee bezeichnet wird. Auf dem Eis türmten sich an die hundert höhere Erhebungen, so daß man leicht an Festland glauben konnte. Heute wissen wir, daß Cook bis in Sichtweite des Mount Siple vorgedrungen war, der mit einer Höhe von 4 570 Metern vom Meer aus weithin zu sehen ist. Im Grunde war damit ein zweiter Südkontinent entdeckt, neben der *Terra Australis*, jenem südlichen Land, das die Holländer Neuholland nannten und das Cook aus Fairneß gegenüber den früheren Entdeckern nur an seinem Ostrand in Besitz genommen hatte. Aber es war eine Entdeckungsleistung, die James Cook selbst beinahe am schlechtesten bekommen wäre. Seine Leute litten zwar unter schweren Rheumaanfällen und konnten sich in Kälte und Feuchtigkeit kaum mehr bewegen; er aber hatte eine gefährliche Verstopfung bekommen. Die Ursachen dafür lagen in dem Mangel an Bewegung auf dem engen, vereisten Schiff, aber auch in der Ernährung. Da es seit Tahiti nicht mehr gelungen war, hinreichende Vorräte an lebenden Tieren mit auf die *Resolution* zu nehmen, und da die wenigen Tiere, die noch vorhanden waren, rasch abmagerten und notgeschlachtet werden mußten, fehlte es sehr bald an Fett. Bis dahin hatte zwischen der Verpflegung der Offiziere – die natürlich auch die Gelehrten genossen – und jener der Mannschaft ein gewisser Unterschied bestanden. Die Herren hatten mehr Frischfleisch und damit auch mehr Fette erhalten als die Matrosen, damit war ausgeglichen worden, daß die Seeleute durch ihren Dienst mehr Bewegung machten. Auf der Kreuzfahrt über den südlichen Polarkreis hinaus in Richtung auf den Pol nun gab es außer Sauerkraut und Bierwürze so gut wie keine vollwertigen Nahrungsmittel mehr an Bord; alte Kornfrüchte und Schiffszwieback reichten nur noch zu, weil man aus den nahen Eiswüsten der Antarktis wenigstens Trinkwasser gewinnen konnte.

James Cook, ein Mann, der sich nie geschont hatte, versuchte die Verstopfung durch Fasten zu beheben, entzog seinem Körper damit aber noch mehr Fett und versank schnell in eine Entkräftung, die der Bordarzt nicht richtig deutete: er gab Abführmittel, die zu starkem Erbrechen führten und den Gesamtzustand des Patienten weiter verschlechterten, vor allem, als peinigendes Aufstoßen dazukam. Vermutlich wäre auch ein anderer Arzt mit dieser schwierigen Situation überfordert gewesen, die Medizin der Zeit war einfach noch nicht hinreichend vertraut mit Stoffwechselvorgängen unter jenen Ausnahmeverhältnissen, wie sie diese schier endlose Reise geschaffen hatte. Auch die Mannschaft verlangte, trotz der Erholungspausen auf Tahiti, nun nach dem Ende der Entdeckungsfahrt und nach der Heimkehr, man habe weiß Gott mehr als viele andere getan und seine Pflicht erfüllt.

Da die ärztliche Kunst somit versagte und sich der Mannschaft tiefe Niedergeschlagenheit bemächtigte, weil niemand mehr an ein Aufkommen des Kapitäns glaubte, griff man zu einem alten Haus- und Wundermittel, das angeblich schon in der römischen Kaiserzeit verwendet wurde. Man legte auf den geschwächten Leib Cooks große Pflaster, die mit einer Mischung aus Baldrian, Angelikawurzeln, sehr viel Honig und einigen Kräutern getränkt waren, und ersetzte die Klistiere durch warme Bäder, bis James Cook gesundete.

»Unsere Lage«, schreibt Georg Forster in seinem Bordtagebuch, »war in der Tat höchst elend, selbst für diejenigen, die noch gesund waren, und den Kranken war sie eigentlich unerträglich. Der Ozean um uns her war wütend und schien über die Keckheit einer Handvoll Menschen, die es mit ihm aufnahmen, ganz erbost zu sein. Finstere Melancholie zeigte sich auf der Stirn unserer Reisegefährten, und im ganzen Schiff herrschte eine furchtbare Stille. Die Stunde des Essens war uns verhaßt, denn sogleich, wenn uns der Geruch der Speisen in die Nase kam, entstand uns ein Widerwille, der es uns unmöglich erscheinen ließ, von ihnen zu genießen. Dies alles beweist wohl zur Genüge, daß diese Reise mit keiner der vorhergehenden zu vergleichen ist . . .«

Niemand wird es einem so jungen Mann wie Georg Forster verdenken, daß ihm in dieser Krise im Januar und Februar 1774 Mut und Zuversicht abhanden kamen; vermutlich wußte er auch nicht allzuviel von den Entbehrungen früherer Entdeckungsfahrten wie etwa jener ersten Indienfahrt des Vasco da Gama, von der nur ein kleiner Teil der Mannschaft überhaupt heimkehrte, oder von den Verlusten auf Magellans Weltumseglung; gegenüber diesen großen Entdeckern hatte James Cook in einem Maß für Gesundheit und Überleben seiner Leute gesorgt, das allein hinreichen würde, ihm einen ehrenvollen Platz in der Geschichte der Seefahrt zu sichern. Nur Francis Drake, der mit seinen Halsabschneidern, immerzu kämpfend, raubend, fressend und saufend, fröhlich um den Erdball gesegelt war, hatte eine ähnliche Bravourleistung vollbracht.

Ende Februar mußte James Cook die hartnäckigen Landaufnahmen in der eisigen Ödnis der Antarktis abbrechen und Nordkurs befehlen. Doktor Patton hatte durch vorsichtige Ernährung – heute würde man sagen: Aufbaudiät – die Kräfte des Kapitäns einigermaßen wiederhergestellt, und die *Resolution* lief vor gutem Wind in erstaunlicher Schnelligkeit nach Norden, ganz so, als sei auch das Schiff froh, dem ewigen Frost südlich des Polarkreises zu entrinnen. Schon am 11. März kam die Osterinsel in Sicht, und der Mannschaft bemächtigte sich eine freudige Erregung, weil man doch mehr als hundert Tage lang kein Land betreten hatte. Es erwies sich als ein beträchtlicher Vorteil, daß James Cook nicht nur ausgezeichnete nautische Geräte an Bord hatte, genaue Uhren und hervorragende optische Behelfe, sondern auch einen Astronomen wie William Wales: die kleine Osterinsel wurde haargenau angesteuert, ein Eiland, das verschiedentlich entdeckt und beschrieben, das wegen seiner einsamen Lage im östlichen Pazifik aber selbst von tüchtigen Seefahrern wiederholt verfehlt worden war. Der Holländer Roggeveen hatte als erster ausführlich über die Insel und ihre seltsamen Idole, die hochaufragenden Steinbilder, berichtet. Seither beschäftigte das geheimnisvolle Eiland die Phantasie der Europäer mehr als alle anderen, Tahiti vielleicht ausgenommen. Man wußte damals noch nicht, daß Dutzende von Südseeinseln in ihrem Innern Reste von Großsteinbauten und uralte Kultbilder bargen, sogar das winzige Pitcairn, auf dem so manches europäische Schiff der Brandung wegen gar nicht hatte landen können. Die Menschen, die in einer fernen Zeit und lange vor Cook solche Bauten errichtet hatten, mußten also ausgezeichnete Seefahrer und ebenso gute Baumeister gewesen sein.

Die Leute von der *Resolution* sahen aus der Ferne die dunkel gegen einen hellen Horizont aufragenden Steinmale, die bis heute so charakteristisch für diese Insel geblieben sind, weil sie schon am Strand den Fremden verblüffen, ja erschrecken. Ungeduldig wartete man auf günstigen Wind zur Landung, aber Cook ließ sich nicht drängen: ein Segelschiff quer durch Riffe und Untiefen in eine schützende Bucht zu bringen, blieb vor allem im Pazifik mit seinen Korallenbänken stets ein gefährlicher Vorgang.

In der Nähe der Südspitze der Insel, in der Hanga-Roa-Bai, wurde schließlich der Anker ausgeworfen, nachdem die *Resolution* die ganze westliche Osterinsel bis zu ihrem nördlichsten Kap nach einem geeigneten Hafen abgesucht hatte. Die Monumente aus schwarzem Tuffstein ragten so hoch auf, daß man sich fragte, wie sie dereinst aufgestellt worden waren, und schienen den vergeblichen Bemühungen der Briten mit stummem Hohn zuzusehen.

Der Kapitän war durch Gallenkoliken, die sich nach seiner Darmerkrankung eingestellt hatten, noch so geschwächt, daß er die nähere Erkundung der interessanten Insel der Gelehrtengruppe überlassen mußte. Er begab sich nur am 14. März kurz an Land, hielt sich aber nur am Rand der Bucht auf, während die anderen tiefer ins Inselinnere vordrangen. Cook schien auch zum Unterschied von anderen Seefahrern gar nicht so sehr interessiert an der kargen Insel. Sein praktischer Verstand war von den Zeugen einer geheimnisvollen Vergangenheit nicht sonderlich beeindruckt, vor allem, da die Osterinsel mit ihren 170–180 Quadratkilometern, ihrer dürftigen, beinahe baumlosen Vegetation, ihrem Mangel an guten Liegeplätzen, frischem Wasser und Brennholz der Seefahrt wenig Hilfe bieten konnte, weniger als zum Beispiel Juan Fernandez, wo manchem vor Kap Hoorn zerzausten Schiff erholungsreiche Wochen beschieden gewesen sind und die freundliche Natur sogar freiwillige Eremiten wie den Matrosen Selkirk anzog.

Cooks Tagebucheintragungen aus jenen Tagen lassen erkennen, wie stark sich Gallenerkrankungen auf das Gemüt auswirken. Es ist schon etwas Wahres an der alten Bezeichnung Melancholeia, was soviel heißt wie schwarze Galle, und es liest sich erschütternd, wenn James Cook, der noch keine fünfzig Jahre alt war, mitten im Pazifik, in der Weltgegend seiner Sehnsucht, ganz offensichtlich allen Mut und alles Interesse an der Arbeit verloren zu haben scheint, die ihn bis dahin so glücklich machte. An der Osterinsel, einem Eiland, von dem bis heute die ganze Welt spricht, interessiert ihn nur der simple Nutzen, das Wasser, das Brennholz, die Verpflegungsmöglichkeit. Er läßt Offiziere und Gelehrte die Insel erkunden, beschäftigt sich selbst aber am Liegeplatz und auf dem Schiff mit der Wasserbeschaffung und mit dem Handel, zu dem sich einige Eingeborene eingefunden hatten. »Keine Nation wird je für die Ehre kämpfen, die Osterinsel erforscht zu haben«, schreibt Cook bitter, eine Wertung, die sich schon wegen der einsamen Lage der Insel als wichtige Etappe auf dem Weg nach Südamerika nicht halten läßt und bei einem so überlegt urteilenden Seemann wie Cook nur aus der Erschöpfung und der Niedergeschlagenheit nach der Polarfahrt mit ihren aufeinanderfolgenden Krankheiten zu erklären ist. Nur die Kartoffeln läßt der enttäuschte Kapitän gelten: sie seien die besten, die er je gegessen habe, aber die wenigen Eingeborenen bauten nur für den Eigenbedarf an und konnten nicht viel abgeben. Sie konnten nicht ahnen, daß Europäer auf Schiffen von fernher kommen und die Insel bestaunen würden ...

Die allgemeine Stimmung besserte sich, als der junge Maat Hood auf der Weiterreise eine Insel sichtete, die nach der Karte eine Neuentdeckung sein mußte. Sie gehörte zur Gruppe der Marquesas, von der allerdings schon der Spanier Alvaro de Mendaña zweihundert Jahre zuvor einige Inseln gesichtet, betreten und verzeichnet hatte – mit kleinen Abweichungen von der exakten Lage, weil er im Jahr 1595 eben noch nicht über die verbesserten Instrumente verfügt hatte, mit denen die Cook-Expedition ausgerüstet worden war. Unter den Inseln, die auch Mendaña schon kennenlernte, befanden sich einige der reizvollsten in der ganzen Südsee, wie zum Beispiel Fatuhiva, das südlichste Eiland der Gruppe. Wegen seiner Felsenriffe schwer anzulaufen, entschädigt es den Seefahrer, der es dennoch wagt, vollauf durch die besondere, milde Schönheit der Landschaft und ihrer Menschen. Die Spanier hatten hier, da sie aus Amerika nichts anderes gewöhnt waren, die arglosen Eingeborenen wie Tiere niedergemetzelt, aber die Menschen, die Cook antraf, schienen davon nichts mehr zu wissen und trugen den Weißen nichts nach; nur eine Scheu, die sich von der unbefangenen Neugierde anderer Polynesier unterschied, ging vielleicht auf die vage Erinnerung an fernen Schrecken zurück.

»Sobald die Anker ausgeworfen waren, luden wir die Insulaner unter allerlei Freundschaftszeichen in tahitischer Sprache ein, zu uns an Bord zu kommen. Sie wagten es aber nicht eher, als bis sie uns einige Pfefferwurzeln als Friedenszeichen dargeboten hatten. Sobald wir diese ans Tauwerk gebunden hatten, verkauften sie uns für einige Nägel frische Fische und völlig reife Brotfrüchte, deren Anblick bei unserer Schiffsgesellschaft allgemeine Freude erweckte.

Die Eingeborenen waren wohlgebildete, schöne Menschen von hellbrauner Farbe, die aber der vielen Punkturen wegen ins Schwärzliche zu fallen schien. Sie gingen völlig nackt und hatten nur ein kleines Stück Zeug von der Art des tahitischen um die Hüften. Bart und Haar waren glänzend und schwarz, und ihre Sprache war dem Tahitischen ähnlich, nur daß sie kein R aussprechen konnten.«

Leider kam es trotz aller Bemühungen um Frieden auch zwischen Briten und Insulanern zu einem blutigen Zwischenfall. In ihrer kindlichen Freude an kleinen Schwindeleien hatten schon die Männer von der Osterinsel den Boden der Körbe mit Steinen gefüllt und erst darüber die süßen Kartoffeln geschüttet. Ganz ähnlich verhielten sich auch die Männer auf den Marquesas. Sie nahmen die kleinen Nägel, die als Währung dienten, gar nicht mehr an, boten auch für die großen Nägel keine nennenswerten Mengen an Lebensmitteln und legten auf die Glasperlen überhaupt kein Gewicht. Sie wollten nur Handwebe, Tücher, die sie sich um den Leib schlingen konnten, und dafür brachten sie sogar Schweine an. Als beim Aussetzen eines Bootes eine lange eiserne Stange für einen Augenblick unbeachtet an

Deck der *Resolution* lag, ergriff sie ein Eingeborener, sprang damit über Bord und brachte das schwere Ding tatsächlich heil an Land, ohne davon unter Wasser gezogen zu werden. Als zwei Warnschüsse keinen Erfolg hatten, schoß ein Matrose gezielt und tötete den Mann. Binnen weniger Minuten erschienen an die hundert bewaffnete Insulaner am Strand, und Cook ließ Gewehre an die Matrosen ausgeben. Es sah nach einem großen Kampf aus, aber dank der Besonnenheit des Kapitäns gelang es, den Insulanern den Sachverhalt darzulegen. Sie begriffen, daß die Stange nicht entbehrt werden konnte und daß der Mann bestraft werden mußte, und nahmen nach ein paar Stunden den friedlichen Tauschhandel mit der *Resolution* wieder auf. Das Wasserholen geschah jedoch fortan unter bewaffneter Bedeckung.

Die kriegerischen Eindrücke setzten sich selbst auf dem Inselparadies von Tahiti fort, wo kein Engländer dergleichen für möglich gehalten hatte. Als Cook am 22. April 1774 zur Freude seiner Matrosen in der Matavai-Bucht ankerte, kam es zwar zunächst zu den unvermeidlichen Wiedersehensfeiern, bei denen so viele Mädchen an Bord kamen, daß – wie der junge Forster bemerkt – jeder Matrose eine für sich haben konnte. Bald darauf aber zeigte sich, daß die *Resolution* mitten in eine große kriegerische Auseinandersetzung hineingeraten war, die ohne die Anwesenheit der Fremden mit ihren Kanonen vielleicht schon voll entbrannt wäre. Der Gesundheitszustand Cooks wie der anderen an Gallenschmerzen und Darmkoliken Erkrankten, darunter auch der junge Forster, hatte sich gebessert, als sie – trotz des ärztlichen Verbotes – von den herrlichen frischen Äpfeln auf Tahiti gegessen hatten. Und während die Lebensgeister des jungen Danzigers sich vor allem an den Mädchen von Tahiti entzündeten, wartete James Cook mit einer gewissen Ungeduld darauf, endlich eine polynesische Seeschlacht mit ansehen zu können. Es waren nämlich vor der Matavai-Bucht nicht weniger als hundertundsechzig Doppelkanus aufgefahren, in denen an die zweitausend Krieger geschmückt und voll bewaffnet saßen, ein eindrucksvoller Anblick, der allein zureichen mochte, dem Gegner Furcht einzujagen.

»Man sollte denken«, notiert Cook in sein Tagebuch, »eine solche Abteilung sei höchst unbeholfen. Indes, es war ein Vergnügen zu sehen, wie gut sie gesteuert wurde. Sie paddelten mit aller Macht auf die Küste zu, steuerten dabei in so geschickter Weise, daß sie ihre Linie vor der Küste bis auf einen Zoll schlossen. Wir landeten zusammen mit den letzten von ihnen und sahen sie genau, da sie entlang der ganzen Küstenlinie aufgefahren waren. Dieser Teil der Flotte bestand aus vierzig Seglern ... und gehörte zu einem kleinen Distrikt von Tettahe. Dazu sahen wir einige Doppelkanus, welche sie Marae nannten und welche auf ihrem Vorderteil eine Art Doppel-Bettplatz hatten, welcher mit grünen Blättern ausgelegt war; diese dienten, so erzählte man uns, dazu, die im Kampf Getöteten aufzunehmen ...«

In den acht Monaten seit dem letzten Besuch der *Resolution* hatten sich auf Tahiti bemerkenswerte Veränderungen ergeben. Die Zahl der Häuser hatte in beinahe unglaublicher Weise zugenommen, auch die Schweinehaltung hatte sich intensiviert (selbst unter der Annahme, daß beim letzten Aufenthalt Cooks einige der begehrten Borstentiere versteckt worden waren). Die zurückgelassenen Ziegen hatten inzwischen Nachwuchs bekommen, und ihr Fell zeigte, daß sie ausgezeichnet gehalten wurden. Mochten auch die stählernen Werkzeuge die Arbeiten an den Häusern erleichtert haben, so verzeichneten die Briten doch einen an sich unerklärlichen und plötzlichen Aufschwung, für den man höchstens das vernünftige Regiment König Potataus als Erklärung heranziehen konnte.

Cook war bereit, den Aufenthalt noch um vier Tage zu verlängern, um das Spektakel einer großen Kanuschlacht mit ansehen zu können, aber die Freunde, die er inzwischen auch auf Tahiti gewonnen hatte, gaben ihm zu verstehen, daß man eine heilige Handlung wie den Krieg nicht beginnen werde, solange die *Resolution* zwischen den Inseln kreuze. Die Herzlichkeit des Abschieds litt jedoch nicht unter solchen Vorbehalten, wenn auch die letzten Worte, die gewechselt wurden, ein wenig überraschend waren: James Cook wie auch der ältere Forster wurden gefragt, wann sie wiederkehren würden, und da sie dafür keinen bestimmten Zeitpunkt nennen konnten, bat man sie, den Ort zu nennen, wo ihre Grabstätte liegen werde. Forster, der nach den Kreuzundquerfahrten der *Resolution* und den vielen Stürmen an eine sichere Heimkehr kaum noch zu glauben vermochte, deutete an, daß sein Grab wohl in den Wellen liegen werde. Cook hingegen nannte seine Heimatanschrift in London und wiederholte sie so oft, bis die Häuptlinge die fremden Klänge richtig nachzusprechen vermochten. »Welch größeren Beweis wohl konnten wir haben«, sinniert Cook, »daß diese Leute uns schätzten und als Freunde liebten, daß sie sich unser zu erinnern wünschten. Hatte man ihnen zunächst wiederholt erzählt, wir würden einander nie wiedersehen, so wünschten sie nun den Namen des Ortes zu kennen, an dem unsere Leiber zu Staub zerfallen würden ... Da ich nun alle notwendigen Reparaturen an dem Schiff vorgenommen und es mit jeder Art von frischen Vorräten angefüllt hatte, schob ich die Gedanken, auch noch die hier vielgenannte kleine Insel Bora-Bora zu besuchen, beiseite und wandte mich gegen Westen. Damit nahm ich zum letzten Male Abschied von diesen Inseln und ihren freundlichen Bewohnern.«

Gift auf den Hebriden

Der Juli des Jahres 1774 schien den Ehrennamen des Pazifik widerlegen zu wollen. Der größte aller Ozeane, in dem Stürme so selten sein sollten, daß ihn Magellan den *Stillen Ozean* getauft hatte, schüttelte die unermüdliche *Resolution* mit hohem Wellengang und Regenböen, so daß die Männer, die auf Tahiti neuen Lebensmut gefaßt hatten, sich an ihre Erlebnisse in der Südpolregion erinnert fühlten.

»Ich möchte Sie dennoch bitten, den Mut nicht sinken zu lassen«, sagte James Cook, der zum erstenmal seit seiner langen Krankheit wieder eine Art Stabsbesprechung abhielt. »Wir haben den schwierigsten Teil unserer Aufgabe endgültig hinter uns und damit auch das, was vielleicht undankbar genannt werden könnte oder was den Herren Gelehrten weniger Befriedigung verschaffte. Wir haben zwei Jahre damit zugebracht, Entdeckungen, die meist andere gemacht haben, auf ihre genaue Lage hin zu überprüfen und taugliche Beschreibungen dieser Länder und Inseln zu liefern.«

»Und was war es nun eigentlich, Commander, was Sie zu dieser Bescheidenheit veranlaßte?« erkundigte sich der ältere Forster, der Widerspruchsgeist der Expedition. »Hätte es Ihnen nicht mehr Ehre eingebracht, sich entschlossen dem Neuen und Unbekannten zu widmen?«

Cook warf dem Danziger Pfarrer einen langen Blick zu, aber der Ärger, der kurz in ihm aufwallen wollte, wandelte sich bald in amüsierte Überlegenheit.

»Unserem Herrgott gefällt es, seine Schöpfung nur nach und nach vor unseren Augen zu entschleiern, Mr. Forster«, sagte Cook, »das hat seinen guten Sinn. Denn wenn es nichts mehr zu entdecken gäbe, wäre der Mensch um seine edelste Beschäftigung gebracht. Ich bin eben darum frei von jeglicher Ungeduld, und ich bin – das wollen wir alle nicht vergessen – Offizier Seiner Majestät, Kommandeur eines staatlichen Unternehmens. Ich kann nicht wie die auf eigene Kosten lossegelnden Herren aus dem normannischen oder bretonischen Adel die würzigsten und lieblichsten Pflanzen aus einem Strauß herauspflücken und mich hier im Paradies herumtreiben, weil mir die Mädchen von Tahiti oder die Schildkröten von Fatuhiva so besonders munden. Ich muß mit handfesten Ergebnissen heimkommen, mit Auskünften, die allen anderen Schiffen der Admiralität nützlich, wertvoll, ja vielleicht eines Tages lebenswichtig werden könnten. Nicht in Inselphantasien und Träumen von fremden Ländern liegt die Aufgabe der *Resolution,* sondern in einem Stoß Seekarten« – er schlug mit der Hand auf den kleinen Stapel Kartenblätter –, »nach denen meine Gefährten unbesorgt segeln können. Ich dürfte es mir nie verzeihen, wenn ich dem Entdeckerruhm eine Küstenlinie opfern, wenn ich durch eine vage Einzeichnung das Leben anderer Seefahrer gefährden würde!«

»Wenn dem so ist, Commander«, fuhr Forster hartnäckig fort, »dann verstehe ich eigentlich nicht, warum die anderen Naturwissenschaften der Geographie punkto Genauigkeit nachstehen sollen und ihnen nicht die gleiche Akribie zukommt wie jener. Wir Männer des Geistes, wenn ich so sagen darf, fühlen uns ein wenig in die Ecke gedrängt, weil unsere botanischen und mineralogischen Exkursionen doch stets hinter dem seemännischen Aspekt zurücktreten müssen. Auf manchen Inseln mußten wir unsere Arbeiten abbrechen, noch ehe sie richtig begonnen hatten; wir erhalten zur Begleitung für Landausflüge nur wenige und unwillige Seesoldaten oder Matrosen, und wir haben auf der *Resolution* keinen Platz für unsere Sammlungen.«

»Mit allem, was Sie sagen, haben Sie an sich recht, Mr. Forster«, gab Cook zu, »manches, was Sie vorbringen, hat auch Mr. Banks, den verdienstvollen Naturwissenschaftler der ersten Weltumseglung unter meinem Kommando, leider dazu veranlaßt, an dieser neuerlichen Expeditionsfahrt nun nicht mehr teilzunehmen . . .«

»Sagen Sie *leider*«, fiel Forster schnell ein, »weil Ihnen dieser Umstand meine unbequeme Gegenwart eingetragen hat?«

Cook lächelte ein wenig müde. Sein Gesicht war noch schmal von den überstandenen Krankheiten, die dunkel geränderten Augen zeigten einen gelben Schimmer.

»Es wird Ihnen nicht gelingen, Mr. Forster, mir einen neuen Gallenanfall einzuwirtschaften«, sagte er dann, »denn Sie sind alt genug und hinlänglich erfahren, um sich zu sagen, daß unser Leben aus Kompromissen besteht. Sie wollen gutes und möglichst frisches Essen, aber die dazu nötigen Vorratsräume soll ich mit Mineralienproben anfüllen; Sie wünschen häufige und lange Landaufenthalte, aber insgesamt eine kurze Reisedauer . . . Ich glaube, wir brauchen uns bei all dem, was jeder von uns sich wünschte und wie jeder sich unsere Fahrten vorstellt, nicht länger aufzuhalten. Unvereinbares einigermaßen in Einklang zu bringen, das ist die Aufgabe des Kommandeurs. Habe ich sie nicht völlig lösen können, so habe ich mich doch stets um die Gerechtigkeit solcher Annäherungs- oder Kompromißlösungen bemüht. Im übrigen aber, meine Herren, habe ich gute Nachrichten für Sie: ich werde bekannte Inseln nur noch vermessen, wenn dies ohne Zeitaufwand möglich ist, das heißt, wenn sie am Wege liegen. Die nächsten Ziele versprechen Unbekanntes, Neues, reizvoll Neues. Wir halten auf einen großen Inselschwarm zu, in dem der Spanier Quirós nur zwei oder drei Inseln betrat, als er im Jahr 1606 auf die Gruppe stieß, und Bougainville, der vor sechs Jahren hier war, ist eigentlich nur quer durch den Schwarm gesegelt, ohne sich um die Eilande im einzelnen zu kümmern. Hier wartet ein neues Tahiti auf uns, eines oder mehrere!«

Die Männer der Runde, Offiziere und Gelehrte, blickten einander überrascht an. Cook schien seinen Unternehmungsgeist wiedergefunden zu haben, und an Frischwasser, Frischfleisch und Gemüse würde zwischen diesen angekündigten Inseln wohl auch kein Mangel herrschen. War die Zeit der Entbehrungen auf dieser Reise also endgültig vorüber? Zugleich aber wurde ihnen wohl auch klar, was dieser Mann Mitte vierzig, dieser ruhige und bescheidene Offizier für das Gesamtunternehmen bedeutete, für das Schiff und für das Leben eines jeden einzelnen. Freilich: gezweifelt hatten sie alle niemals an ihm, im Gegenteil. Was an diesem Mann unheimlich war, was so manchen seiner Gefährten vielleicht sogar als Gefahr erschien, das war die schier unmenschliche Hartnäckigkeit, mit der er seine Kielwasserfurche durch eine Weltgegend, durch einen eiskalten Ozean zog, ohne Rücksicht auf Temperaturen, Windgeschwindigkeiten und die Vorräte an Bord.

Zunächst freilich schien es, als wollten dic Eingeborenen diesem neuerwachten Entdeckermut der Fremden ernsthaften Widerstand entgegensetzen. Auf einer Cook bis dahin unbekannten Insel jener Tongagruppe, deren Menschen sich auf anderen Eilanden als besonders freundlich erwiesen hatten, kam es zu lebensgefährlichen Auseinandersetzungen, in deren Verlauf der junge Forster zum erstenmal in seinem Leben auf einen Menschen schießen mußte.

»Am 20. (Juni) nachmittags kam eine bergige Insel in Sicht, und wir segelten in einer Entfernung von zwei Meilen daran entlang. Um zehn Uhr wurden wir sieben bis acht Leute gewahr, die am Strand umherliefen. Jeder hielt einen Spieß, eine Keule oder eine Ruderschaufel in der Hand. Wir sahen kleine Kanus, auf den Strand gezogen, und auf den Felshängen standen einige Kokospalmen. Das war schon Einladung genug, hier zu landen. Also wurden zwei Boote in See gesetzt, bewaffnet und bemannt, und der Kapitän, Dr. Sparrmann, Mr. Hodges (der Maler), mein Vater und ich gingen nach dem Ufer ab. Ein Korallenriff lief vor der Küste her, aber wir fanden bald einen Durchlaß, wo wir an Land gingen.

Wir ließen einige Soldaten und Matrosen auf Posten und kletterten auf die nächste Felsenklippe. Wir mochten hundertfünfzig Schritte durch das Gesträuch gegangen sein, als wir die Eingeborenen laut rufen hörten. Dies bewog uns, nach der Felsenklippe zurückzukehren. Wir riefen nun in allen uns bekannten Südseesprachen, daß wir Freunde seien und daß sie zu uns an den Strand kommen möchten. Endlich kam einer von ihnen zum Vorschein. Er hatte den Oberleib bis an die Hüften schwarz gefärbt, trug einen Kopfputz aus Federbüschen und hielt einen Speer in der Hand. Bald sprang ein zweiter hervor und warf einen Stein nach uns. Er zielte so gut, daß Dr. Sparrmann eine sehr empfindliche Kontusion am Arm davontrug, obschon er wenigstens fünfzig Schritte entfernt stand. Er ließ sich durch den heftigen Schmerz verleiten, einen Schrotschuß abzugeben, der aber zum Glück nicht traf. Darauf verschwanden die beiden Eingeborenen und kamen auch nicht wieder zum Vorschein.

Wir ruderten weiter den Strand entlang und kamen endlich an

eine Stelle, wo der Zugang zum Land etwas freier war. Wir fanden hier vier Kanus auf den Strand gezogen. Der Kapitän legte in jedes einige Geschenke für die Eigentümer; während er aber noch damit beschäftigt war, sah ich einen Trupp Insulaner den Weg herabkommen. Zwei von ihnen liefen unter wütendem Geschrei auf uns los und schwenkten ihre Speere. Der Kapitän wollte auf sie feuern, aber das Gewehr versagte. Er bat uns, ebenfalls Feuer zu geben, aber es erging uns wie ihm. Die Insulaner, die nun noch mehr Mut bekommen hatten, warfen zwei Speere nach uns. Der eine hätte den Kapitän um ein Haar getroffen, aber er bückte sich zur rechten Zeit. Der andere fuhr mir so dicht an der Lende vorbei, daß die schwarze Farbe, womit er beschmiert war, das Kleid beschmutzte. Nach einigen weiteren Versuchen ging meine Flinte endlich los. Ich hatte zwar nur mit Schrot geladen, traf meinen Mann aber richtig. Nun fing die auf dem Felsenriff postierte Mannschaft ein Pelotonfeuer (d. h. reihenweise feuernd) an, das anhielt, solange einer von den Insulanern zu sehen war. Zwei von ihnen hielten besonders lange stand. Endlich mußte einer verwundet worden sein, denn sie ergriffen unter gräßlichem Geheul die Flucht.«

Cook brach daraufhin alle Versuche ab, mit diesen Wilden in Kontakt zu kommen, und benannte das Eiland, das in die neue Entdeckungsfreude so bittere Tropfen fallen ließ, mißgelaunt Savage Island, also wilde Insel (jetzt Niue). Erst als James Cook diesen Namen und die gemessene geographische Länge und Breite in seine Karte eintrug, erkannte er, daß er den Bewohnern der Freundschaftsinseln Unrecht getan hatte, indem er Savage Island der Tonga- oder Freundschaftsgruppe zuordnete: die so abweisende Felseninsel mit ihren hundert Quadratmeilen lag nämlich etwa auf halbem Weg zwischen der Tongagruppe und Samoa, das Holländer und Franzosen bereits besucht hatten. Die Bevölkerung mochte also gemischt sein, ja vielleicht hatten sogar die kriegerischen Samoaner die Oberhand bekommen. Darauf deutete auch der aus Tahiti und Tongatabu unbekannte Brauch hin, den ganzen Oberkörper und sogar die Waffen mit der schwarzen Farbe des Todes schreckhaft zu beklecksen. Für diese Überlegungen sprach überdies, daß sich der Empfang, der Cook zwei Tage darauf am Strand von Namoka zuteil wurde, von den Erlebnissen auf Savage Island unterschied wie der Tag von der Nacht. Die Eingeborenen fuhren schon vor der Landung der *Resolution* furchtlos neben dem Schiff her und warfen frische Früchte an Bord, und erst als der Anker gefallen war, wagte einer von den Insulanern einen jener spielerischen Diebstähle, wie sie selbst auf Tahiti immer wieder vorgefallen waren: er bemächtigte sich des Senkbleis.

Da dies für die genauen Lotungen unerläßlich, ja für das Schiff lebenswichtig war, sandte Cook einen Schrotschuß auf den Dieb, und dieser warf das Senkblei nicht ins Wasser, sondern befestigte es mit bemerkenswerter Geistesgegenwart an einem herabhängenden Tau, damit es nicht verlorengehe. Seine Landsleute waren dennoch so böse auf ihn, daß sie ihn aus dem Boot ins Wasser warfen und ihm verboten, an dem nun beginnenden regen Handeln und Tauschen teilzunehmen.

Das gab zu einigen Hoffnungen Anlaß, und James Cook begab sich selbst an Land, erwarb für billigen Gegenwert ein junges Schwein und schien auch den Insulanern mit seiner Würde und seiner männlichen Erscheinung zu gefallen. Das schönste Mädchen am Strand lief Cook nämlich nach und machte ihm zur Erheiterung der ganzen Besatzung die eindeutigsten Anträge. Cook wollte seinen Leuten kein schlechtes Beispiel geben und fürchtete vor allem neuerliche Erkrankungen unter der Mannschaft, wenn er abermals so ungehemmte Kontakte zuließ wie auf Neuseeland oder Tahiti. Darum versuchte er der Schönen so höflich er konnte klarzumachen, daß es keineswegs an ihr liege, wenn er auf das schmeichelhafte Angebot nicht eingehe: alles, was er brauche, sei eine Quelle guten Trinkwassers. Schmollend zeigte ihm das hübsche Inselwesen einen Teich mit glasklarem Quellwasser, aus dem die Wasserfässer auf der *Resolution* neu gefüllt werden konnten.

Als Cook zum Schiff zurückkehrte, mußte er einen ganzen Schwarm Kanus verscheuchen, in denen Frauen und Mädchen saßen. Aber die Insulaner ließen sich nicht entmutigen. Als sie sahen, daß die Mädchen nicht an Bord klettern durften, kamen sie mit Booten voll von Früchten, Gemüse und anderen Lebensmitteln heran, und Cook verlegte die Einkäufe auf den Marktplatz des Uferdorfes, um nicht allzuviele Eingeborene an Bord lassen zu müssen.

Das winzige Eiland hatte jedoch trotz seiner zwei Quadratmeilen einige Tücken, vielleicht auch nur, weil die Freundlichkeit der Einwohner und die Überschaubarkeit der Insel den Argwohn allzuschnell eingeschläfert hatten. Es zeigte sich, daß mittags, als man auf der *Resolution* schon das Essen ausgab, ein Platz an der Offizierstafel leer blieb – der des Schiffsarztes Dr. Patton. Man sah ihn in einiger Distanz an Land von Eingeborenen umringt, und aus seinen Gesten war zu schließen, daß er ein Boot verlangte. Da niemand eine Gefahr vermutete, aber wohl auch, weil die Matrosen sich beim Mahl nicht stören lassen wollten, kümmerte sich zunächst niemand darum. Erst als nach dem Essen ein paar Matrosen und Seesoldaten an Land ruderten, um auf dem Markt Eingeborenenwaffen zu kaufen, zeigte sich, daß der Arzt in eine bedrohliche Lage geraten war. Patton hatte das gute Wetter und die reiche Vogelwelt der kleinen Insel dazu ausgenützt, von einem Eingeborenen geführt, auf den Uferfelsen herumzuklettern und zu jagen. Die elf erlegten Enten hatte der Mann in Erwartung einer Belohnung auch getreulich dem Jäger nachgetragen. Als Patton an den Strand kam, war kein Boot mehr da, und er bestieg, um sich bemerkbar zu machen, eine Klippe. Das aber war dem Träger zuviel; er warf ein paar Enten fort und hatte wohl auch ein wenig vor sich hin geschimpft – jedenfalls waren gleich ein paar andere Eingeborene zur Stelle, die offensichtlich die günstige Situation erkannten.

Zunächst machten sie den Versuch, Patton auf die einfachste Weise seine Habe abzunehmen: ein paar hübsche Mädchen umringten den Arzt, um ihn, wie der junge Forster sich in der Schilderung dieser Szene ausdrückt, »mit wollüstigen Gebärden an sich zu lokken«. Patton ahnte aber die Gefahr, in die ihn seine Verspätung oder Unachtsamkeit gebracht hatte, und folgte den holden Versucherinnen nicht, sondern zog gegen die ihn immer enger umringenden Insulaner den einzigen blinkenden Gegenstand, den er mit sich führte – ein silbernes Etui für Zahnstocher. Das war nun zwar keine Waffe, aber da die durch ihr Trinkwasser so beliebte Insel bereits von Tasman und von Bougainville besucht worden war, wußten die Männer offenbar, daß von so kleinen, blinkenden Dingen mitunter Gefahr drohen könne, und zogen sich ein paar Meter von Patton zurück, während die Mädchen sich scheu aus dem Staub machten.

Nach ein paar Minuten des Zauderns brachten die Insulaner jedoch durch geschickte Täuschungen und blitzschnelle Zugriffe nicht nur die Vogelflinte des Arztes an sich, sondern begannen auch, ihm die Kleider vom Leib zu reißen. Da aber machte sich eine junge Insulanerin plötzlich zu seiner Beschützerin: sie durchbrach den Ring der Patton bedrängenden Männer und reichte ihm eine große Grapefrucht.

Patton, dem in dieser Bedrängnis jeder Strohhalm willkommen war, faßte Zutrauen zu dem schönen Mädchen, aus dessen Gesicht nur Güte und Mitleid leuchteten, und nahm die Frucht, was immer daraus folgen würde. Damit hatte er sich unter ihren Schutz gestellt, und die Angreifer zogen sich zurück. Inzwischen stießen Boote von der *Resolution* ab, die den Arzt – den das Mädchen nicht Patton, sondern Patine nannte – retteten. Er versäumte nicht, das Mädchen und ihren Vater mit allerlei Dingen zu beschenken, die er sich von den Matrosen borgte, und kehrte ziemlich erregt an Bord zurück. Als er James Cook Bericht erstattete und sich über die Eingeborenen beklagte, antwortete der Kapitän ihm jedoch ungerührt, man befinde sich weder auf einem Jagdausflug noch auf einer Vergnügungsreise. Sosehr er es für die Expedition bedauert hätte, den Arzt zu verlieren, so könne er Patton doch den Vorwurf nicht ersparen, daß er sich unachtsam selbst in Gefahr gebracht habe. Und darum sei ihm, auch wenn dies hart klinge, eigentlich nur recht geschehen.

Auf der Weiterfahrt zeigte sich, daß eine ganze Anzahl der Inseln, die sie nun passierten, noch tätige Vulkane besaßen. Teils stiegen aus ihren Gipfeln Rauchsäulen in den Himmel, deren Herkunft man nicht genau orten konnte, oder aber es lagen flache Rauchwolken über der ganzen Insel, die schließlich auch keinen anderen Ursprung haben konnten als feuerspeiende Berge, denn wozu sollten die Eingeborenen in der paradiesischen Wärme unter dem Äquator so intensiv heizen. Hin und wieder gelang es auch, einen der Vulkane deutlich auszunehmen und, wenn der Dunst sich hob, vor das Fernrohr zu bekommen. Es handelte sich zunächst noch um Inseln, die Bougainville wenige Jahre zuvor gesichtet und ungefähr verzeichnet hatte, bald aber, genauer gesagt am 17. Juli 1774, traf man auf völliges Neuland, auf Inseln, die bis dahin kein Weißer gesehen oder gar betreten hatte.

Um den Vulkanstock lagen auch hier Korallenbildungen, die eine Einfahrt zu den Stränden erst nach vorsichtiger Erkundung durch ausgesetzte Boote möglich machten. Diese Manöver vollzogen sich im Angesicht zahlreicher Eingeborener, denn die Insel kehrte der *Resolution* keine Berge, sondern einen ebenen Landesteil zu, der offensichtlich dicht besiedelt war. Haie schien es in der Lagune nicht zu geben, denn einige der Insulaner wateten den Booten entgegen, zogen sich dann aber, als auch die große *Resolution* die Lücke im Riff passierte, wieder an Land zurück. Die Erkundungen mit den Booten hatten ergeben, daß es sich um eine ziemlich große Insel handle, mindestens fünfzig Meilen lang und stellenweise bis zu fünfzehn Meilen breit, die im Innern bis zu tausend Meter hoch aufstieg. James Cook ging also mit großer Vorsicht zu Werke und erwiderte erfreut die Friedenszeichen der Eingeborenen – die über den Köpfen geschwenkten grünen Zweige.

»Es ist«, sagte Cook nachdenklich zum älteren Forster, »als hätten all diese Insulaner auf Besuche aus einer anderen Welt gewartet. Die Symbole, deren sie sich bedienen, sind so einleuchtend, daß sie auch ein völlig Fremder verstehen muß, ob es nun weiße Tücher sind oder grüne Zweige . . .«

Man ließ auch einige Eingeborene an Bord, um ihnen das Schiff und die Geschütze zu zeigen und ihnen die Scheu vor den Weißen zu nehmen. Es waren hochgewachsene, sehr schlanke Männer mit schwärzlichbrauner Hautfarbe und wie bei den Negern gekräuseltem Haar. Sie hatten Augen und Ohren für alles, und als sich ein kleiner Disput an einer anderen Stelle des Schiffes ergab, waren sie, kaum daß der erste Schreckschuß fiel, mit blitzschnellen Hechtsprüngen durch die Kabinenfenster im Wasser. Indes war der Friede bald wiederhergestellt, und als der Kapitän am Strand eine Sicherheitslinie ziehen ließ, welche die Eingeborenen nicht überschreiten sollten, wurde dies zwar strikt eingehalten, aber hinter der Linie sammelte sich immer mehr Volk an. Die Insel schien dichter bevölkert als die anderen, die man bisher angetroffen hatte, Tahiti ausgenommen, und neben den Männern wurden nun auch Frauen und Mädchen sichtbar, die häßlichsten – wie der junge Forster vermerkt –, die man in ganz Polynesien bis dahin gesehen hatte. Die verheirateten Frauen verhüllten sich denn auch ziemlich vollständig mit großen Bastmatten, die Mädchen gingen wie die Männer nackt bis auf eine eng um die Lenden laufende, gelegentlich sogar ins Fleisch schneidende Schnur.

Vater Forster hatte in Erfahrung gebracht, daß sich die Insel Malekula nenne. Er hatte wie Cook damit begonnen, überall, wo es sich machen ließ, die Eingeborenennamen der Inseln zu erfragen, da es ihm als ordentlichem Menschen gegen den Strich gegangen war, erst auf eine große Insel namens Espiritu Santo zu treffen, nur weil ein Spanier sie entdeckt hatte, dann ein Eiland namens Amsterdam anzulaufen, mit dem ein Holländer seiner Heimat gedachte, und nun, auf dem Weg nach Malekula, noch eine Ile d'Aurore und eine Ile de Pentecôte zu passieren, weil der Franzose Bougainville die eine im Morgengrauen gesichtet, die andere aber zu Pfingsten betreten hatte.

Cook machte den Leuten klar, daß man Frischwasser und Brennholz brauche. Während das Wasser unter Bedeckung eingenommen wurde, begannen andere Matrosen mit dem Fällen einiger Bäume am Strand, die ihnen die Insulaner bezeichnet hatten, und es erregte offensichtlich die Bewunderung der Männer von Malekula, wie schnell die Matrosen mit den Stahlbeilen arbeiteten, wie sauber die Bäume fielen. Inzwischen hatten sich aber so viele Eingeborene angesammelt, daß James Cook es nicht für geraten fand, den Aufenthalt über Gebühr auszudehnen. Trotz der Windstille lichtete die *Resolution* die Anker und wurde von den ausgesetzten Booten durch die Passage im Riff aus dem Atoll hinaus ins offene Meer bugsiert.

Die Zeit hatte nicht gereicht, lange Nachschau nach Lebensmitteln zu halten. Ein Häuptling hatte Cook zwar ein Schwein überreicht, und allerlei anderes war auch erworben worden, aber die Mannschaft war doch sehr zufrieden, als bald nach der Abfahrt von Malekula ein großer Hai anbiß. Einmal beim Fischen, holten die Leutnants auch noch zwei rote Seebrachsen an Bord, schmale, hohe Fische mit steiler Rückenflosse, die ein wenig aussahen wie Karpfen und darum eine gute Mahlzeit zu versprechen schienen. Doch trat genau das Gegenteil ein: die Leutnants, ein Maat und ein paar Matrosen, die davon gegessen hatten, zeigten wenige Stunden darauf schwerste Vergiftungserscheinungen, hatten mit Erbrechen, Krämpfen und Leibschmerzen bitter für das Mahl zu bezahlen und sahen dann, daß es den Tieren an Bord noch übler erging: Eines der kostbaren Schweine hatte die Innereien der Fische gefressen und schwoll so entsetzlich an, daß niemand das Tier mehr als Nahrungsreserve anzusehen wagte; es mußte über Bord geworfen werden wie die drei Hunde, die auch von der giftigen Fischmahlzeit genascht hatten. Ein Glück war nur, daß der Schiffsarzt sich für Hai entschieden hatte; er konnte die Vergifteten pflegen, und so ging der Zwischenfall ohne Tote ab, war den Matrosen aber eine wertvolle Lehre: das schöne blaue Meer barg offensichtlich eine ganze Anzahl von Fischen, die sich zum Genuß nicht eigneten, weder für Mensch noch für Tiere. Auch das Haifischfleisch war kein Leckerbissen, aber man zog es an Bord der *Resolution* doch bei weitem dem Pökelfleisch vor, und der Schiffskoch hatte inzwischen herausgefunden, wie man es einigermaßen schmackhaft zubereiten konnte.

Als die *Resolution* schon auf die nächste Vulkaninsel zuhielt, starb noch ein kleiner Papagei, der beim Essen auf der Schulter seines Herrn gesessen war und einen einzigen Giftbissen abbekommen hatte.

Die Inseln, durch die James Cook in diesen Sommertagen seinen Weg suchte, lagen zum Teil so dicht beisammen und waren in der Größe so unterschiedlich, daß sie jeden Briten an die Hebriden erinnern mußten, die sich in einer inneren und einer äußeren Reihe entlang Westschottlands in den Atlantik hinausschieben. Natürlich konnte es sich hier, im Pazifik, dann nur um die *Neuen Hebriden* handeln, und neu war genug an ihnen. Die feuerspeienden Berge widersprachen am deutlichsten dem schottischen Landschaftscharakter. Ja auf einer Insel befand sich einer dieser Vulkane in voller Tätigkeit. Er stieß mit dumpfem Dröhnen Gluthauch und schwere Steinbrocken aus, wobei zwischen jeder dieser donnernden Explosionen eine Pause eintrat, als bereite Gott Vulkan seinen nächsten Auftritt vor. Die vertäut liegende *Resolution* bekam dichten Aschenregen ab, die Eingeborenen schienen sich um das feurige Gerülpse ihres Berges jedoch gar nicht zu kümmern.

Landung und Kontaktaufnahmen verliefen von Insel zu Insel zwar stets ein wenig anders, aber der Kapitän war nun vorsichtig geworden und zog jedesmal am Strand einen Strich, den die aus Schaulust zusammengeströmten Insulaner nicht überschreiten durften. Das war um so nötiger, als manchmal einem kleinen Häuflein von Seesoldaten und Matrosen an die siebenhundert Bewaffnete gegenüberstanden.

Auch die Wasserholer wurden dadurch geschützt, daß man längs ihres Weges zum Strand Pfähle einrammte und Absperrseile darumwand, und die Exkursionen, die Forster Vater und Sohn mit kleiner Bedeckung machten, waren meist nur in der Mittagshitze möglich, wenn die Eingeborenen im Schatten beisammensaßen und palaverten.

Es war zu bemerken, daß sich meist zwei Parteien unter den Insulanern bildeten, eine größere Kriegspartei, die offenbar für den Angriff auf die Fremden war, und eine kleinere Friedenspartei, bei der sich jedoch meist die älteren Männer, also Leute mit einem gewissen Ansehen, befanden, das schließlich den Ausschlag gab. Auf einer besonders kriegerischen Insel, auf der die Eingeborenen zwar nicht das geringste stahlen, aber immerzu durch Gebärden deutlich machten, daß sie die Weißen aufessen würden, war das Beispiel eines einzigen älteren Mannes ausschlaggebend. Er genoß soviel Ansehen, daß seine Stammesgenossen den Warenaustausch und das Wassereinnehmen um seinetwillen nicht behinderten.

Auch die Hitze machte der Besatzung zu schaffen. Die Männer, die von den ungenießbaren Fischen gegessen hatten, bekamen in den heißesten Stunden des Tages unerträgliche Gliederschmerzen, und alle Mannschaftspersonen, Seesoldaten wie Matrosen, hatten eine Menge Arbeit, weil das Deck in kurzen Abständen mit Seewasser übergossen werden mußte. Es bestand sonst die Gefahr, daß durch die Sonne in den Planken Zwischenräume entstünden und das Deck leck würde. Kamen dann in einem Sturm Wellen über, so waren die Vorräte gefährdet, und die Feuchtigkeit hielt wieder in alle Räume Einzug, die den Männern an Bord schon soviel zu schaffen gemacht hatte.

Beim Wasserschöpfen aus dem Meer fiel übrigens einer der Seesoldaten über Bord, glücklicherweise in einem Augenblick, da gerade keine Haie um das Schiff herumschwammen. Der Ärmste konnte nicht schwimmen, aber Cook ließ blitzschnell beidrehen und Taue ausbringen, und es gelang dem Soldaten, eines davon zu fassen. Er war, als man ihn an Bord holte, von dem Schock halb tot, und es war rührend zu sehen, wie seine Kameraden sich um ihn bemühten, ihm

Rum einflößten und ihn so wieder zu sich brachten. Unter den Matrosen wäre – nach der Meinung und den Beobachtungen des jungen Forster – diese Kameradschaftlichkeit und gegenseitige Fürsorge bei keiner Gelegenheit festzustellen gewesen. Der Mann erholte sich schnell und tat nach sechs Stunden bereits wieder Dienst.

Zwischen sieben kleinen Inseln, die jedoch allesamt bewohnt waren, geriet die *Resolution* unversehens in eine schwierige Lage. Zwischen hohen Vulkanen blieb plötzlich der Wind aus, das Schiff konnte sich den heimtückischen Strömungen nicht mehr entgegensetzen und kaum noch gesteuert werden. Es trieb langsam, aber unaufhaltsam gegen eine Insel, die mit steilen Felswänden zum Meer hin abstürzte. Erst im letzten Augenblick drängte der Strömungsschwall, der sich an den Felsen brach, das Schiff wieder ins Fahrwasser hinaus.

Die sieben kleinen und weiters sieben winzige Eilande erhielten einen gemeinsamen Namen als Gruppe, und zwar – nach einem Astronomen, der in Cambridge tätig war – Shepherd Islands. Südlich der Shepherds stieß man nach einem Sück offener See auf die Insel, die von den Eingeborenen Eromanga genannt wurde. Dort kam es zu einer Reihe bedenklicher Szenen zwischen Insulanern und Seeleuten. Es wurde vor allem deutlich, daß diese primitiven Gemeinschaften sich noch zu keiner gemeinsamen Haltung gegenüber den Fremden entschließen konnten, vielleicht war es auch zuviel verlangt. Während einzelne offensichtlich für sich allein entschieden, daß der Besuch der weißen Männer zu interessant sei, um vertrieben zu werden, reagierten andere durchaus nach Kannibalensitte mit wilden Speertänzen und offener Feindseligkeit.

Einer der wenigen jungen Leute, die sich aus diesem kriegerischen Gehaben heraushoben, war der Hebridenmann Fanokko. Er war Forster schon aufgefallen, als bei einem Kanonenschuß über die Köpfe der Kanufahrer hinweg alle blitzschnell ins Wasser glitten und unter Aufgabe ihrer Boote an Land schwammen. Nur ein einziger war furchtlos und hoch aufgerichtet in seinem Kanu stehen geblieben, eben Fanokko. Er kam auch unbesorgt allein an Bord der *Resolution,* ließ sich alle Räume zeigen und benahm sich alles in allem recht vernünftig. So beorderte er für jedes Geschenk, das er erhielt, durch laute Rufe zum Strand Gegengaben – meist in Form von Früchten – herbei, die in höchst theatralischem Aufzug von zehnmal so vielen Trägern herangeschafft wurden, als ihrer Menge und ihrem Gewicht angemessen gewesen wäre. Als die Geschenke an Bord waren, wurde gegessen, aber das soll uns Georg Forster selbst erzählen.

»Nun setzten wir uns zu Tisch, und Fanokko kostete von dem Pökelfleisch, hatte aber schon am ersten Bissen genug. Gebratene oder gekochte Yams(wurzeln) waren mehr nach seinem Geschmack, und er schloß seine Mahlzeit mit einem Stück Torte, die ihm sehr gut schmeckte, obschon sie nur aus getrockneten, wurmstichig gewordenen Äpfeln zubereitet war. Er betrug sich bei Tisch recht anständig; das einzige, was uns von seinen Manieren nicht gefiel, war, daß er den Rohrstab, den er im Haar stecken hatte, statt einer Gabel brauchte und sich dann aber bei jeder Gelegenheit damit am Kopfe kratzte. Da sein Kopf mit Öl und allerhand Farben beschmiert war, kam es uns sehr ekelhaft vor, den Rohrstab bald auf dem Teller, bald in seinem Haar herumfahren zu sehen.«

Fanokko muß in gewissem Sinn eine Ausnahmeerscheinung unter den Insulanern gewesen sein und durch Mut und Intelligenz auch unter seinen Landsleuten besonders viel gegolten haben, so jung er auch noch war. Denn während seines langen Aufenthaltes an Bord der *Resolution* kamen immer wieder andere Insulaner herangerudert, die sich besorgt erkundigten, wo Fanokko denn bleibe.

War diese Begegnung eine erfreuliche Abwechslung in den Kontakten mit den Eingeborenen, so hatten die Briten ein ebenso überraschendes wie lehrreiches Erlebnis, als sie im Bemühen, den Insulanern näherzukommen, eines Tages auf die Sprache verzichteten und die Musik zuhilfe riefen. Es war das nicht ganz neu. Österreichische Jesuiten hatten in Paraguay mit der musikalischen Erziehung der Indianerkinder große Erfolge erzielt und die Melodie als eine Brücke der Verständigung benutzt, durch viele Jahre und an Hunderten, wenn nicht Tausenden von Kindern. James Cook und seine Begleiter erlebten auf den Hebriden eine natürliche und durchaus unbefangene Beziehung zur Musik, anders als auf Neuseeland, wo ihnen ein ausgedehnter kriegerischer Kulttanz vorgeführt worden war. Es war auf der Insel Tana, der fruchtbarsten und landschaftlich schönsten der ganzen Gruppe. Ihre Lage am Südrand des Archipels gab ihr ein ausgeglichenes Klima, das bei häufigen Regengüssen eine prächtige tropische Vegetation entstehen ließ. Unbesorgt um den tätigen Vulkan, hatte sich darum auf Tana eine verhältnismäßig zahlreiche Bevölkerung entwickelt, ja es gab sogar warme Quellen mit starkem Schwefelgehalt, die zu Bädern und zur Heilbehandlung genutzt wurden. Der relative Reichtum der Insel hatte die Einwohner allerdings nicht gehindert, in den Kannibalismus zu verfallen, und aus eben diesem Kult, getötete Feinde zu verzehren, folgte eine gewisse Abneigung, Fremde ins Inselinnere, in die eigentlichen Wohnbereiche der Bevölkerung vordringen zu lassen.

»Die Insulaner waren sehr froh, als wir endlich umkehrten«, berichtet Georg Forster von einem dieser Erkundungsvorstöße, die der Friedenspartei auf Tana offenbar große Sorgen um die Gäste bereitet hatten. »Der Weg brachte uns nach vielen Krümmungen zu den Wohnhütten unserer Begleiter. Die Frauen hatten unter dem großen Feigenbaum ein Feuer angelegt und waren gerade dabei, Yams- und Arumwurzeln daran zu braten. Als sie uns gewahr wurden, wollten sie davonlaufen, aber der Zuruf unserer Begleiter hielt sie zurück. Wir setzten uns auf den Stamm eines Baumes, der neben einer Hütte lag, und suchten mit den Insulanern ins Gespräch zu kommen. Zufällig brummte ich ein Liedchen vor mich hin, wodurch ich mir vieles Bitten zuzog, der Versammlung etwas vorzusingen. Obschon keiner von uns sich auf Musik verstand, ließen wir die Leute von Tana einige Melodien hören. Einige deutsche und englische Lieder gefielen ihnen recht gut, besonders die lustigen. Aber sie trugen nicht so allgemeinen Beifall davon wie Doktor Sparrmanns schwedische Volkslieder. Als wir ihnen sagten, nun sei die Reihe an ihnen, stimmte einer von ihnen ein sehr simples Lied an, das jedoch mehr Melodie hatte als irgendeins von denen, die wir bis dahin im Südmeer gehört hatten. Die Insulaner brachten darauf ein Instrument zum Vorschein, das wie die Pansflöte von Tongatabu aus acht Rohrpfeifen bestand, die hier aber stufenweise kleiner wurden und eine ganze Oktave (!) ausmachten.«

Man schätzte also nicht nur dieselben Melodien, dieselbe Melodik, sondern hatte auch das gleiche musikalische System. Fasziniert von dieser Verständigungsmöglichkeit, die sich in jene Gefühlsbereiche erstreckte, für die der gemeinsame Wortschatz noch lange nicht ausreichte, suchten die Offiziere und Gelehrten von der *Resolution* am nächsten Tag abermals den gastlichen Hügel auf. Sie hatten eine Möglichkeit entdeckt, diesen fremdartigen und in vielen so wilden Menschen näherzukommen, einen Blick in ihre Seelen zu tun, die rein materielle Erkenntnis dieser Welt, deren Pflanzen, Steine und Tierwelt man aufgezeichnet hatte, durch Erfahrungen in den sonst unzugänglichen Bereichen des Gefühls zu ergänzen.

»Gleich nach Tisch eilten wir wieder an Land und gingen auf die Anhöhe, um dort nochmals vorzusprechen. Kaum hatten wir uns niedergelassen, als unsere Freunde uns baten, ihnen wieder etwas vorzusingen. Wir machten ihnen diese Freude, und da sie sich über die Verschiedenheit unserer Lieder zu wundern schienen, erklärten wir ihnen, daß wir in verschiedenen Ländern geboren seien. Nun riefen sie einen Mann aus dem Kreis der Umstehenden und sagten, er sei auch aus einem anderen Lande, nämlich von der Insel Eromanga (die Nachbarinsel Tanas im Norden), und er werde uns ebenfalls eins vorsingen. Er stimmte also ein Lied an, machte aber unzählige Stellungen und Grimassen dazu, worüber nicht nur die Insulaner, sondern auch wir rechtschaffen lachen mußten.

Währenddessen kamen die Frauen leise aus den Hütten hervor und mischten sich unter die Zuhörer. Die Frauen, die Kinder hatten und etwa dreißig Jahre alt sein mochten, hatten bereits alle Reize der Gestalt verloren, und ihre Röcke reichten von den Hüften bis auf die Knöchel hinab. Die jüngeren, vierzehnjährigen Mädchen hingegen waren nicht ohne angenehme Gesichtszüge und gefielen durch ein sanftes Lächeln, das immer freundlicher wurde, je mehr ihre Schüchternheit abnahm. Sie waren sehr schlank gewachsen, hatten feine, niedliche Arme, runde, volle Busen und ein lüsternes Röckchen, das kaum bis ans Knie reichte ... Die Männer bezeigten nicht die geringste Achtung gegen die Weiber, indes diese auf den kleinsten Wink gehorchten und oft den Dienst von Lasttieren versehen mußten. Indes pflegen alle ungesitteten Völker den Weibern die allgemeinen Rechte des Menschen zu versagen und sie als Geschöpfe von niederer Art zu behandeln ... Wir blieben bei diesen Insulanern bis Sonnenuntergang, hörten ihren Gesängen zu und bewunderten ihre Geschicklichkeit bei den Waffenübungen.«

Das Idyll nahm jedoch ein jähes Ende. Nach einem Spaziergang, auf dem Georg Forster und Dr. Sparrmann die schönsten Landschaftsbilder genossen und den Insulanern bei ihrer Plantagearbeit zugesehen hatten, fanden sie am Strand die Eingeborenen traurig, bestürzt und enttäuscht. Ein Wachsoldat hatte einen Mann, der den Brauch am Strand – die Trennungslinie und die Verbote – nicht kannte, statt ihn zunächst mit einem Schrotschuß zu warnen, sogleich mit einer Kugel getötet. James Cook war außer sich und wollte den Todesschützen streng bestrafen, aber sein Leutnant deckte ihn und behauptete, den Schießbefehl gegeben zu haben.

»Ich, der ich anwesend war«, trägt James Cook in sein Tagebuch ein, »sah nicht den leisesten Grund, einen solchen Exzeß zu begehen, und war über alle Maßen empört über die Unmenschlichkeit dieser Tat.« Cook ließ den Schuldigen zwar in Ketten legen und auf das Schiff bringen, vor allem wohl, um den Eingeborenen zu zeigen, daß derlei nicht ungestraft bleibe. Aber dem Offizier konnte auch ein Cook nicht allzuviel anhaben. »Man wußte«, schreibt Forster, »daß der Offizier viele vornehme Verwandte habe, worunter auch Minister waren.«

Eine Insel stellt sich in den Weg

Sechs Wochen lang hatte James Cook mit der ihm eigenen Ausdauer die Inselwelt der Neuen Hebriden erforscht und vermessen, die Lage der Vulkane aufgezeichnet und allerlei über die Menschen und die Pflanzenwelt notiert, obwohl doch die Herren Gelehrten an Bord ebenfalls ihre Aufzeichnungen machten. Seine Unbeirrbarkeit nahm zu, je länger die Reise dauerte. Ja es schien, als widme er sich nun, da das dritte Reisejahr angebrochen war, noch hartnäckiger, noch emsiger, noch besessener seinen Aufgaben. Daß er dabei Helfer hatte, daß er im Grunde auf Notizen, die über das rein Praktische hinausgingen, ruhig hätte verzichten können, das kam ihm nun nicht mehr in den Sinn. In dem Maß, als er sich innerhalb der Mannschaft allein fand, in dem Maß, als die heimliche Gegnerschaft gegen diese Reise wuchs und die Männer die Heimkehr wünschten, schien sich in dem Kapitän die Überzeugung gefestigt zu haben, daß es auf jedes seiner Worte ebenso ankomme wie auf jede seiner Handlungen.

»Wir haben uns zwischen diesen Vulkaninseln sehr lange aufgehalten, meine Herren«, sagte er bei der Lagebesprechung an der Offizierstafel. »Ich beklage mich darüber nicht, denn schließlich lag es ja bei mir, die Anker zu lichten und weiterzufahren. Andererseits aber haben wir nun bestes Wasser in großer Menge an Bord, haben sogar Fleisch einpökeln können und Lebendvieh eingekauft, dazu Gemüse und Brennholz. Es gibt keine Veranlassung mehr zu weiteren Rasten und Aufenthalten. Wir alle fühlen, daß unsere Kräfte nachlassen. Wir segeln zum Queen Charlotte Sound, machen das Schiff dort tauglich für die Umrundung von Kap Hoorn und laufen durch den Südatlantik nach Kapstadt, wo wir gewiß Nachrichten von Furneaux und aus der Heimat vorfinden.«

»Eine unendliche Strecke ...« sagte der jüngere Forster nachdenklich mehr zu sich selbst als zum Kapitän.

»Nur, wenn man die Kugelgestalt der Erde vergißt«, widersprach der Kapitän. »Ich beabsichtige zwar keine neuerliche Polarfahrt, aber auf der Breite von Kap Hoorn oder von Kapstadt ist das Weltmeer nun einmal sehr viel kleiner als am Äquator. Und schließlich haben sich auch für die Expeditionen in die Südsee inzwischen gewisse Gewohnheiten eingebürgert. Eine davon ist die Etappe Kapstadt, wo alle Südseefahrer ihre Nachrichten deponieren wie in einer gemeinsamen Börse. Den Portugiesen von Brasilien hingegen möchte ich dergleichen nicht auf die Nase binden.«

Man war's zufrieden, wenn sich auch mancher sagen mochte, daß der andere Kurs über das freundliche Timor weit angenehmer gewesen wäre als die neuerliche Durchquerung der Sturmzonen in der Drakestraße. Aber es kam ganz anders, als James Cook es gehofft und die Männer von der *Resolution* befürchtet hatten. Schon am 4. September 1774 kam abermals Land in Sicht, als segle man nicht über einen riesigen Ozean, sondern springe zwischen den Inseln des karibischen Mittelmeeres hin und her.

Es war der junge Fähnrich Colnett, der das aus dem Nebel auftauchende hohe Land als erster erblickte, und dadurch kam er zu der Ehre, daß jenes Kap nach ihm benannt wurde. Das Land aber, das sich endlos hindehnte, mit steilen Küsten und kargen Felsen, auf denen sich Fichtenwuchs zeigte, dieses Land erinnerte James Cook so deutlich an das karge Schottland, daß er der großen Insel, an der man nun hinsegelte, den keltischen Namen Schottlands gab und es New Caledonia, also Neukaledonien, nannte. Die Insel erstreckte sich lang und schmal von Nordwesten nach Südosten, und an jeder Spitze waren ihr einige kleine Inseln vorgelagert. Die zwei Gebirgsketten stiegen in Höhen von nahezu 2 000 Metern auf, doch lagen die Gipfel meist im Dunst, so daß sich optische Messungen nicht vornehmen ließen. Wenn die Insel vom Meer her auch abweisend und ärmlich wirkte, so durfte man doch vermuten, daß sie im Innern ausgedehnte Weideflächen berge, die von den Gebirgen beschützt wurden.

Das Barriereriff der Insel zog sich in wechselnden Entfernungen vor der Küste hin. Man sah von der *Resolution* aus Eingeborene, die innerhalb des Riffs, also in der Lagune, friedlich dahinsegelten, in großen Kanus, deren jedes zwei Mastbäume und zwei Segel hatte. Als ihnen klar wurde, daß das große fremde Schiff eine Einfahrt suche, strömten plötzlich viele Kanus herbei, gesellten sich zu den zwei Booten, die Cook ausgesetzt hatte, und bedeuteten den Briten, daß sie sich mit der *Resolution* genau in der Mitte der Passage halten müßten, nur dort sei die Fahrrinne tief genug.

War das schon ein freundschaftliches Verhalten, das von dem mancher anderen Insulaner merklich abstach, so erwiesen sich die Eingeborenen auch weiterhin – in den acht Tagen, die James Cook hier zubrachte – als ehrlich und friedlich. Sie stahlen nicht den geringsten Gegenstand, und sie boten zum Tausch immer wieder ihre Waffen an, was ja ein kriegerisches Volk nicht so ohne weiteres tun würde. Bald stellte sich allerdings heraus, daß diese armen Menschen, so groß und stark sie waren, außer den Waffen und ihren Kanus so gut wie nichts besaßen. Es gab an Land keine Viehhaltung außer ein paar Hühnern. Von den Fischen waren keineswegs alle eßbar (und als es Cook und die Forsters doch noch einmal versuchten, mußte der Schiffsarzt abermals eine böse Vergiftung bekämpfen), und die Schweine, die der Kapitän ihnen schenken wollte, mißfielen ihnen so sehr, daß sie baten, man möge die Tiere doch wieder an Bord nehmen. Sie hatten eben Vierbeiner noch nie als Haustiere gehalten ...

Das führte zu einem Mißverständnis, als die Matrosen einmal an Land einen langen Rindsknochen mit Pökelfleisch abnagten. Die Insulaner zeigten auf das lange Bein, an dem die Briten herumnagten, ließen deutlich ihren Abscheu erkennen und stahlen sich mit allen Äußerungen des Entsetzens und der Verachtung davon. Alle Versuche, ihnen zu erklären, es habe sich nicht um einen Menschenknochen gehandelt, schlugen fehl; einmal, weil es eben rundherum, auf allen Nachbarinseln, viel zu viele Menschenfresser gab, zum andern aber, weil noch niemand auf der Insel einen Ochsen gesehen hatte.

Cook brach von Neukaledonien auf, ohne mehr als gutes Brennholz erlangt zu haben, Zypressenholz, das unter dem Kessel des Kochs harzigen Wohlgeruch verbreiten würde. Beim Absegeln nach Süden passierte man noch eine kleine Insel mit beinahe senkrechten Felswänden, die eine grüne Krone aus Fichten trug, weswegen der Kapitän ihr den Namen Isle of Pines, die Fichteninsel, gab; eine andere, die wenige Tage später auftauchte, erhielt den Namen Norfolk Island. Beide erwiesen sich jedoch als viel kleiner als Neukaledonien, an dem man etwa vierhundert Kilometer lang hingesegelt war. Hätte James Cook nicht von einem Hügel aus, den er bestieg, zwischen andern Hügeln hindurch die Westküste erblickt und gesehen, wie schmal dieses neue Land sei, er hätte es wegen seiner Ausdehnung durchaus für einen Teil, für eine weit nach Südosten vorgeschobene Halbinsel Neuguineas halten können. Angesichts der Bedeutung dieser Entdeckung wurde zwar der Eingeborenenname der Insel festgehalten, er lautete Balabea und ließ sich leicht sprechen, aber die Männer von der *Resolution* blieben doch bei den Erinnerungen an das heimatliche Schottland. James Cook freilich kamen bei dieser Fahrt in den neukaledonischen Gewässern auch noch andere Erinnerungen in den Sinn. Das siebenhundert Kilometer lange Barriereriff mit nur wenigen Durchfahrten glich auf fatale Weise der Riesenreuse am Ostrand Australiens, in der sich die *Endeavour* zweimal gefangen hatte und aus der sie nur mit knapper Not und nach bedenklichen Schiffbrüchen entrann.

Daß es im Pazifik noch die seltsamsten Zufälle gab, bewies den Seefahrern aus England der Umstand, daß Norfolk Island, diese klimatisch so angenehme und wohlgestaltete Insel mit ihrem reichen Pflanzenwuchs, unbewohnt war, während auf Neukaledonien die Menschen Hunger litten. Fünf Meilen lang und drei Meilen breit, hatte Norfolk Island eine Küstenlinie von etwa zwanzig Meilen, aber keinen einzigen guten Hafen, nur in der Mitte der Nordküste einen bei günstigem Wind erreichbaren Landeplatz und eine flache Bucht im Süden, die ebenfalls als notdürftiger Ankerplatz gelten konnte. Forster bedauerte, als man die Inselwildnis verließ, daß man vergessen habe, die Schweine auszusetzen, die auf Neukaledonien niemand hatte haben wollen: sie hätten sich, vom Menschen nicht verfolgt, ungehindert vermehrt und eines Tages die kleine Insel zu einer beliebten Versorgungsstation für Seefahrer werden lassen.

Das lange Inselschiff Neukaledonien, vierhundert Kilometer mit mächtigem Korallensaum, hatte sich von Nordwesten her in den Kurs der *Resolution* geschoben, und so deutlich es diesmal auch wurde, daß James Cook es eilig hatte – ein Aufenthalt von zwei Wochen war doch die Folge. Es wurde spät im Jahr, ehe die Briten ihren zweiten Stützpunkt, das nördliche Neuseeland, zu Gesicht bekamen. Erst am Morgen des 17. Oktober tauchte die Spitze des Egmont Peak aus dem Dunst auf, eine Erhebung von etwa 2 500 Metern Höhe am Nordeingang der Cookstraße und somit ein weithin sichtbares Merkzeichen für die Seefahrer. Tags darauf ließ die *Resolution* am gewohnten Platz im Queen Charlotte Sound die Anker fallen.

Aber die Landschaft, wiewohl unverändert, wirkte auf seltsame Weise tot und verlassen, beinahe mochte man meinen, daß sich selbst die Tiere aus dem Staub gemacht hätten. Cook fuhr nach seiner Gewohnheit zunächst mit einem Boot zu dem Heilkräutergarten, den er angelegt hatte, und pflückte Eisenwurz und andere Naturheilmittel gegen den Skorbut, an dem drei Mann an Bord erkrankt waren. Nirgends zeigten sich Eingeborene, und als dann doch ein Kanu mit ein paar Maori in Sicht kam, war zu erkennen, daß die Insassen verschreckt den Kurs wechselten, um sich aus dem Blickfeld der Weißen zu entfernen.

»Hier ist etwas geschehen«, sagte Cook, während er mit dem Schiffsarzt die Kräuter sortierte. »Gerade hier kennt man uns doch, es ist der dritte Aufenthalt der *Resolution* an diesem Fleck der Erde, und wir haben niemals jemandem etwas zuleide getan.«

»Wir nicht«, antwortete Dr. Patton, »aber vielleicht andere. Während Sie Ihre Pflanzenexkursion machten, haben wir nach der vergrabenen Nachricht für Furneaux gesucht – sie ist nicht mehr vorhanden. Die *Adventure* muß also nach uns hiergewesen sein, denn ein anderer Seefahrer konnte ja den vereinbarten Platz für das Vergraben der Flasche nicht kennen.«

»Aber Furneaux denkt über die Maori und den Umgang mit ihnen wie ich«, sagte Cook nachdenklich, »er würde stets nur in Notwehr feuern lassen ... Die Maori haben also angegriffen. Die Kriegspartei muß die Oberhand gewonnen haben, oder es ist irgend etwas völlig Unerwartetes vorgefallen, vielleicht mit einem französischen Forschungsschiff ...«

Bald darauf meldeten Matrosen, daß sie Baumstümpfe entdeckt hätten, an denen die Arbeit britischer Sägeblätter zu erkennen war. Furneaux hatte also Brennholz gebraucht; er mußte sich längere Zeit hier aufgehalten haben, und man hatte ihn nur verfehlt, weil die *Resolution* nicht lange genug auf ihn gewartet hatte.

Die Klärung der Vorgänge war mühsam, weil die Sprachkenntnisse nicht ausreichten und weil die Eingeborenen ausgesprochen verängstigt waren. Durch große Fischankäufe hatte man fünf oder sechs von ihnen doch dazu veranlaßt, sich auf die *Resolution* zu begeben; sie brachten andere Maorimänner dazu, ihre Verstecke zu verlassen, und mit zweien von ihnen, die man von früheren Besuchen her kannte, versuchte Cook die Vorgänge zu klären. Georg Forster hatte eine grobe Karte des Queen Charlotte Sound und der Liegeplätze gezeichnet und zwei Papiermodelle der Schiffe angefertigt, eine größeres für die *Resolution*, ein kleineres für die *Adventure* und ein paar winzige für die Boote.

Im Verlauf des schwierigen Gesprächs, das immer wieder in Sackgassen geriet, ergab sich, daß die *Adventure* ein Boot ausgesetzt hatte, um Eisenkraut zu holen. Bei der Arbeit im Kräutergarten hatten die Männer ihre Jacken ausgezogen, und eine der Jacken war von einem Maorimann gestohlen worden. Der Leutnant, der kommandierte, ließ offenbar feuern, aber allzuviel Munition hatte die kleine Bootsmannschaft nicht bei sich, und als der letzte Schuß abgefeuert war, warfen sich die Maori mit ihren Speeren auf die Männer der *Adventure* und töteten sie.

Nach zwei Tagen sandte die *Adventure* eine Suchexpedition aus, die sehr bald die grausigsten Funde machte. Sie fand abgeschnittene Hände mit Blättern von Eisenkraut, man erkannte Leichenteile des Leutnants und fand Spuren eines großen kannibalischen Festes, bei dem ihre Kameraden verzehrt worden waren. Nun bemächtigte sich der Männer von der *Adventure* begreifliche Wut, und die Seesoldaten wie die Matrosen richteten mit ihren Gewehren, aber auch mit den Kanonen des Schiffes ein wahres Blutbad unter den Eingeborenen an, ohne freilich sicher zu sein, daß dabei die Schuldigen getroffen würden. Diese Racheaktion war der Grund für die Angst der Eingeborenen am Queen Charlotte Sound, und neben der Angst hatten sie wohl auch ein schlechtes Gewissen, denn die Briten kamen ja nun seit Jahren hierher, auch die *Endeavour* hatte hier schon geankert.

Tief betroffen von dem, was sie erfahren hatten, beschlossen die Männer von der *Resolution*, den Aufenthalt nach Möglichkeit abzukürzen. Cook machte sich Vorwürfe; die Wilden hatten ihm klargemacht, daß die *Adventure*, nachdem sie im Sturm die Fühlung mit Cook verloren hatte, zunächst auf der Nordinsel Zuflucht gesucht hatte, dann aber nur wenige Tage nach seiner, Cooks, Abreise zum Treffpunkt gekommen war. Vielleicht wäre bei der Anwesenheit von zwei großen Schiffen der Angriff auf eine Bootsbesatzung unterblieben. Daß Furneaux nach den traurigen Ereignissen nicht mehr in Stimmung war, auch nicht mehr genug Leute hatte, um die Kreuzfahrt in der Südsee fortzusetzen, war begreiflich. Offensichtlich war die *Adventure* nach dem Schock dieses Zwischenfalls auf dem kürzesten Weg nach England zurückgekehrt.

Unverständlich und darum besonders beunruhigend waren die Berichte der Eingeborenen, die von einem Schiffbruch eines großen fremden Schiffes an der Küste der Nordinsel wissen wollten. Sie hatten anhand der Modelle deutlich gemacht, daß es sich nicht um die *Adventure* gehandelt habe. Alle Schiffbrüchigen seien den Kannibalen der Nordinsel in die Hände gefallen und hätten einen schauerlichen Tod gefunden.

»Was das war, welche Nation hier ihre Seeleute und Soldaten verloren hat, werden wir wohl erst in Kapstadt erfahren«, sagte James Cook bedrückt. »Eines ist jedenfalls klar, meine Herren: mit diesen blutigen Zwischenfällen ist sehr viel von dem zunichte gemacht, was wir hier in bester Absicht begonnen haben. Die nächsten Schiffe, die hier landen, laufen Gefahren, von denen sie noch nichts wissen, und es werden Jahre nötig sein, das ursprüngliche Vertrauensverhältnis wiederherzustellen.«

»Sie halten nichts davon, mit Booten auf eine Suchexpedition zu gehen, um bei den Stämmen vielleicht Überlebende zu finden, sei es von der *Adventure*, sei es von dem unbekannten Schiff?«

Es war Leutnant Rowe, Cooks rechte Hand in der Schiffsführung, der diese Frage stellte – ein ruhiger Mann, der sich selten mit großen Plänen vorwagte. Cook antwortete denn auch nicht sogleich. Dann aber entschied er sich für die sofortige Weiterfahrt.

»Wir sind keine Strafexpedition, wir sind ein Forschungsschiff«, sagte er, »wir sind mit unseren Vorräten an Munition am Ende, der Gesundheitszustand der Mannschaften ist nicht gut genug, ihnen die Strapazen eines Urwaldkampfes zuzumuten. Überdies muß man leider sagen, daß diese Wilden ja sehr eindeutige Gewohnheiten haben. Frauen werden als Gefangene gehalten, das haben wir festgestellt, Männer aber werden getötet, und was danach geschieht, wissen wir alle. Ich habe keine Hoffnung mehr, vor allem, da ja Furneaux gewiß schon gesucht hat ... Lassen Sie uns diesem düsteren Ort den Rücken kehren. Wir umrunden Kap Hoorn, und dann geht es heimwärts!«

Damit hatte ein Paradies seine Pforten geschlossen. Obwohl die Wahrheit erst nach und nach ans Licht gekommen war, obwohl die Offiziere das wenige, was man hatte erfahren können, an die Mannschaften nicht weitergaben, weil es ja auch noch zu unsicher und unbestätigt war, bemächtigte sich der Männer auf der *Resolution* düstere Stimmung. Das dritte Jahr hatte nicht nur begonnen, es war zu einem Viertel auch schon verstrichen. Kap Hoorn lag noch vor ihnen allen, das eingepökelte Rind- und Schweinefleisch mochte nicht einmal der Kapitän mehr essen, der als Mann von eisernen Energien anderen stets ein Vorbild gewesen war.

Man nahm an gesalzenem Fisch ins Schiff, was die Neuseeländer hatten liefern können, und brach am 10. November 1774 zur Heimreise auf. Am 14. zeigte sich, daß das Schiff leckte. Das war natürlich unerfreulich und eigentlich auch unerklärlich, war es doch im Queen Charlotte Sound wieder einmal überholt worden. Aber das Wasser im Kielraum stieg nur so langsam, daß die Pumpen keine Schwierigkeit damit hatten, und manche meinten, es sei gar kein eigentliches Leck, sondern eben die Müdigkeit des ganzen Schiffes und das Alter der Planken, die nun jahrelang im Wasser waren.

Ein frischer Westwind gab der *Resolution* gute Fahrt, aber die Wogen auf diesem größten aller Ozeane gingen erschreckend hoch dabei und schoben sich mit zweihundert und dreihundert Meter langen Rücken wie Riesentiere unter das Schiff. Das brave britische Kohlenschiff mußte Schräglagen bis zu vierzig Grad meistern und tat es mit dem Mut eines Klippers, obwohl es doch nicht für solche Sturmfahrten gebaut war, und am 18. Dezember 1774, wenig mehr als fünf Wochen nach der Ausfahrt von Neuseeland, kam die Südspitze von Südamerika in Sicht, genauer gesagt das Kap Deseado jenes Landes, das einst die spanischen Seefahrer, der vielen Eingeborenenfeuer wegen, Tierra de Fuego, also Feuerland, genannt hatten.

Seit Neuseeland hatte die *Resolution* an die elftausend Kilometer zurückgelegt, das bedeutete, daß das schwere Schiff mit seinen Unwetterschäden und randvoll mit Vorräten täglich an die dreihundert Kilometer geschafft hatte. Wie um die Männer dafür zu belohnen, herrschte vor Kap Hoorn mildes Wetter, ein Zufall, wie er unter hundert Schiffen wohl nur einem einzigen zuteil wird. James Cook nützte den glücklichen Umstand zu genauen Messungen, wohl auch in der Annahme, daß zwar dieser wichtige Punkt der Hochseeschiffahrt oft umrundet werde, daß aber kaum je ein Seefahrer so günstige Bedingungen für Messungen vorfinden würde.

Nach der Passage der Drakestraße ging die *Resolution* auf Nordkurs und lief in einen kleinen, ruhigen Naturhafen mit sehr klarem Wasser ein, in dessen Umgebung auch die ersten Feuerländer gesichtet wurden. Es war eine Familie, die in einem Rindenkanu saß. Männer und Frauen glichen einander mit breiter, kräftiger Brust, sonst aber eher schmächtigen Gliedmaßen. Trotz der Kälte hierzulande hatten sie bloße Oberkörper, und die Kinder saßen ganz nackt in ihrem kleinen Schiff, auf dessen Boden, in der Mitte, ein Feuer brannte. Diese Wärmefeuer waren es wohl auch gewesen, die seinerzeit Magellan gesehen hatte und die ihn veranlaßt hatten, von einem Feuerland zu sprechen. Zu arm, sich entsprechend der Kälte zu bekleiden, wärmten sich diese Menschen eben an den Flammen.

Sie kamen auch an Bord, aber es war nicht lebhafte Neugierde, die sie dazu bewog, nicht die Anteilnahme an einem Ereignis, wie sie die Südseeinsulaner immer wieder zur Begegnung mit den Weißen veranlaßt hatte: sie kamen einfach, weil sie dazu aufgefordert worden waren, standen stumpfsinnig an Deck herum und verstanden keine der Sprachen, in denen sie angeredet wurden. Selbst die deutlichsten Gebärden blieben ihnen rätselhaft, und der junge Forster, der immerhin schon eine gewisse Übung in der Gebärdensprache erlangt hatte, bemerkt verdrossen: »Gebärden, die der einfältigste Bewohner irgendeiner Insel der Südsee verstanden hatte, begriff hier der Klügste nicht. Sie zeigten auch nicht ein einziges Mal die Bewunderung, die das Schiff und alle darin vorhandenen merkwürdigen Gegenstände bei allen übrigen Wilden zu erregen pflegten. Dem Tiere näher und mithin unglückseliger kann aber wohl kein Mensch sein als derjenige, dem es bei der unangenehmsten Empfindung von Kälte und Blöße so sehr an Verstand und Überlegung fehlt, daß er kein Mittel zu ersinnen weiß, sich dagegen zu schützen ... Diese unglücklichen Bewohner eines felsigen, unfruchtbaren Landes fraßen rohes, halb verfaultes Seehundsfleisch, das äußerst widerlich roch. Das tranartige, ekelhafte Fett genossen sie am liebsten und boten auch den Seeleuten davon an. Die natürliche Folge einer solchen Nahrung war ein unerträglicher Gestank, der aus ihrem ganzen Körper dunstete und uns so zuwider war, daß wir es unmöglich lange bei ihnen aushalten konnten. Wer die Seeleute kennt, wird kaum glauben, daß sie in diesem Fall nicht einmal versuchten, mit den Frauenzimmern Bekanntschaft zu machen. Die armen Pesserähs (so nannten sie sich selbst) verließen uns gegen Mittag und ruderten so langsam und still von dannen, wie sie gekommen waren.«

Forsters Meinung über die Matrosen besserte sich auch nicht, als nun Weihnachten gefeiert wurde. Eine Art Kajütenkoller, gewiß verzeihlich nach einer so langen Reise, hatte das Fest zu einer wahren Sauforgie ausarten lassen, und als am dritten Tag noch immer Betrunkene herumlagen, ließ James Cook sie in ein Boot schaffen und auf der kalten Erde Feuerlands zur Ausnüchterung absetzen, bis sie ihre fünf Sinne wieder beisammen hatten. Bei der Weiterfahrt fiel dann ein Seesoldat, der im Vorderschiff, an der Reling, seine Notdurft verrichten wollte, weil er noch immer nicht ganz nüchtern war, über Bord. Es war derselbe, dem dies schon einmal widerfahren war, und diesmal ertrank er. Da er auf einer Hebrideninsel wenige Wochen zuvor einen Eingeborenen grundlos erschossen hatte, sahen manche seiner Gefährten, sosehr sie diesen Unfall auch bedauerten, doch einen Akt der ausgleichenden Gerechtigkeit darin ...

Nach den freundlichen Inseln der Südsee waren die Gewässer rund um Feuerland im allgemeinen eher öde, und die wenigen Inseln, die man sichtete, erweckten nicht den Eindruck, daß man auf ihnen einigermaßen sein Leben fristen könne. Ein besonders tristes Kap hatte der Kapitän darum bereits Cap Desolation getauft, was soviel heißt wie Vorgebirge der Trostlosigkeit, und auch eine Doppelinsel, die in Sicht kam und nach einem Maat namens Gilbert benannt wurde, wirkte nicht viel anziehender. Die Berge auf den Inseln erhoben sich zu gewaltiger Höhe und stürzten jäh zum Meer ab, ohne dem Pflanzenwuchs Terrassen oder gar Ebenen einzuräumen. Eine Belebung des Bildes brachten nur die vielen Wasservögel, die in großen Kolonien schier überall nisteten. Sie ließen sich durch Stürme, Nebel und Wellen nicht beeindrucken, sondern zogen in großen Schwärmen über dem ganzen Bereich der Drake- und der Le-Maire-Straße dahin.

Eine etwas freundlichere Bucht kannte Cook schon. Er hatte hier bereits einmal gutes Trinkwasser eingenommen und hielt es für möglich, daß auch Furneaux sie auf der Heimfahrt berührt habe. Ein Boot unter Leutnant Pickersgill wurde abgeschickt, um nach einer Nachricht oder auch nur einem Zeichen für die Anwesenheit der *Adventure* zu suchen, denn soviel die Maori auch erzählt hatten, der Kapitän wünschte doch sehnlich einen einwandfreien und verständlichen Bericht über die Vorgänge auf Neuseeland zu erhalten.

Die angenehme und zum Ankern sehr geeignete Bucht führte den Namen Success – Erfolg –, aber Pickersgill wäre dennoch beinahe ein Mißerfolg beschieden gewesen, denn im Bogen der Bai hatten sich so viele Wale versammelt, daß die Leute von der *Resolution* große Mühe hatten, zwischen den zwar friedlichen, aber sehr großen Tieren hindurchzusteuern. Bisweilen meinten sie, auf den Rücken der Wale zu reiten, kamen aber schließlich heil ans Ufer, wo sie die Wasserstelle fanden und Wasser einnehmen konnten, aber kein Zeichen dafür entdeckten, daß sich hier ein europäisches Schiff aufgehalten habe.

Cook hatte zwar nicht die Absicht, in dieser ungastlichen Weltgegend noch lange zu kreuzen, vor allem, da sie durch Holländer wie Le Maire und durch den für Spanien segelnden Portugiesen Magellan seit geraumer Zeit einigermaßen bekannt war. Den Ruhm seines Landsmannes Francis Drake wollte er schon gar nicht verdunkeln, der an einem Sturmtag, weit von der Einfahrt der Magellanstraße verschlagen, beinahe ohne es zu wollen als erster Kap Hoorn umsegelt und damit die nach ihm benannte breite Meeresstraße zwischen Südamerika und der Antarktis entdeckt hatte.

Die *Resolution* lag über Silvester und Neujahr zwei Tage in einer ruhigen Bucht, so hielt es Cook gerne, weil die Leute, je länger die Reise dauerte, an ihren Feiern und erlösenden Räuschen immer stärker hingen. Es war eine Bucht auf der langgestreckten Staateninsel, die nun den Namen New Years Harbour erhielt; auch die kleinen gegenüberliegenden Inseln wurden Neujahrsinseln benannt. Die Staateninsel mit ihren siebzig Kilometern Länge wurde lediglich neu vermessen, entdeckt hatte sie der Holländer Schouten schon im Jahr 1616.

Die Staateninsel war beinahe vollständig mit Schnee bedeckt, und auch auf der Weiterfahrt durch den südlichsten Teil des Atlantischen Ozeans setzte sich soviel Schnee in die Segel der *Resolution*, daß Cook kunstvoll aufkreuzen und allerlei Manöver befehlen mußte, damit die weiße Last nicht festfriere und die Rahen breche. Eisberge trieben in den Kurs des Schiffes, und die nebeligen Schnee- und Eiswüsten im Süden ließen nicht erkennen, ob sie Land oder gefrorenes Wasser seien. Die lange Küstenlinie eines wirtlichen und bewohnbaren Kontinents jedenfalls, die der gelehrte Mr. Dalrymple in den südlichen Zonen der Weltmeere vermutete, die waren weder hier noch sonstwo anzutreffen.

Man segelte immerzu nach Osten und war schon nahe beim Kap der Guten Hoffnung an der Südspitze Afrikas, als sich endlich in der unendlichen Leere des Ozeans ein Schiff zeigte. Es war die *Bownkerke Polder*, ein Holländer, und Kapitän Cornelius Bosch sandte den erschöpften Soldaten und Matrosen von James Cooks Schiff alles, was er an Zucker und Rum entbehren konnte, damit wieder ein kräftiger Grog gebraut werden könne. Was aber kaum weniger wichtig war, das waren die Nachrichten, die er aus Kapstadt hatte. »Unseren Leuten erzählten einige Seeleute an Bord des holländischen Schiffes«, schreibt James Cook in seinem Tagebuch, »daß die *Adventure* das Kap der Guten Hoffnung schon zwölf Monate zuvor erreicht habe und daß die Besatzung eines ihrer Boote ermordet und gegessen worden sei von den Bewohnern Neuseelands. Damit sind nun die Geschichten, welche wir am Queen Charlotte Sound von den Eingeborenen gehört haben, nicht länger ein Mysterium ...«

Die dritte Reise

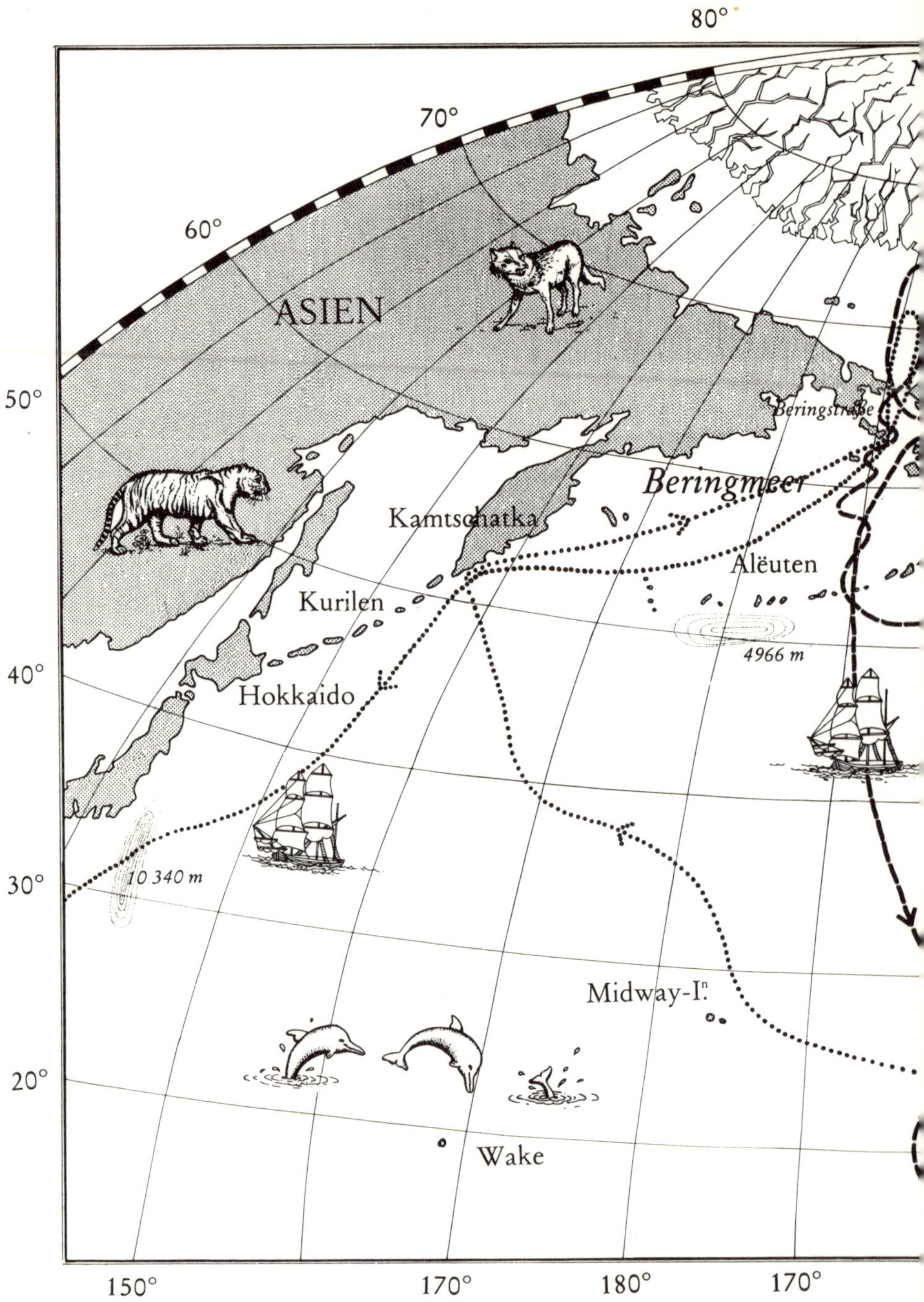
80°
70°
60°
ASIEN
50°
Beringstraße
Beringmeer
Kamtschatka
Alëuten
Kurilen
4966 m
40°
Hokkaido
30°
10 340 m
Midway-In.
20°
Wake
150°
170°
180°
170°

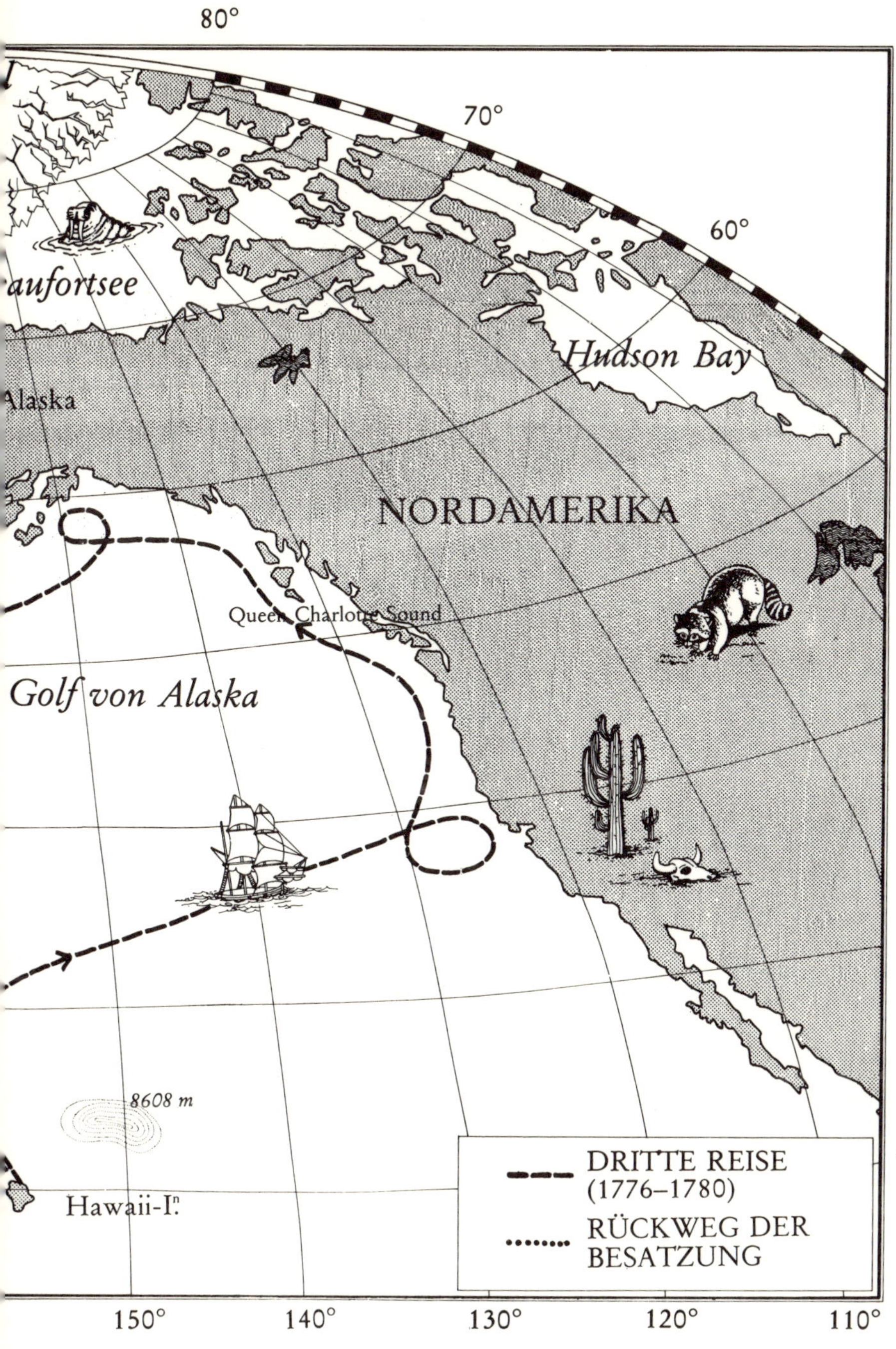

80°
70°
60°
aufortsee
Hudson Bay
Alaska
50°
NORDAMERIKA
Queen Charlotte Sound
Golf von Alaska
40°
30°
8608 m
20°
Hawaii-In.
DRITTE REISE
(1776–1780)
RÜCKWEG DER
BESATZUNG
150°
140°
130°
120°
110°

Zwanzigtausend Pfund sind eine Menge Geld

Der Winter von 1775 auf 1776 war mild, aber feucht, und an den sanften Hängen der Hügel von Greenwich hielt sich der Nebel länger als gewöhnlich. In den Pavillons des Altersheims froren die alten Matrosen ein bißchen weniger als sonst, aber ihre Sehnsucht nach einem steifen Grog wurde darum nicht geringer. Das Tagegeld, das sie seit den Tagen König Wilhelms III. hier erhielten, reichte allerdings nicht für solche Getränke; sie mußten schon froh sein, wenn sie ihren Kautabak davon berappen konnten.

Seit einigen Wochen genoß das ohnedies schon berühmte, ja vorbildliche Greenwich-Hospital einen besonderen Ruhm: als vierter Insasse einer Ehrensuite hatte Captain James Cook seinen Einzug gehalten, ein Mann, den inzwischen nicht nur ganz England kannte, sondern von dessen Reisen um die Welt und in unbekannte Gebiete vor allem der südlichen Halbkugel auch auf dem Kontinent gesprochen wurde. Gelehrte Gesellschaften trugen ihm Auszeichnungen und Mitgliedschaft an, und die alten Seebären munkelten, daß wohl kaum ein anderer Kapitän sich so vielerlei Verdienste erworben habe: neben der Schiffsführung habe er auch schwierigste Expeditionen mustergültig vorbereitet und durchgeführt, Gesundheit und Hygiene an Bord auf einen bis dahin unbekannten Stand gehoben, eine außerordentliche Vermessungsleistung an zahllosen Küsten und Inseln vollbracht und auf einer Reise von drei Jahren nur drei seiner Leute durch Krankheit verloren.

Man sah ihn hin und wieder durch die Halle gehen, in sich gekehrt, kleine Bündel von Schriften unter dem Arm, denn er gab seinem Tagebuch der zweiten Weltumseglung, dem Tagebuch seiner Fahrt mit der *Resolution,* gerade die letzte, die endgültige Form. Niemand störte ihn dabei, denn man wußte inzwischen auch, daß es mit dem Tagebuch der ersten Reise manchen Ärger gegeben habe. Da hatte Cooks Zeit nicht gereicht, den Text selbst in die endgültige Form zu gießen; die Vorbereitungen für die zweite Reise hatten ihn viel zu sehr in Anspruch genommen, und darum hatte John Hawkesworth es übernommen, die Aufzeichnungen des Kapitäns für den Druck einzurichten. Hawkesworth war kein schlechter Mann, er hatte jahrelang den *Adventurer* herausgegeben, eine gerngelesene Zeitschrift, aber Cooks nüchterne Tagebuchblätter waren ihm offenbar zuwenig abenteuerlich. Er hatte zum Beispiel über die britischen Siedler auf Sankt Helena die fürchterlichsten Behauptungen aufgestellt, wie grausam sie ihre Sklaven hielten und wie zurückgeblieben die Insel sei, auf der man nicht einmal Wagen oder Karren kenne. Als James Cook im Sommer 1775 auf der Reise von Kapstadt nach Plymouth abermals auf Sankt Helena angelegt hatte, kannte man dort bereits die Hawkesworth-Ausgabe des ersten Reiseberichtes und machte dem Kapitän, der bei den Siedlern auf dem einsamen Eiland so gut aufgenommen worden war, milde Vorwürfe ob all dieser Ungereimtheiten. Aber man glaubte James Cook, als er bestürzt und erbost versicherte, daß diese Seiten gewiß nicht von ihm stammten. Solchen Zwischenfällen wollte er nun zuvorkommen. Beim Tagebuch der zweiten Reise würde es keinen Hawkesworth mehr geben, schon deshalb nicht, weil der Gute inzwischen das Zeitliche gesegnet hatte. Und ehe ein anderer es noch schlechter machte als der Verblichene, setzte James Cook, wiewohl es sein Metier nicht war, sich doch lieber selbst hinter den Schreibtisch.

Die Blätter türmten sich, der Winter war so recht dazu angetan, von den Palmeninseln zu träumen, und selbst Elizabeth, Cooks junge Ehefrau, die ihn so lange entbehrt hatte, verstand es, daß er sich tagtäglich mit seinen Aufzeichnungen beschäftigte. Aber hin und wieder störte man seine Ruhe dennoch, und es war an einem Januartag, daß die Räder eines Wagens durch den Sand der Auffahrt knirschten und ein alter Vollmatrose, der aus Neugierde gern den Pförtner machte, zu Cook gelaufen kam.

»Es ist Besuch da, Sir . . .« sagte er entschuldigend, »ein Herr von der Admiralität . . .«

»Hat er seinen Namen genannt?«

»Gewiß doch: ob der Herr Kapitän Mr. Stevens empfangen könne, soll ich fragen.«

»Mit Freuden! Sagen Sie: mit Freuden, verstanden?«

»Ay, ay, Sir: mit Freuden!« sagte der Alte und trollte sich. Er hatte noch immer den Gang, wie er sich auf einem rollenden Deck empfiehlt, O-beinig, mit schlenkernden Armen, um die Balance nicht zu verlieren; dabei stand das Schloß, das König Wilhelm den Seeleuten geschenkt hatte, so fest auf seinem Wiesengrund wie eh und je.

Die Begrüßung der beiden Herren war herzlich. Man kannte einander seit vielen Jahren, es hatte nie Ärger gegeben, jeder wußte, daß er dem anderen trauen konnte.

»Wir haben Sorgen, Cook«, sagte Stevens freimütig, als der Kapitän ihm einen Schluck zum Aufwärmen nach der langen Wagenfahrt eingeschenkt hatte, »es scheint, daß wir mit unseren amerikanischen Besitzungen nicht froh werden sollen. Das schöne Louisiana hängt ebenso wie Kanada mit dem Herzen noch immer an Frankreich, obwohl diese Gebiete nun seit mehr als zehn Jahren britisch sind. Und dazwischen, das wissen Sie ja, dort, wohin unsere eigenen Landsleute ausgewandert sind, da steht es noch schlimmer, da will man sich überhaupt von der britischen Krone lösen . . .«

»Und die Franzosen schüren natürlich diese Unabhängigkeitsbestrebungen«, meinte Cook nachdenklich, »wenn schon kein französisches Nordamerika, dann auch kein britisches. Aber, sagen Sie's offen, Stevens – Sie haben den langen Weg aus London hierher doch nicht gemacht, um meine Meinung über die amerikanischen Affären zu hören?«

»Ein wenig schon«, antwortete der hohe Beamte mit einem kleinen Lächeln, »vor allem wollte ich wissen, was Sie von der anderen Seite Amerikas halten . . .«

»Also von seiner pazifischen Küste?«

»Gewiß . . . von der Küste, die Francis Drake bis etwa zum achtunddreißigsten oder neununddreißigsten Breitengrad in Richtung

Nord befahren hat. Sie ist für uns unversehens interessant geworden, weil sie im Rücken der unbotmäßigen Kolonien der Ostküste liegt, weil sie nach Drakes kargen Berichten gutes Land einschließen soll – und weil sie vielleicht viel näher für uns liegt als jener Südkontinent, jenes große Land bei Neuseeland, um dessen Ortung Sie sich so verdient gemacht haben ...!«

»Wenn Sie meinen, daß uns das pazifische Nordamerika vielleicht näher liegt, als wir glauben, so gehen Sie von der Annahme aus, daß es so wie am Südpol auch am Nordpol eine Durchfahrt gibt. Also eine Art Drakestraße vom Atlantik zum Pazifik, aber im Norden?«

»Gewiß. Alles spricht dafür. Die Hudson Bay kennen wir inzwischen genau. Zwischen ihr und dem Pazifik kann es nicht allzuviel Land geben. Es müßte zu umfahren sein ... Dann hätten wir einen britischen Seeweg in den Großen Ozean und nach Asien, wir müßten nicht jedesmal viele Wochen lang quer durch spanische Schiffahrtszonen segeln, der gefährliche und zeitraubende Weg um Kap Hoorn wäre entbehrlich!«

»Ich kenne das Problem ...« sagte Cook ein wenig unwirsch. »Wenn es für England von so großer Bedeutung ist, verstehe ich nicht recht, warum ich, nur um nach den Hirngespinsten des Mr. Dalrymple zu suchen, jahrelang in den unendlich fernen und unendlich öden Schlechtwettergebieten des Südpolarmeers herumkreuzen mußte!«

»Die Zeiten ändern sich, Cook! Wer hätte gedacht, daß die Puritanerkolonien, diese ehrenfesten Siedler von Maine, Massachusetts und so weiter, gegen den König rebellieren würden ... ? Wegen der Steuern! Wir führen Krieg gegen Nordamerika, und wie man uns im katholischen Südamerika gesinnt ist, das wissen Sie ohnehin. Dieser ganze Kontinent in seiner endlosen Nord-Süd-Erstreckung muß überwunden werden. Das Parlament hat für die Entdeckung einer Nordwestpassage die Belohnung von zwanzigtausend Pfund ausgesetzt ...«

»Das ist doch nichts Neues!« brummte Cook.

»Aber daß nun auch Offiziere der Admiralität, nicht etwa nur Handelsfahrer, sich diese hohe Prämie verdienen können, das ist Ihnen gewiß neu, Cook!« rief Stevens und sprang fröhlich auf. »Andernfalls hätten Sie sich gewiß nicht hierher nach Greenwich zurückgezogen.«

»Jeder Offizier darf also ...«

»Jeder ... nur mit der Erschwernis, daß diese Passage in den Pazifik oder vom Pazifik zum Atlantik nördlich des zweiundfünfzigsten Grades liegen muß.«

»*Nonsens*! Südlich gibt es doch ohnedies keine – die Cabots, Cartier, die Brüder Pinzón, Raleigh ... sie haben doch alle nicht geschlafen! Wenn es eine Passage gibt, so liegt sie ganz weit oben im Norden, wo die großen Buchten sich öffnen wie die Hudson Bay oder das Foxe Basin!«

Stevens blickte auf. Es war zu erkennen, daß die leidenschaftliche Anteilnahme des Kapitäns ihn ein wenig überraschte.

»Wenn Sie dieses neue Expeditionsvorhaben so interessiert, Cook«, sagte er langsam, »dann werden Sie die Bitte der Admiralität in diesem Zusammenhang gewiß nicht abschlagen ...«

»Sie ... Sie wollen mich doch nicht schon wieder losschicken, Stevens?«

»Das nicht gerade, aber ein wenig Unruhe müssen wir doch in Ihr beschauliches Leben bringen: wir brauchen ein geeignetes kleines Expeditionsschiff, das die *Resolution* auf dieser neuen Fahrt begleiten soll ... solch ein Schiff sollen Sie mit Ihrer großen Erfahrung in den britischen Häfen suchen und ankaufen.«

»Wenn es nur das ist ...« Cook schien enttäuscht, faßte sich aber schnell. »Und die *Resolution* selbst? Sollte man sie nicht auch durch ein neues Schiff ersetzen?«

»Dazu reichen die Mittel nicht. Sie wird derzeit bereits auf den Werften von Deptford überholt, mehr ist leider nicht möglich ...«

Es war ein Gespräch, das den Winterfrieden im Greenwich-Hospital empfindlich gestört hatte. Aber da Cook mit der Durchsicht seiner Aufzeichnungen im wesentlichen fertig war und der milde Winter seine Rundreisen nicht sonderlich beschwerlich machte, ging er nicht ohne Freude daran, in den zu dieser Zeit wohlgefüllten britischen Häfen nach einem vor Anker liegenden tüchtigen Schiff zu suchen. Das war jedenfalls erfreulicher, als die Instandsetzung der alten *Resolution* zu überwachen, die sich nach drei Jahren in antarktischen Gewässern zweifellos das Gnadenbrot als britischer Kohlenfrachter verdient hatte.

Als man sich dann im Februar in London zu einer kleinen Festivität traf, hatte Cook seine Aufgabe bereits gelöst und ein starkes kleines Schiff, das bisher in Whitby Kohle geladen hatte, für den Ankauf vorgeschlagen. Die Herren von der Admiralität jedoch mußten gestehen, daß sie ihren Teil der Aufgabe – nämlich einen Expeditionsleiter zu finden – noch nicht hatten lösen können. Zwar gab es gerade aus den Cook-Mannschaften tüchtige Offiziere, aber jeder von ihnen hatte rundheraus erklärt, daß er gerne wieder teilnehmen und sein Bestes geben werde, daß er sich jedoch das oberste Kommando und die volle Verantwortung nicht zutraue.

Cook war, als dies alles berichtet wurde, immer schweigsamer geworden. Er dachte an Elizabeth, seine Frau, und die Kinder, die noch klein waren; er dachte aber auch an die Weite der Welt, die so ganz anders war als der Rentnerfrieden in Greenwich. Er war noch keine Fünfzig ... was sollte er unter den Fahrensleuten von sechzig, siebzig und mehr Jahren? Sollte er zwanzig Jahre lang seinem Ruhm von Tahiti, Neuseeland und Kap Hoorn nachsinnen?

»Wenn Sie gestatten, Euer Lordschaft«, sagte er zu Lord Sandwich, dem Ranghöchsten unter allen Herren der Admiralität, »dann möchte ich mich um die Führung auch dieser dritten Pazifikexpedition bewerben. Ich habe den Nordatlantik befahren, die Labradorküste ...«

»Aber ich bitte Sie, lieber Freund«, sagte Lord Sandwich, »Sie brauchen uns doch nicht über James Cook zu informieren!«

Man lachte, man hob die Gläser, und wenige Wochen später erhielt Cook die offizielle Mitteilung, daß die britische Admiralität seine Bewerbung zustimmend beschieden habe. Er wurde gebeten, seine personellen Wünsche für beide Schiffe bekanntzugeben.

Auch dieses Problem war nun leicht zu lösen. Wer einmal oder gar zweimal unter Cooks Kommando gefahren war, der wünschte sich nichts anderes, als sich abermals diesem bei allem Mut besonnenen und bei aller Pflichttreue doch menschlichen und gütigen Vorgesetzten anvertrauen zu können. Seeleute waren sie ja alle, zur See fuhren sie ohnedies, und wenn es auf See eine Sicherheit gab, so lag sie beim Kommandanten.

James Cook stellte sich also eine Crew zusammen, die seinem Herzenswunsch entsprach: die besten Leute aus beiden Expeditionen, erprobte Kameraden und ein paar neue Männer, die einiges versprachen. Worum er sich bei diesen Arbeiten nun nicht mehr kümmern konnte, das war die *Resolution.* Die Zeit drängte, man mußte im Sommer auslaufen, und es war schon Februar. In Deptford aber, da war der König weit weg, da kümmerte man sich auch nicht sonderlich um die Admiralität, und von James Cook, einem Mann, der immerzu in fernen Meeren schipperte, hielt man überhaupt nicht viel. Der alte Kohlenkahn wurde einigermaßen kalfatert und verkleistert, man verpaßte ihm sogar einen Anstrich, damit er sich jugendfrisch präsentierte, und das Holz, das im Seewasser gelitten hatte, die Risse, in die sich die Muscheln gesetzt hatten, das alles konnte man ohnedies nicht wirklich in Ordnung bringen, da wäre es ja billiger gekommen, ein neues Schiff auf Kiel zu legen.

Das kleine Begleitschiff erhielt den Namen *Discovery*, also Entdekkung, und bekam als Kapitän jenen Charles Clerke, der schon auf

Cooks erster Reise dabeisein sollte, damals aber in einem der britischen Elendsquartiere, wo er seinen hochverschuldeten Bruder besucht hatte, an Tuberkulose erkrankt war. Als Wissenschaftler fuhr mit ihm der Astronom Bayly von der alten *Adventure*, während Cook noch John Gore mit sich nahm, seinen besten Mann auf der *Endeavour*, weiters einen sehr energischen jungen Maat namens Bligh und einen Mann von guten Anlagen, aber ein wenig schwankendem Charakter namens John Williamson, aus dem Cook im Lauf der Reise einen guten Offizier zu machen gedachte. Forster Vater und Sohn hatten von der langen Reise der letzten Jahre genug, sie waren nicht wieder an Bord gegangen; aber es gab drei andere Deutsche auf dieser Expedition, unberühmte, die erst berühmt werden sollten: einen Henry Summerman, der angegeben hatte, aus Speir in Holland zu stammen, ferner Barthold Lohmann aus Kassel und endlich Jan Arno de Beecker aus Bremen, der auf der *Resolution* angemustert hatte.

Summerman hieß in Wahrheit Zimmermann, sein Vorname lautete Heinrich, und er stammte auch nicht aus Holland, sondern aus dem Städtchen Wiesloch unweit Heidelberg. Um an der Expedition teilnehmen zu können, hatte er nicht nur das nahe Holland als Heimat angegeben, sondern sich auch um ganze zehn Jahre jünger gemacht: er war bereits fünfunddreißig, also nicht mehr ganz jung für einen einfachen Matrosen, hatte aber eine Menge von der Welt gesehen, seit er seinem Vater, einem Chirurgus, ausgerissen und dem Abenteuer verfallen war. Die Zimmermann in Wiesloch waren eine gelehrte Sippe, es gab auch noch einen Philosophieprofessor dieses Namens, der lateinische Traktate schrieb und schließlich sein Leben als Pfarrer beschloß. Und Heinrich, der mißratene Chirurgensproß, trat in die Fußstapfen seiner gelehrten Väter, Vorväter und Oheime, indem er sich vornahm, vom ersten Tag an geheime Aufzeichnungen über diese dritte Reise des großen James Cook zu Papier zu bringen. Geheim, weil es allen Teilnehmern dieser von der britischen Admiralität ausgerüsteten Unternehmung verboten worden war, schriftlich oder mündlich über sie zu berichten. Auch nach der zweiten Reise hatte Cook, noch ehe man Kapstadt erreichte, persönlich alle Niederschriften eingesammelt, die seine Leute im Lauf der drei Jahre gemacht hatten.

Zimmermann fuhr auf der *Discovery* wie Lohmann, der aus Kassel stammte und bald zum Maat aufrückte; von dem dritten Deutschen ist nichts bekanntgeworden. Überraschend war die Teilnahme deutscher Matrosen an solch einer Expedition nicht, hatte es doch sogar schon auf den Schiffen des Vasco da Gama und des Magellan Deutsche gegeben. Und seit die Briten ihre Könige aus Deutschland bezogen und diese Könige ihre Frauen, konnte es niemand mehr ungewöhnlich finden, daß nach Forster Vater und Sohn nun auch einfache Matrosen aus Deutschland die große Reise mitmachten. James Cook war inzwischen berühmt; mit ihm zu segeln bedeutete, an einem geschichtlichen Ereignis teilzunehmen.

Am 8. Juni 1776 kamen die Lords der Admiralität und die Sekretäre mit anderen hohen Herrschaften an Bord der beiden Expeditionsschiffe, wurden mit Salutschüssen begrüßt und mit Salutschüssen verabschiedet und hatten dazwischen Gelegenheit, sich vom Zustand der Schiffe und der Verfassung der Mannschaften ein Bild zu machen. Tags darauf kamen weit weniger illustre Gäste, da nahm Kapitän Cook nämlich alles Rindvieh an Bord, das er mitzuführen gedachte, damit seine Männer nicht gleich vom ersten Tag an Pökelfleisch essen müßten.

Im Juli war es dann endlich soweit, daß man die heimischen Gewässer verließ, aber es folgte eine monatelange Seefahrt in bekannten Teilen der Weltmeere, der nun schon vertraute Anmarschweg ins eigentliche Expeditionsgebiet. Erst im Dezember gab es Neues zu sehen, da lief Cook ein Kap an, das die Franzosen offenbar für die nördlichsten Teile eines größeren Landes gehalten hatten, als sie vier Jahre zuvor hier anlegten. James Cook fand unter einem strandnahen Felsen eine Flasche mit einer Nachricht in französischer Sprache, unterhielt sich aber mit niemandem über ihren Inhalt. Er sagte nur gesprächsweise zu Leutnant Gore, er könne den Irrtum des tüchtigen Kerguelen-Trémarec verstehen: die Insel müsse mindestens 6 000 Quadratkilometer groß sein, man konnte sie also bei schlechter Sicht durchaus für ein großes Festland halten.

Im Gewirr der dreihundert Kerguelen-Eilande wäre für die *Discovery* die Reise beinahe schon zu Ende gewesen: ein Anker brach, das Schiff begann zu treiben und war, als der Notanker endlich faßte, nur noch wenige Meter von einem spitzen Riff entfernt, das hinter dem Schiff aus dem Wasser ragte.

Die erregten Gemüter beruhigten sich schnell, und als das vertraute Van-Diemen-Land in Sicht kam, das Cook und Furneaux gründlich vermessen hatten, war auch die unangenehme Südkälte aus den Gliedern geschwunden. Neuseeland war nun ganz nahe, und unter den Mannschaften beider Schiffe wurde erregt darüber diskutiert, ob Cook die Eingeborenen zur Verantwortung ziehen werde, die das Boot der *Adventure* überfallen und seine Insassen erschlagen und verspeist hatten.

Zur Überraschung der meisten ging James Cook am Queen Charlotte Sound an Land, als ob nichts gewesen wäre. Die Eingeborenen zeigten ihm verstohlen jenen großen und sehr kräftigen Mann, der die Aktion gegen das Boot der *Adventure* angeführt hatte, und legten Cook nahe, diesen bösen Mann doch zu erschießen. »Mir scheint, sie waren nicht wenig überrascht, daß ich es nicht tat«, schreibt Cook in sein Tagebuch, »war dies ihrer eigenen Vorstellung nach doch genau das, was zu tun gewesen wäre. Wäre ich jedoch dem Rat aller unserer vorgeblichen Freunde nachgekommen, so hätte ich nach und nach die ganze Rasse ausrotten müssen, kamen doch die Einwohner eines jeden Dorfes im regen Wechsel zu mir mit der Bitte, das jeweils andere zu vernichten – ein schlagender Beweis für die innere Zerrissenheit, in welcher sie leben.«

Ende Februar 1777 brach Cook von Neuseeland wieder auf und hielt zunächst Ostkurs, auf dem er die Inseln entdeckte, die seither seinen Namen tragen, obwohl die in zwei Gruppen eine große Wasserfläche bedeckenden Inseln schon zweihundert Jahre zuvor gesichtet worden waren. Aber die Spanier hatten sich eben nicht die Mühe genommen, emsig zu kreuzen und zu vermessen. Sie hatten sich auf Pukapuka beschränkt, wo Mendaña Wasser genommen hatte, und auf Rakahanga, wo Quirós anlegte. Cook selbst war 1773 an die Küste von Manuae gelangt und nahm sich nun einiger anderer Inseln an. Obwohl er es eilig hatte, weil der nördliche Sommer für die Einfahrt in die Beringstraße genützt werden sollte, hörte er sich die Geschichte der Besiedlung dieser Inseln an, wie sie die Eingeborenen erzählten, eine Geschichte, die erklärte, warum auf so vielen Inseln die gleiche Sprache gesprochen wurde. Es war vor langer Zeit, daß Karika, ein ruhmreicher Krieger von Samoa, mit vielen Kanus auszog, um neue Inseln zu erobern. Auf hoher See traf er die Flotte aus Tahiti, die unter dem Kommando des Häuptlings Tanglia stand. Karika schlug vor, so lange zu kämpfen, bis eine Flotte deutlicher Sieger sei. Tanglia aber, der Diplomat, überzeugte den Mann aus Samoa, daß dies nicht sehr klug sei: sie sollten vielmehr gemeinsam weiterfahren, doppelt so stark auftreten und die eroberten Länder dann untereinander aufteilen.

So geschah es; sie kamen zu den Inseln, die nun Cookinseln heißen, und landeten auf der schönen und reich begrünten Vulkaninsel Rarotonga, weil sie mehr als sechshundert Meter hoch aus dem Wasser ragte. Obwohl ringsum Inseln genug lagen, wäre es um Rarotonga beinahe abermals zum Kampf gekommen. Tanglia aber wußte wieder Rat. Von einem kleinen Hafen fuhren zwei Kanus aus, eines mit Samoaleuten besetzt, das andere mit Tahitimännern. Das eine Boot fuhr nach Westen um Rarotonga, das andere nach Osten. Dort, wo sie einander wieder trafen, stiegen sie an Land und rammten Pflöcke ein, und von diesem Punkt bis zu dem kleinen Hafen, wo sie ausgefahren waren, wurde die Grenze gezogen.

Nach dieser weisen Lösung gab Karika seine Tochter dem Tanglia zur Frau, und alle wurden gute Freunde. Sie besiedelten auch die Nachbarinseln und unterwarfen sich etwa sechshundert Jahre, bevor Cook dorthin kam, sogar die zwei Inseln von Neuseeland. Viele Familien auf Neuseeland können ihre Ahnenreihe bis auf die Cookinseln zurückverfolgen, und alle Neuseeländer, die Maori sprechen, werden auf den Cookinseln gut verstanden. Wollen sie, daß man sie auf Tahiti versteht, so müssen sie die K verschlucken – diesen Buchstaben nämlich haben die Samoaner wegen ihres Häuptlings Karika in die weiche Sprache der Tahitier eingeschmuggelt, damit doch auch ein wenig von ihnen anklingt, wenn sich die Maori unterhalten ...

James Cook hatte auf dieser dritten Reise einen jungen Mann aus Tahiti an Bord. Er hieß Omai und stammte aus einer der Königsfamilien, das heißt aus einer jener Sippen, aus denen schon Könige oder Königinnen von Tahiti gekommen waren. Dieser Omai, schlank, braun, mit dem natürlichen Charme eines Kokospalmenprinzen ausgestattet, hatte in der Londoner Gesellschaft Furore gemacht und manches gebrochene Herz an der Themse zurückgelassen, als er nach kaum einem Jahr Englandaufenthalts zur Heimreise aufbrach.

Die Wiederbegegnung mit Landsleuten wurde ihm früher zuteil, als er erwartet hatte. So eilig Cook es auch hatte, so zwangen ihn doch das schlechte Wetter im Südpazifik, die vielen lebenden Tiere an Bord und die daraus folgenden Versorgungsprobleme, immer wieder Inseln anzulaufen, die auf dem Weg lagen. Auf der kleinen Insel Wautieu – so schrieb sich Cook phonetisch das Eingeborenenwort Atiu auf – entdeckte Omai zu seiner Überraschung Bekannte aus Tahiti; und diese wiederum starrten Omai an, als wäre er vom Himmel gefallen. Es ergab sich, daß eine Gruppe von zwanzig Tahitiern die Nachbarinsel Ulieta hatten besuchen wollen, aber in einen Sturm geraten war und weit nach Westen verschlagen wurde. Endlich, nach langen Entbehrungen, landeten sie auf dem kleinen Atiu, einem Eiland am Ostrand der Cookgruppe, und wurden von den Bewohnern dieser Insel zu ihrer Überraschung freundlich aufgenommen. Einige von ihnen waren allerdings an den Entbehrungen auf See gestorben, andere hatten die unfreiwillige Bootsfahrt von tausend Kilometern in leidlicher Verfassung überstanden. Alle waren sich einig, auf Atiu bleiben zu wollen, obwohl Cook ihnen die Heimreise an Bord eines seiner Schiffe anbot.

Seltsam war übrigens, daß die auf Atiu an Land gegangenen Offiziere der *Resolution* zwar freundlich bewillkommt und gut versorgt wurden, daß man ihnen jedoch jeden Ausflug ins Inselinnere verwehrte. Cook ließ darum schon nach drei Tagen, als die Windstille endete, wieder Anker lichten und die Reise fortsetzen. Die unerwartete Begegnung auf Atiu hatte ihn aber so interessiert, daß er in seinem Tagebuch ausführlich darüber berichtete. Die unfreiwillige Fernfahrt des Kanus von Tahiti nach Atiu schien zu beweisen, daß es neben den Auswanderungs- und Eroberungsfahrten ganzer Flotten, wie sie die Häuptlinge von Samoa, Tahiti und anderen Inseln immer wieder unternahmen, auch unfreiwillige Entdeckungsfahrten im Sturm verschlagener Kanus gab, denen dann eine zufällige Besiedlung menschenleerer Inseln folgte oder aber eine Vermischung der Eingeborenen mit den Neuankömmlingen.

Da die Mannschaften nach der Fahrt im kalten Süden und zwischen den unwirtlichen Kerguelen-Inseln ebenso Erholung brauchten wie die alte *Resolution* selbst, beschloß Cook schweren Herzens eine Ruhepause. Die Cookinseln waren dafür nicht in Frage gekommen, da man dort die Vorräte nicht hatte ergänzen können, auch waren die meisten Eilande dieser Gruppe durch die Brandung so gut wie unzugänglich. Aber Cook entsann sich der Freundschaftsinseln, auch Tongagruppe genannt, der reichen Vorräte, die dort lagerten, und der friedlichen Bewohner, die schon Schouten und Le Maire gerühmt hatten, die beiden Holländer, die mehr als hundertfünfzig Jahre vor Cook dort kurzen Aufenthalt nahmen.

Am 2. Mai 1777 fiel der Anker in dem kleinen Naturhafen von Namoka, der Insel, die durch ihr gutes Wasser berühmt und bei allen Seefahrern geschätzt war, obwohl sie kaum größer als zwei Quadratmeilen war. In den elf Wochen, die Cook und Clerke hier ankerten, hatten sie Gelegenheit festzustellen, daß selbst die wenigen Jahre, in denen die Insulaner nun eine sehr flüchtige Berührung mit der europäischen Zivilisation genossen, manches Unglück über die Eingeborenen gebracht hatten, vor allem aber Krankheiten.

James Cook hatte den Skorbut besiegt, nicht nur durch seine intensive Beschäftigung mit Heilpflanzen und geeigneter Vitaminkost, sondern auch durch die außerordentliche Sauberkeit, die er für sich selbst hielt und die er auch seinen Leuten abverlangte, so schwer dies auch auf einem engen Schiff und unter den schwierigen Verhältnissen einer Reise sein mochte, die bald in eisige Kälte, bald in tropische Hitze führte. Eben darum aber, wegen dieser Erfolge und dieses jahrelangen Kampfes, waren ihm die Krankheiten und alles, was sie herbeiführte, beinahe wie ein greifbarer Gegner. Der Kampf um Sauberkeit beschäftigte ihn nicht nur, er prägte auch seine Einstellung zum Leben. Cook war, wie uns der Matrose Heinrich Zimmermann berichtet, kein religiöser Mensch. Auf seinem Schiff gab es keinen Bordgeistlichen – das war für jene Zeiten eine Sensation, hatte doch sogar der Korsar Francis Drake einen Pfarrer mit sich geführt –, aber Cook hatte ein tiefes und ernsthaftes sittliches Empfinden, dem Unsauberkeiten seelischer und körperlicher Natur zuwider waren.

Auf Namoka, wo er elf Wochen Zeit hatte, Betrachtungen über das gesellschaftliche Leben auf den Freundschaftsinseln anzustellen, notierte er über die Vielweiberei:

»Die Polygamie ist nur den Häuptlingen erlaubt, und es ist kein ungewöhnliches Ding, den einen oder anderen von ihnen mit acht oder zehn Frauenzimmern anzutreffen. Die meisten jedoch geben sich mit einer einzigen zufrieden. Einige meiner Offiziere nehmen jedoch an, daß auch bei vielen Weibern nur eine einzige die richtige Frau ist, die anderen aber eben Konkubinen. Und obwohl sich die Keuschheit auf den Inseln keiner besonderen Wertschätzung erfreut, sind mir Verletzungen der Ehe selbst eigentlich nie bekanntgeworden. Die Frauen, die sich mit meinen Leuten abgeben, entstammen der niedrigsten Schicht; sie sind schon bei früheren Besuchen europäischer Schiffe mit der Syphilis in Berührung gekommen und verbreiteten diese weiter. Wir waren noch nicht lange auf Namoka, als schon einige meiner Leute angesteckt worden waren. Mir blieb nur der Ärger, zu entdecken, daß alle Sorge, die ich walten ließ, seit ich das erste Mal jene Eilande besuchte, nicht zugereicht hatte, diese schreckliche Seuche von den Inseln fernzuhalten. Dabei scheinen die Insulaner selbst davon eigentlich weniger betroffen als die Europäer. Unter den Eingeborenen lassen sich kaum Anzeichen der üblen Folgen feststellen, weswegen wir zu dem Schluß kamen, daß die natürliche Lebensweise dieser Menschen der furchtbaren Krankheit manches von ihrem Schrecken nehme.

Wir entdeckten allerdings etliche Insulaner, die Geschwüre an verschiedenen Stellen ihres Körpers hatten und deren einige bereits ein abstoßendes Aussehen angenommen hatten, vornehmlich, wenn sich die Folgen im Gesicht gezeigt hatten. Jedoch schienen auf der anderen Seite einige von ihnen geheilt worden zu sein oder sich doch auf dem Weg der Besserung zu befinden. Merkwürdigerweise wurde diese Heilung nie erreicht ohne den Verlust der Nase oder wenigstens von Teilen von ihr.«

Cook selbst mißtraut sogleich dieser Beobachtung, so augenfällig sie ist, und setzt hinzu: »Dieses Abfallen der Nase kann jedoch keine Folge der Syphilis sein. Denn wenn es zweifellos stimmt, daß sie die

Syphilis nicht kannten, ehe das erste europäische Schiff hier anlegte, so hatten sie die Krankheit, die sie die Nasen kostete (das heißt den Aussatz, die Lepra) schon seit sehr langer Zeit.«

Ehe Cook am 17. Juli 1777 die Freundschaftsinseln mit Kurs auf Tahiti verließ, lief er noch eine Reihe anderer Inseln der Gruppe an, ließ die Häfen vermessen und notierte auch eine Anzahl Beobachtungen über die Gebräuche der Eingeborenen. Auf der Insel Eua bestieg Cook die höchste Erhebung, einen etwas über 300 Meter hohen Berg, und verschaffte sich auf diese Weise einen Überblick beinahe über das ganze annähernd 35 Quadratmeilen große Land.

Cook war auf dieser Reise anders als in früheren Jahren. Seine Mitreisenden schildern ihn als stets ernst, ja nicht selten finster blikkend. Sein Interesse teilt sich zwischen der Seefahrt und der Forschung. Es sind an Bord der beiden Schiffe weniger Gelehrte als früher, dafür nimmt sich James Cook zu all seinen anderen Aufgaben auch selbst der wissenschaftlichen Erkundung all des Neuen an, das sich von Insel zu Insel einstellt. Auf der ersten Reise hatte er den eleganten Mr. Banks belächelt, wenn dieser in tadelloser Tropenausrüstung über rissige Felsen kletterte und sich durch Dornen zwängte, um irgendeine ihm noch unbekannte Pflanze sorgfältig auszugraben. Auf der zweiten Reise hatte Cook noch rauhe Experimente gemacht: auf Neuseeland ließ er einen Arm eines durch Zufall getöteten Maori braten und den Eingeborenen anbieten, um herauszufinden, ob sie tatsächlich Menschenfresser seien. Nun aber, auf der dritten Reise, hatte er eher Assistenten denn selbständige Wissenschaftler an seiner Seite, nur der Astronom Bayly von der *Discovery* war ein Gelehrter von Rang.

Zwei Dinge gab es, die Cook vor allem Sorgen machten. Das eine waren die schon erwähnten Erkrankungen unter seinen Leuten und die Angst, daß sie die Syphilis auf andere Inseln bringen würden, die zu entdecken man noch im Sinne hatte. Und das andere war die immer deutlicher werdende Tatsache, daß die Werften von Deptford an den zwei Schaluppen keine sonderlich gute Arbeit geleistet hatten. Weder die neue *Discovery* war einwandfrei ausgestattet – da fehlte es an der Takelage – noch die alte *Resolution*, deren Masten bei jedem Windstoß ächzten, daß einem angst und bang werden konnte.

Es schien beinahe, als wollte Cook sich von diesen Dauersorgen ein wenig ablenken, als er im August 1777, nach dem Eintreffen auf Tahiti, zur Überraschung seiner Offiziere die Einladung eines Häuptlings annahm, einem Menschenopfer beizuwohnen. Tahiti wollte nämlich einen großen Krieg gegen eine Nachbarinsel führen und brauchte dazu die Unterstützung der Götter. Als Opfer nahm man unterstandslose junge Männer, die keinen Anhang hatten, und Cook wohnte dem fünfzigsten solchen Menschenopfer bei – mit anderen Offizieren, die zwar alle ihre Mißbilligung ausdrückten, sich aber im übrigen stumm verhielten, weil es schließlich eine religiöse Handlung war, die man nicht stören durfte.

»Ich versuchte«, schreibt Cook, »dem Häuptling zu erzählen, dieses Opfer sei weit davon entfernt, den *Eatua* (das heißt ihn selbst) zu erfreuen, und daß sie Gefahr liefen, er werde vielleicht ärgerlich werden mit ihnen. Für den Krieg gegen die Insel Maheine aber sei dieses Opfer überhaupt ohne jeden Nutzen ... Omai begann die Strafe zu erklären, die auch den größten und reichsten Mann in England unweigerlich treffen würde, wollte er so vermessen sein, einen seiner Diener zu töten. Es schien mir, daß sie Omai mit Aufmerksamkeit lauschten und, da sie kleine Leute waren, sich über Menschenopfer eine andere Meinung bildeten, als der Häuptling sie hatte.«

Omai blieb auf seinen Heimatinseln zurück. Die Seeleute hatten ihm noch ein schönes Haus gebaut, da der König von England, der ihn empfangen hatte, ihm dies versprochen hatte. Und der König von Tahiti, dem Omai eine Menge Geschenke aus England mitgebracht hatte, revanchierte sich, indem er Omai ein Boot mit zwölf Ruderern übereignete, auf das Omai nun mächtig stolz war. Die Briten lachten heimlich über Omai, der auf seinem Haus gern noch ein Stockwerk gehabt hätte, und sie lachten über den König von Tahiti und seine schöne junge Schwester, die sich zwar von James Cook beim Anlegen der mitgebrachten feinen Kleidungsstücke hatten helfen lassen, dann aber, kaum daß Cook auf sein Schiff zurückgekehrt war, flugs die Kleider wieder auszogen, als brennten sie ihnen auf der Haut. Cook nahm es ihnen nicht übel, sondern verehrte ihnen eine schöne verschließbare Truhe, in der sie alles sicher aufbewahren konnten.

Der lange Aufenthalt auf Tahiti hatte zwar auch unliebsame Zwischenfälle mit sich gebracht, weil die Eingeborenen das Stehlen nicht lassen konnten und, wie schon vor Jahren, wieder einen Sextanten an sich gebracht hatten. Aber die Expedition hatte ihre gesamten Vorräte erneuern und die Schiffe randvoll mit Frischwasser, Früchten, Gemüse und lebenden Schweinen packen können. Auch der Sextant war wieder aufgetaucht, nachdem Cook bei einer begrenzten Strafexpedition zahlreiche Boote und Hütten hatte zerstören lassen. Unmittelbar vor der Abreise in den unbekannten Nordpazifik stahlen sich zwei Briten davon und versteckten sich auf Tahiti mit den Mädchen, die sie liebten oder die ihnen Unterschlupf boten, weil sie ihre Freunde nicht ins Unbekannte davonsegeln lassen wollten. James Cook machte sich nicht die Mühe, den wahren Anlaß zu ergründen.

Die Zeit drängte, also lud er einen der drei mächtigsten Häuptlinge mit Familie zur Besichtigung auf die *Resolution* und eröffnete ihnen dann, daß sie das Schiff erst verlassen dürften, sobald die beiden Deserteure zurück an Bord gebracht worden seien.

Die Seesoldaten hätten keine Chance gehabt, auf der Insel mit ihrem hohen Binnengebirge und dem dichten Urwald jemanden aufzuspüren, und auch die Eingeborenen schafften es nicht so schnell, die zwei Briten aufzugreifen und an die Matavaibucht zu bringen. Während der Stunden des Wartens schwammen junge Frauen mit lauten Klagetönen wie die Sirenen rund um das Schiff und rissen sich mit spitzen Haifischzähnen im Wasser die Haut auf, um ihren Schmerz zu zeigen und den unerbittlichen weißen Häuptling zum Einlenken zu bewegen. Cook aber konnte vor dem heikelsten Teil seiner Unternehmung auf keinen Mann verzichten; er blieb fest, und die beiden Ausreißer wurden tatsächlich herangebracht. Es handelte sich um einen Maat namens Moith und einen Seesoldaten, der Sharp hieß und Kanonier war.

Die Schiffe liefen gefechtsbereit aus, denn die Eingeborenen hatten von großen spanischen Seglern erzählt, die sie gesichtet hätten, und die Spanier hatten ja die Seegebiete westlich Südamerikas zum Sperrgebiet für Schiffe fremder Nationen erklärt. Sie hatten dabei zwar gewiß mehr an den Handel vor den Küsten von Chile und Ecuador gedacht als an die winzigen Eilande im Pazifik, aber man hatte auf Tahiti auch spanische Inschriften gefunden und andere Anzeichen, daß die Spanier die schöne Insel für sich beanspruchten. Diese Merkzeichen hatte Cook entfernen lassen und damit die älteren britischen Ansprüche erneut betont, ehe er im Dezember 1777 nach Norden aufbrach.

Die sonst so meereskundigen Einwohner von Tahiti hatten nichts von Ländern gewußt, die weiter nördlich lägen, aber Cook kannte die Reiseberichte des Spaniers Mendaña, der unter dem Äquator Land gefunden hatte, und er kannte die neuseeländischen Sagen von Inseln, die noch weiter im Norden lägen als Tahiti und auf denen man die gleiche Maorisprache spreche. Tatsächlich tauchten schon am 24. Dezember Landvögel auf, die sich nie sehr weit von den Küsten wegwagten, und am 2. Januar des Jahres 1778 fing man die ersten Schildkröten. Immerhin währte es dann noch mehr als zwei Wochen, ehe am 18. Januar die Berge Hawaiis aus dem Ozean tauchten.

»Wir blieben nicht lange im Zweifel, ob dieses Land vor uns bewohnt sei oder nicht«, schreibt Cook am Montag, dem 19. Januar, »denn bald sahen wir einige Kanus vom Land ablegen und sich in schneller Fahrt unserem Schiff nähern. Jedes war mit drei oder vier

Männern besetzt, und ich war überrascht zu sehen, daß sie ganz offensichtlich demselben Volk angehörten, das auch auf Tahiti siedelte. Sie kamen längsseit und tauschten mit uns frische Fische gegen einige Nägel, waren jedoch nicht zu bewegen, an Bord zu kommen.«

Inzwischen hatten die beiden Schiffe Mühe, an der felsigen Küste einen einigermaßen sicheren Ankerplatz zu finden. Man lotete eifrig und fand schließlich in einer Bucht sandigen Grund, wo die Anker griffen. Während der ganzen Rundreise um die etwa siebzig Quadratmeilen große Insel hatten die Eingeborenen am Strand das Schiff verfolgt und waren immer wieder mit Booten darauf zugefahren. Als *Discovery* und *Resolution* nun in geringer Entfernung voneinander ankerten, kamen die Boote längsseit, und die ersten Geschenke stellten soviel Vertrauen her, daß einzelne Männer an Bord kletterten.

Es war zu erkennen, daß sie noch nie ein Schiff dieser Art gesehen hatten. Ihre Augen wanderten flink umher, und ebenso flink waren sie beim Stehlen. Das wunderte inzwischen niemanden mehr, offenbar herrschten auf allen Inseln des Pazifik Eigentumsvorstellungen, die von den europäischen erheblich abwichen. Die Männer von Nihau – so nannten sie ihre Insel – waren indessen besonders flink. Einer stahl ein langes Küchenmesser, nahm es zwischen die Zähne und sprang damit ins Wasser, ein anderer sicherte sich auf dieselbe Art ein Beil. Obwohl Cook drei Boote ausgesetzt hatte, die Wasser holen sollten, konnten die Diebe nicht verfolgt werden: sie hatten sich mit einem Mut und mit einer Schwimmkunst sondergleichen in die höchsten Brandungswellen gestürzt, so daß ihnen kein Boot zu folgen wagte.

Leutnant Williamson, ein Ire, hatte bei einem Landgang unter Bedeckung einen Süßwasserteich gefunden. Die Insulaner jedoch, die ja nicht wissen konnten, daß es nur um Wasser ging, verwehrten ihm den Zugang. Die drei Boote waren also mit Seesoldaten und bewaffneten Matrosen dicht besetzt, erreichten aber das Ufer nicht ohne Zwischenfall: einer der geschickten Schwimmer bäumte sich neben dem Boot des Leutnants aus dem Wasser und griff nach einem der Gewehre. Williamson schoß sofort und tötete den Mann.

James Cook war darüber außerordentlich ungehalten, bestellte Williamson zu sich und hielt ihm vor, wie unbeherrscht und wie überflüssig seine Handlungsweise gewesen war.

»Mit Ihrer Methode werden wir hier niemals Freunde gewinnen, und nur freundschaftliche Beziehungen sichern uns den Besitz dieser Eilande. Wir sind inmitten einer ganzen Inselgruppe. Niihau ist mindestens vierhundert Meter hoch. Es sind keine flachen Palmeninseln, über die jede Sturmflut hingeht, sondern große Felseninseln wie Tahiti, die für alle Zeiten zu wichtigen Stützpunkten der Schiffahrt werden können, vor allem, wenn sie mitten im nördlichen Pazifik liegen ... Sie sind Ire, Sie sind unbeherrscht. Bemühen Sie sich, ein wenig von der politischen Klugheit der Engländer anzunehmen.«

Williamson schwieg verstockt, es war offenkundig, daß er überzeugt war, richtig gehandelt zu haben, und daß Cook ihm die aufbrausende irische Wesensart vorgeworfen hatte, das schien er überhaupt nicht vergessen zu können.

Cook ging, um die Lage zu retten, wenig später selbst an Land, furchtlos wie stets und nur mit einem Hirschfänger bewaffnet. Die Hawaiianer, die eben noch ihren Toten beweint hatten, warfen sich sogleich zu Boden, als sei Cook ein Wesen aus einer anderen Welt. Er trat auf jene Männer zu, die sich nach Kleidung und Aussehen aus der Menge heraushoben und wohl Häuptlinge waren, hob sie auf und beschenkte sie mit Spiegeln und Glasperlen. Das Wasserholen ging nun ohne Schwierigkeiten vor sich, ja die Insulaner brachten eine große Anzahl von Schweinen, die sie ja bereits an Bord der Schiffe gesehen hatten, und andere Lebensmittel als Tauschware und erwiesen sich beim Handeln als überaus ehrlich. Es war zu erkennen, daß Niihau eine reiche Insel war, denn die Bewohner hatten einen eindrucksvollen Überfluß an Jamswurzeln, Kokosnüssen und gut gepflegten und gefütterten Schweinen.

Es gab aber auch Güter, die sich die britischen Einkäufer nicht sichern durften, so verlockend sie auch waren, und Heinrich Zimmermann aus Wiesloch, der sich von dieser Weltreise die buntesten Abenteuer versprochen hatte, notiert betrübt auf seinen geheimen Schreibtäfelchen: »Die Frauenzimmer auf dieser Insel sind neben ihrem schönen Aussehen sehr gefällig und übertrafen im einen wie im andern jene auf den übrigen Inseln des Südmeeres. Es wurde aber von Herrn Cook bei schweren Strafen aller Umgang mit den Schönen verboten. Ja das ganze Schiffsvolk wurde sogar visitiert (ärztlich untersucht), und nur die Männer, die von unreinen Krankheiten völlig frei waren, durften überhaupt das Land betreten.«

Dieser Umstand sowie die unbekannte Fahrstrecke in den pazifischen Norden bewogen Cook, den Aufenthalt vor Niihau auf das Nötigste zu beschränken und die anderen Inseln der Gruppe erst bei der Rückkehr von der eigentlichen Forschungsarbeit näher zu besichtigen. Nur eine kleine Nachbarinsel wurde angelaufen, weil es nach den Aussagen der Eingeborenen dort besonders viele Jamswurzeln geben solle und weil Cook stets um Frischgemüse an Bord besorgt war. Die Information erwies sich als richtig; es konnten so große und schöne Jams eingetauscht werden, wie man sie noch nirgends erhalten hatte, und Cook nannte das kleine Eiland darum Jamsinsel.

Sie waren nun wohlversorgt und konnten in Richtung auf die nordamerikanische Küste aufbrechen, aber der Abschied von Hawaii fiel allen schwer. War es auch das Volk, das sie schon kannten, dieses außerordentliche Volk Polynesiens, das sich über die ganze Weite des Ozeans ausgebreitet hatte, so wirkten die Hawaiianer doch begabter, zeigten sich interessierter als die anderen, denen man bisher begegnet war. Die Stoffe, die sie aus Rinden herstellten, hatten höchst ansprechende und bunte Muster; die Frauen trugen sie um die Hüfte geschlungen und sahen damit sehr lieblich aus. Ebenso interessant waren aber auch verschiedene religiöse Bräuche, die man beobachtet hatte, die Gebete, die diese Menschen oft vor sich hin sprachen, und die eigentümlichen Bestattungshöfe, heilige Bezirke, die ungleich geheimnisvoller wirkten als die europäischen Friedhöfe, die jeder betreten darf.

Eben das aber, der Umstand, daß hier zweifellos mächtige Häuptlinge geboten und das Volk in seiner alten Religion gefestigt zusammenhielt, verursachte einigen der Offiziere Unbehagen. Hier auf Hawaii hatte man es nicht mit arglosen Naturkindern zu tun, die aus Neugierde zusammenliefen, sondern mit Wilden, die auf einen Befehl hin, in einem gegebenen Augenblick, beim ersten besten Anlaß zu geschlossener Feindschaft übergehen konnten – und niemand war imstande zu sagen, wann dies der Fall sein würde und aus welchem Grund.

Einer der Vorsichtigsten, den düstere Ahnungen plagten, war Charles Clerke, der Kapitän der *Discovery*. Obwohl er erst fünfunddreißig Jahre zählte, obwohl er schon auf der *Dolphin* des Kapitäns Byron und auch mit James Cook die Erde umrundet hatte und ein erfahrener Seemann war, ging er nicht an Land, selbst wenn Häuptlinge und deren Frauen ihn herzlich dazu einluden, und er war einer jener, die zu schnellem Aufbruch drängten, als ahne er schweres Unheil.

Vorstoß in kalte Zonen

Es war das ganze Jahrhundert ein wenig reihum gegangen mit den Feindschaften und mit den Bündnissen, selbst gegen das nahe Holland hatte man mitunter Krieg führen müssen und gegen Frankreich, mit dem man zu den Zeiten des Regenten Philippe d'Orléans ein Herz und eine Seele gewesen war. Was im Grunde aber stets blieb, wie es gewesen war, das war die tiefe Abneigung der spanischen und der britischen Seefahrer gegeneinander, das ging schon so, seit die Herren Drake und Hawkins, aber auch Cavendish und andere in den spanischen Gewässern der Neuen Welt so reiche Beute gemacht hatten, daß man heute noch davon sprach.

Unter den Instruktionen, die Kapitän Cook mit auf den Weg bekommen hatte, war denn auch eine der deutlichsten und wichtigsten jene, die ihm gebot, die spanischen Gewässer tunlichst zu meiden. Und wenn auch die *Discovery* in Deptford ein paar Drehbassen und anderes Geschütz erhalten hatte, so ließ sich doch an den Fingern einer Hand abzählen, daß die beiden ursprünglich so friedlichen Kohleschaluppen einem spanischen Linienschiff bei einer allfälligen Konfrontation unterlegen geblieben wären.

Niemand an Bord der beiden Schiffe zweifelte am Mut und an der seemännischen Tüchtigkeit des Kommandeurs, aber daß er die Seeräuberfrechheit, die einst einen Drake über den mächtigen Spanier *Cacafuego* hatte triumphieren lassen, nicht besitze, daß er ganz einfach zu rechtschaffen für solche Gaunerstückchen und Piratenerfolge sei, das war auch allen klar.

Es galt darum, genau den Instruktionen zu folgen, die spanischen Gewässer an der Westküste Amerikas zu vermeiden und auf diesen großen Kontinent erst dort zu stoßen, wo man gemeinhin mit Spaniern nicht mehr zu rechnen brauchte, es sei denn, es handle sich um Expeditionsschiffe mit ähnlichen Anliegen, wie sie Cook selbst vertrat.

Als die *Resolution* und die *Discovery* am 2. Februar 1778 Hawaii verließen, liefen sie darum keinen reinen Ostkurs, sondern richteten den Klüverbaum in Richtung Ostnordost und sichteten die nordamerikanische Küste unter 44 Grad nördlicher Breite, das war zwei Grad oder zweihundertfünfzig Kilometer Segelstrecke nördlicher, als die spanisch-amerikanische Schiffahrt im allgemeinen zu beobachten war. Damit nicht genug, warf ein »katholischer« Wind die beiden Briten noch einmal weit auf See hinaus, so, wie man im Ärmelkanal von einem »protestantischen« Wind sprach, der in der Vergangenheit alle französischen Invasionsversuche vereitelt hatte und der großen spanischen Armada zum Verhängnis geworden war.

Erst drei Wochen später konnte die *Resolution* die Fahrt an die amerikanische Nordwestküste wieder aufnehmen und sichtete den Kontinent am 28. März ein zweites Mal, diesmal unter 48 Grad nördlicher Breite. Die Schiffe segelten langsam die zerklüftete Küste nach Norden, fanden einen Naturhafen, genauer gesagt einen tiefen Sund, und gingen dort auch vor Anker. Der Kommandant gab ihm zunächst den Namen Saint George Sound, kam dann aber mit Eingeborenen ins Gespräch und taufte ihn um in Nootka Sound, weil er den Eindruck hatte, die Indianer würden ihn so nennen.

Hier handelte es sich nun tatsächlich um Indianer, nicht um jene braunen Maori, die nur Georg Forster so genannt hatte. Die Worte, die fast alle Engländer auf Tahiti und auf den Tongainseln gelernt hatten, verstand man hier nicht, auch gingen die Menschen hier in Felle gekleidet und hatten guten Grund dazu.

In der Zone, in der man zuerst anlegte, machte sich der spanische Einfluß noch einigermaßen bemerkbar. Die Indianer hatten Pfeilspitzen aus Metall, die sie wohl nur aus dem spanischen Kalifornien bezogen haben konnten, und ihre Boote verrieten, daß sie europäische Vorbilder gesehen hatten und gute Äxte zu benützen verstanden. Die Männer hatten sich in grellen Farben bemalt, verhielten sich aber friedlich, brachten einigen Fisch und schienen an sonstigen Nahrungsmitteln nichts zu besitzen, was sie abgeben könnten.

Der Maat William Bligh, ein vierundzwanzigjähriger Mann aus Plymouth, kam hier an dieser nicht sehr freundlichen Küste endlich zu einer kleinen vorgelagerten Insel, der man seinen Namen gab. Er hatte schon in der kalten Kerguelensee eifrig gemessen und war auch sonst sehr emsig, so daß man seiner endlich gedenken mußte.

Als die beiden Schiffe die Suchfahrt wieder aufnahmen, stellten sie fest, daß die Küste Nordamerikas in dieser Gegend ins Meer hinaustrat, sich also nach Westen gegen die See drängte, womit die Hoffnung auf eine Durchfahrt zur Hudson Bay natürlich schwand. Die Menschen, die man antraf, waren nun kleiner und körperlich auch nicht mehr so wohlgestaltet, und ihre Boote bestanden nicht mehr aus Holz. Sie hatten Walroßfelle mit einigen Hölzern so geschickt gespannt, daß kleine, schmale Schiffchen daraus entstanden, und in der Haut klaffte nur in der Mitte ein Loch, eben groß genug, einen der Männer durchzulassen. Der zog auch noch eine Walfischblase um sich, so daß kein Wasser ins Boot dringen konnte. Solange er sein Paddel bei sich hatte, vermochten ihm die Wellen darum nichts anzuhaben, und wenn sie sein Boot umwarfen, so war er mit einem geschickten Ruderschlag wieder an der Oberfläche.

Dies und anderes zeigte den Briten, daß sie sich nun doch ganz erheblich von den Völkern Polynesiens entfernt hatten. Von diesen kleinen Einmannbooten hatte man auch schon im Nordatlantik gesprochen; die britischen Seefahrer, die sich in den Gewässern von Grönland und der Hudson Bay bewegt hatten, waren die ersten, die davon erzählt hatten, weswegen sich nun die Hoffnung verbreitete, man sei in der Nähe von Grönland und die Durchfahrt werde bald zu finden sein.

James Cook jedoch setzte die Nordwestfahrt unbeirrt fort und schien es besonders eilig zu haben, so daß er den vielen Fjorden und tiefen Einschnitten, die landwärts aus den Schärengewässern abzweigten, nicht nachging.

»Wenn Sie gestatten, Sir«, sagte Leutnant Gore eines Tages, »möchte ich die Vermutung äußern, daß wir uns von einer möglichen Durchfahrt eher entfernen, als auf sie zusteuern.«

Cook sah den ruhigen und vernünftigen Offizier verblüfft an. Gerade Gore hatte nie Anzeichen jenes unter Seeleuten sehr verbreiteten Aberglaubens gezeigt, der sich nach allen möglichen Anzeichen richtet, nur nicht nach dem Sextanten.

»Zwischen der Hudson Bay und uns sind ungeheure Landmassen und vermutlich hohe Gebirge, Gore«, sagte Cook. »Der westlichste Punkt der Hudson Bay liegt unter fünfundneunzig Grad westlicher Länge, wir hingegen befahren etwa den hundertvierzigsten Grad ... das sind, selbst wenn man bedenkt, daß wir nahe der Polkappe sind, immerhin an die zweitausend Kilometer ...

»Zweitausend Kilometer, durchzogen von tiefen Buchten und breiten Flüssen ... denken Sie an die Magellanstraße, Sir: Felsschluchten, in denen das Fahrwasser oft nur wenige hundert Meter breit ist, mehr ein Naturkanal als ein Stück Meer, in dem manche Schiffe viele Wochen zugebracht haben ...«

»Weswegen auch niemand mehr durchfährt, sondern den Weg um Kap Hoorn wählt«, warf Cook trocken ein. »Derlei ist ein Abenteuer, Gore. Ich würde Ihnen das Boot geben, wir führen es ja zerlegt mit uns, für eben diesen Zweck. Ich würde auch warten, ob Sie wiederkehren ... aber ich sehe hinter diesen Küsten die Berge dreitausend Meter hoch aufsteigen ... Das sind Wasserscheiden, Gore, die Flüsse, die hier münden, sind kurz ... Nein, wir müssen weiter nach Norden. Ich sehe die Buchten tiefer werden, ich sehe die Küste sich aufsplittern und lange Arme von Inselketten ausstrecken. Hier hat die See einen Kontinent zerschlagen, hier gibt es eine Durchfahrt ... aber eben ins Polareis!«

Gore war nicht überzeugt, und auch der Mannschaften bemächtigte sich eine gewisse Unruhe, vor allem, da die wenigsten von ihnen genug von der Erdkunde wußten, um zwischen der großen Hudson Bay und dem eigentlichen Polarmeer unterscheiden zu können. Wie klein die Erde wurde, wenn man sich den Polen näherte, das hatten jene, die Cook bereits begleitet hatten, auf erstaunliche Weise im Südpazifik und im Südatlantik erlebt, wo James Cook binnen wenigen Wochen zwischen Kapstadt, Kap Hoorn und Neuseeland die Weltmeere durchmessen hatte; ein paar superkluge Maate hatten erregt erklärt, man befände sich näher an Grönland als je zuvor auf dieser Reise, und so packte manchen das Heimkehrfieber angesichts einer jeden Wasserstraße, die nach Nordosten wies.

Die Stimmungen der Mannschaft lassen sich aus den Aufzeichnungen Heinrich Zimmermanns deutlicher erkennen als aus dem Tagebuch des Kapitäns, wobei man annehmen darf, daß Zimmermann noch zu der besonnenen Gruppe gehörte, die den Offizieren mehr vertraute als die wirklich Unzufriedenen, die es ja bei jeder langen Seefahrt gibt.

»Das Land selbst«, schreibt Zimmermann von der Yukon- und Südalaskaküste, »ist mit vielen Arten schöner und außerordentlich großer Bäume an der Küste bewachsen. Wir nahmen auch mehrere feuerspeiende Berge wahr. Dann zeigten sich mehrere bequeme Häfen und Meerbusen. Ungefähr bei 59 Grad (nördlicher Breite) entdeckten wir eine besonders große, in das Land gehende Bucht (den Cross Sound). Wir fuhren hinein und fanden zwei Wege: einen gegen Südwesten und den anderen gegen Osten (Icy Street beim heutigen Juneau)... Wir kamen bis 200 deutsche Meilen gegen Osten in das Land, und wir lebten alle in der Hoffnung, daß Amerika hier geteilt sei, wir die Durchfahrt machen und die zur Belohnung ausgesetzten 20 000 Pfund Sterling verdienen könnten. Als wir nur noch ungefähr sechzig deutsche Meilen von der Hudson Bay entfernt waren (!), kamen wir auf einen frischen Strom, der uns entgegenkam. Aber Herr Cook fand das Wasser dieses Stromes frisch und süß und entschloß sich daher, da er keine Durchfahrt vermutete, wieder zurückzukehren und tat es auch wirklich.«

Die Enttäuschung über die Entscheidung Cooks ist ebenso deutlich wie der Irrtum, die irrige Auffassung, die unter den Matrosen verbreitet war; denn sechzig deutsche Meilen entsprachen, selbst wenn man annimmt, Zimmermann habe die oldenburgische Meile gemeint, nicht einmal sechshundert Kilometern. Bald aber hatten die Besatzungen ernsthaftere Gründe, an ihrem Kommandanten zu zweifeln – das war, als man in die schwierigen Gewässer vor der Südküste Alaskas gelangte. Die Küstenlinie verlief hier ziemlich genau westlich und dann sogar südwestlich, so daß die Expedition von ihrem Nordkurs abgedrängt wurde und die Ungeduld wuchs.

»Als wir ungefähr zum sechzigsten Grad kamen, fanden wir am 12. Juni abermals eine große Öffnung gegen Süden in das Land (gemeint ist: sich nach Süden zu öffnend. Das Cook Inlet, von dem Zimmermann spricht, mußte natürlich in Richtung Nordost befahren werden, insgesamt auf einer Strecke von 350 Kilometern). Wir fuhren in dieselbe hinein, und nach zwei Tagen stießen wir wieder auf einen frischen, uns entgegenkommenden Strom. Herr Cook ging, ohne das Ende aufzusuchen, wieder zurück und äußerte, daß hier keine Durchfahrt sei... Nach der Rückkehr aus dieser Öffnung änderte Herr Cook seinen Lauf (Kurs) und ging hinüber gegen die asiatische Küste (d. h. er befahl Südwestkurs längs der Alaska-Halbinsel und an den Alëuten hin). Unterwegs, am 19. Juni, kamen in einem Kahne zwei in Seehundpelze gekleidete Menschen von einer nahe gelegenen Insel schnell auf uns zugefahren und näherten sich unserem Schiff, nämlich der *Discovery*. Wir warfen ihnen Stricke hinunter, sie hielten sich daran, nahmen ihre Kappen dreimal vor uns ab, und weil wir nichts von ihrer, sie auch nichts von unserer Sprache verstanden, so deuteten sie auf unsere Anker und gaben uns dadurch zu verstehen, daß wir diese gehen lassen und mit ihnen an Land kommen sollten. Als wir in dieses Begehren nicht einwilligten, gaben sie uns ein kleines, viereckiges Kästchen und gingen wieder ihres Weges. Wir öffneten es und fanden darin ein kleines Stück Papier, worauf fünf Zeilen mit griechischen (kyrillischen) Buchstaben geschrieben waren. Wir konnten nichts davon verstehen, erkannten jedoch unter dieser Schrift die Jahreszahlen 1776 und 1778 und vermuteten nach allen Anzeichen, daß Russen auf der Insel gescheitert seien. Herr Kapitän Clerke (von der *Discovery*) gab dem vorausgefahrenen Herrn Kommodore Cook ein Signal und begab sich selbst zu ihm an Bord. Letzterer ließ aber nicht halten, noch viel weniger die Sache untersuchen, was es mit diesen Leuten für eine Bewandtnis habe. Wir konnten nicht glauben, daß Herr Cook die Schrift verstanden habe, und nahmen es ihm daher sehr übel, daß er sich nicht diese Mühe (einer genaueren Suche nach den russischen Schiffbrüchigen) gegeben habe.«

Später wäre es der *Resolution* beinahe ebenso ergangen wie jenem russischen Schiff und vierzig Jahre zuvor dem großen Vitus Bering.

»Am 24. Juni liefen wir in einer sehr nebligen Nacht ganz sorglos und unwissend gegen die Insel Unalashka (in der Aleütenkette) hin. Auf der *Resolution* wurde man plötzlich eines starken Sorfs (Strömung) gewahr und vermutete daher in der Nähe große Klippen und Felsen. Herr Leutnant Gore, der damals auf dem Verdeck die Wache hatte, ließ gleich das Senkblei werfen und fand nur zwölf Faden (18–20 m) Wassertiefe. Er ließ deshalb gleich den Anker fallen und rief dem auf unserem Schiff, der *Discovery*, die Wache haltenden Offizier zu, ein gleiches zu tun. Am andern Tag früh klarte es auf (und wir sahen), daß die *Resolution* kaum zwanzig Schritte vor einem am Ufer des Landes gerade aufsteigenden sehr hohen Felsen lag und der Weg hinter uns mit so vielen Klippen besät war, daß wir nicht begreifen konnten, wie wir ohne Unglück hindurchgekommen.

Da wir hier dem Scheitern so nahe (gewesen) waren, gaben beide Schiffskompanien (= -mannschaften) ihren Unwillen über die Unleutseligkeit (das abweisende Verhalten) des Herrn Cook gegen jene Leute, die allen Umständen nach Hilfe bei uns gesucht, noch mehr zu erkennen und gaben ihm die Schuld, daß uns fast der gleiche Unfall begegnete. Der Ort, wo wir beinahe Schiffbruch erlitten, wurde Providence Bay genannt.«

Das sind harte Worte der Kritik, von denen sich in den Tagebüchern Cooks kaum eine Spur findet; immerhin aber hatte auch Cook den Eindruck, einem schweren Unglück nur knapp entronnen zu sein, und schrieb das Verdienst daran nicht sich selbst oder Gore oder dem Zufall zu, sondern der Vorsehung, der er bei einer ähnlichen Gelegenheit ja auch im Barriereriff eine Passage gewidmet hatte. Sein Mut war freilich ungebrochen: er bewegte sich weiter mit der größten Selbstverständlichkeit in den gefährlichen Gewässern der sehr flachen, von Inseln, Klippen und Untiefen durchsetzten Beringstraße, die ja noch zur Eiszeit eine trockene Landbrücke gewesen war, stieß aber auch nach Norden in die Tschuktschensee. Die Beringstraße war eisfrei, wenn auch selbst im August die klaren Tage selten waren. Ein weit nach Westen vorspringendes Kap benannte Cook nach dem Prinzen von Wales und gab damit dem westlichsten Punkt des inzwischen gegen England revoltierenden Amerika einen stockbritischen Namen. Das Wetter war an diesem Tag klar, und man erkannte die flachhügelige asiatische Küste, aber auch, wie schmal hier der Durchlaß für die Ozeane war.

Bei der Landung auf asiatischem Boden wurden die beiden britischen Schiffe zunächst für russische Fregatten gehalten, und da die Tschuktschen mit dem Zaren offenbar keine allzuguten Erfahrungen gemacht hatten, zogen sich die kleinwüchsigen, mit Fellen bekleideten Menschen schnell von der Küste zurück. Schließlich gelang es aber, ihnen klarzumachen, daß sie nichts zu befürchten hätten, und Cook gab der winzigen Siedlung den stolzen Namen Cookstown, unbeeindruckt von der Tatsache, daß der östlichste Landvorsprung Sibiriens in die Beringstraße hinaus von einem Kosakenhetman namens Deschnew schon im Jahrhundert zuvor auf einer verlustreichen Expedition entdeckt worden war. Etwa vierzig Jahre, bevor Cook seine dritte Reise angetreten hatte, waren die aus dem siebzehnten Jahrhundert stammenden bruchstückhaften Aufzeichnungen einiger Teilnehmer der Deschnew-Expedition aufgefunden und durch den deutschen Historiker G. F. Müller zusammen mit einer Karte der Öffentlichkeit übergeben worden, dürftige Unterlagen für eine so schwierige Reise, aber eben die einzige Hilfe, die Cook zuteil wurde. Einer der Gefährten des Deschnew hatte geschrieben: »Wir erreichten nahe dem Meere den Anadyr (Fluß). Wir konnten keine Fische fangen, es gab kein Holz, wir Armen kamen beinahe um vor Hunger ... Von 25 Leuten waren nur noch zwölf übriggeblieben ... Es gibt dort ein Kap, das weit ins Meer hinausragt.«

Am 18. August 1778 erreichte James Cook den nördlichsten Punkt seiner Fahrt mit 70 Grad und 44 Minuten. Das war die ungefähre

Polnähe von Hammerfest oder Workuta, und vor der *Resolution* türmte sich, dicht geschlossen und unbezwinglich, das Eisfeld des Nordpolarmeers auf. Nun hätte Cook zweifellos das Recht gehabt umzukehren, und vermutlich hätte es jeder andere getan. Aber es war, als würde gerade angesichts dieser Schwierigkeiten die alte Hartnäkkigkeit wieder in ihm wach, jene an Starrsinn grenzende verzweifelte Ausdauer, die ihn auf früheren Reisen immer wieder gegen die Antarktis vorstoßen ließ. Cook brachte mit seinen zwei Schiffen noch viele Wochen im höchsten Norden des Pazifischen Ozeans zu. Der unwirtliche Norton Sound, mit dem sich Alaska nach Westen öffnet, wurde genau vermessen, und auch schwere Stürme brachten James Cook nicht von seiner Aufgabe ab.

Erst am 4. Oktober gönnte sich Cook und den anderen eine Pause, vielleicht auch, weil es inzwischen auf der *Discovery* einen schweren Unfall gegeben hatte. Im Sturm waren Taue und Verankerungen gerissen, einen Mann hatte es so hart gegen den Großmast geworfen, daß er starb, und Heinrich Zimmermann wurde hoch in die Luft geschleudert, hatte aber das Glück, wieder an Deck zu landen und nicht in die tobende See zu fallen. Die kleinen und flachen Diomedesinseln boten keinen Schutz für die Schiffe, also ging man wieder in Unalashka vor Anker, wo wenigstens eine Spur von Gesittung festzustellen gewesen war. Tatsächlich ergaben sich jetzt, da Cook sich Zeit nahm, einige Kontakte mit den Eingeborenen, und das Staunen war groß, als einer von ihnen aus dem Brustgewand ein kleines Kruzifix hervorholte. Sie brachten auch keineswegs nur Fische, sondern sogar Gebackenes und ließen erkennen, daß Cook und die Seinen nicht die ersten Europäer seien, die Unalashka angelaufen hätten.

Ein Feldwebel der Seesoldaten ging daraufhin mit zwei Einheimischen über die Insel zur anderen Seite, traf dort tatsächlich auf etwa dreißig Russen und beredete drei von ihnen, ihn zurück zur *Resolution* zu begleiten. Es ergab sich, daß das große Zarenreich eine Handelsstation an dieser Küste unterhielt und daß die Männer, die hier vor allem Pelze und Walroßzähne aufkauften, alle drei Jahre abgelöst wurden. Es ging also nicht gut an, das Land für die britische Krone in Besitz zu nehmen: die Russen waren seit geraumer Zeit an diese Meerenge vorgestoßen und hatten sie überquert, wie vor vielen Tausenden von Jahren jene ersten Menschen, die nach Amerika einwanderten. James Cook schrieb also einen Brief, in dem er die Umstände seiner Expedition darlegte, und ließ ihn zur russischen Pelzhandelsfaktorei bringen, ehe am 26. Oktober die Alëuten endgültig verlassen wurden.

Nach genau dreißig Tagen zum Teil sehr stürmischer Fahrt kamen die Berge von Hawaii in Sicht, die zum Erstaunen der Leute, die sich auf warme Gegenden gefreut hatten, mit Schnee bedeckt waren. Eine bis dahin unbekannte Insel, größer als die anderen und hoch aufragend, wurde umfahren, ehe James Cook einen Hafen für die beiden Schiffe fand. Beim Tauschhandel mit den Eingeborenen hatte man vernommen, daß die Insel Ohawaie heiße, was man sich mit Hawaii mundgerecht machte. Maat Bligh suchte mit dem Boot nach einem besonders günstigen Ankerplatz, und da er ein sehr genauer Mann war, währte dies eine ganze Weile. Endlich aber hatte er eine Bucht gefunden, wo dunkle, zum Meer vorstoßende Berge Schutz gegen plötzliche Böen gewährten. Die Einwohner nannten sie Kealakekua-Bai. Dort fielen am 17. Januar 1779 die Anker.

Der Tod des weißen Gottes

In dem Monat vom 6. Jänner bis zum 4. Februar 1779 hatten die Männer von der *Resolution* und der *Discovery* nicht nur Verpflegung im Überfluß. Sie begannen auch, nach den wochenlangen Nebelfahrten nördlich des Polarkreises, sich ernsthafter für die Südseeinseln zu interessieren, die nun zu ihren Stützpunkten geworden waren. Hawaii und seine außerordentlich hohen Berge, die Rauchwolken der Vulkane und die blaue See ringsum, das war nicht minder zauberhaft als die Natur auf Tahiti. Aber der Reichtum der Inseln war sichtlich größer, die Verwaltung durch die eingeborenen Könige straffer, die Wirtschaft tüchtiger und reicher an Produkten. Deutlicher als auf Tahiti trat hier auch die Religion in Erscheinung. Der Häuptling oder König schien auch der oberste Priester zu sein, und die Friedhöfe, der

Totenkult, die Götterverehrung, das alles beschäftigte keineswegs nur die wenigen Gelehrten dieser Expedition, sondern auch James Cook und sogar seine Matrosen.

Alte Maorimänner auf Neuseeland hatten angedeutet, daß das Totenreich der Maorisagen im Norden läge, in der fernen Heimat der Väter. Sie glaubten, daß die Geister der Abgeschiedenen wieder dorthin zurückkehrten, woher vor vielen Jahrhunderten das ganze Volk gekommen war auf seiner Nordsüdwanderung über den großen Ozean. Auf Hawaii nun war für die Toten alles vorbereitet, sie hatten für jeden sichtbar ein eigenes Reich, und nicht nur James Cook, sondern jeder, der hier an Land ging, konnte nicht umhin, sich mit der Gegenwart des Todes in der Existenz dieser Insulaner auseinanderzusetzen.

»Sie haben eine sehr große Anzahl von Göttern«, schreibt Heinrich Zimmermann in sein Geheimtagebuch, »und nennen sie alle nach den Namen ihrer Könige und Ehris (= Adeligen). Diese Götter flechten sie in der Form eines Brustbildes aus einer Art dünnen und biegsamen Holzes, samt dem Hals, dem Kopf, Nase, Mund und Ohren. Sie setzen denselben Augen von Perlmutterschalen und große Schweinszähne ein. Von der Brust bis ganz über den Kopf besetzen sie selbige mit kleinen roten Vogelfedern in solcher Menge, daß man von dem inneren Holz gar nichts mehr wahrnimmt.

Die Brustbilder und alle übrigen Teile sind von ungeheurer Größe. Einigen von diesen ihren Göttern machen sie auf dem hinteren Teil des Kopfes falsche Haare, und einigen setzen sie auch Kappen auf, die ebenfalls auf die nämliche Art geflochten und mit Federn besetzt sind, jedoch aber mit gelben und noch mehr mit andern Federn schattiert sind und den römischen Pickelhauben sehr gleichen. Sie trugen uns mehrere ihrer Götzenbilder zum Eintauschen an; wir handelten auch verschiedene von ihnen ein, die wir mit nach England nahmen.

Herrn Cook machten sie auf der Insel Ohawaie (Hawaii) auch zu einem Gott und richteten ihm zu Ehren ein Götzenbild auf. Sie nannten es nach seinem Namen Oruna-note-tuti. *Oruna* heißt Gott, *tuti* Cook. Dieser Abgott war wie der ihrige geformt, aber statt der roten mit lauter weißen Federn geziert, vermutlich aus dem Grunde, weil Herr Cook als ein Europäer von weißer Hautfarbe war.«

Schon als Cook das erste Mal hawaiischen Boden betreten hatte, waren die Eingeborenen vor ihm zu Boden gefallen. Nun, da er wiederkehrte, erhoben sie ihn formgerecht zu einem ihrer Götter, verfertigten für ihn eines jener Wunderwerke von Federmänteln, für die sie in Schlingen zahllose kleine Vögel fangen mußten, und veranstalteten für ihn Prozessionen. James Cook sagt es nicht ausdrücklich in seinem Tagebuch, aber er weiß es natürlich, weil er sich ja mit den großen Entdeckern vor ihm beschäftigt hat: Er tritt hier, zwischen der Alten und Neuen Welt, auf der Inselgruppe zwischen den Kontinenten, in die Rolle, die einst Hernando Cortez spielte und die ihm zu seinem Sieg über das unendlich überlegene und hochzivilisierte Kaiserreich des Montezuma verhalf.

James Cook spricht in seiner Bescheidenheit nur zurückhaltend von seiner eigenen Rolle in den Augen der Eingeborenen, er will sich nicht unter ihre Götter, sondern nur unter ihre Häuptlinge eingereiht sehen, als er auf einem Spaziergang über die Insel die Verehrung der Hawaiianer bemerkt.

»Einer der Eingeborenen führte uns, und ein größerer Trupp gab uns das Geleit. Unser Führer rief unser Herannahen aus, und ein jeder, auf den wir trafen, fiel sogleich auf das Gesicht nieder und blieb in dieser Stellung, bis wir vorbei waren. Ich begriff, daß dies bei allen ihren Häuptlingen so gehalten wird. Unser Weg führte uns zwischen den Plantagen hin und senkte sich dann wieder zum Strand. Schon vom Meer aus hatten wir in einem jeden der Dörfer eine oder mehrere Pyramiden gesichtet, und als wir begehrten, eine aus der Nähe zu sehen, brachte man uns zu einem dieser Objekte an unserem Flußufer. Es erschien uns wie eine Begräbnis- oder Kultstätte, ein wenig jenen ähnlich, die wir bereits auf Tahiti gesehen hatten. Die Pyramide, welche sie Henananu nannten, maß in der Basis vier Fuß im Geviert und war etwa sechs Meter hoch. Ihre vier Seiten waren aus kleinen Stöcken und Zweigen gemacht und in so offener Bauweise, daß man das hohle Innere sehen konnte. Einige der Teile waren jedoch bedeckt oder bedeckt gewesen von einem außerordentlich dünnen und leichten grauen Tuch, das offenbar nur zu religiösen oder anderen feierlichen Anlässen verwendet und dabei geweiht wird. Wir fanden eines zu einem großen Teil um dieses Mahnmal geschlungen.«

Die Hawaiianer widmeten also ihre außerordentliche handwerkliche Kunstfertigkeit zu einem Gutteil dem Kult und der Verehrung von Göttern, Häuptlingen und Toten, stellten aus Matten und Vogelfedern die herrlichsten Mäntel her und verstanden es, ein schleierleichtes Tuch zu weben wie einst in der Antike die Frauen auf der Insel Kos. Zweihundert Jahre später lebend als Hernando Cortez, erkannte James Cook deutlicher die Eigenart und die Würde dieser Eingeborenenkultur, beging dann aber doch entscheidende Fehler. Als er Brennholz brauchte, denn man kochte und buk angesichts der hawaiischen Lebensmittellieferungen auf beiden Schiffen um die

Wette, ließ er sich durch die Freundlichkeit der Häuptlinge verführen, Kultstangen von den Friedhöfen zu erbitten, weil sie naturgemäß bequemer zu verheizen waren als das Holz, das man erst schlagen mußte und das auch nicht so gut brannte. Cook erhielt die Stangen, offensichtlich wollte man ihm nichts abschlagen, aber die Eingeborenen murrten heimlich und fühlten ihre Tabus verletzt. Das war die erste Unbesonnenheit eines sonst so ruhig überlegenden Mannes; die zweite bestand darin, daß James Cook einen alten Matrosen, den Quartiermeister William Wattmann, der eines natürlichen Todes gestorben war, auf einem der Eingeborenenfriedhöfe bestatten ließ.

Vor allem aber trübte es die Stimmung, daß die beiden britischen Schiffe nach dem großen Abschied vom 4. Februar völlig unerwartet wieder an jener Insel festmachen mußten, deren Nahrungsmittelvorräte sie in den vier vorangegangenen Wochen so nachdrücklich vermindert hatten. Die Rückkehr hatte ihre Ursache keineswegs in einem Versehen Kapitän Cooks oder eines anderen Offiziers, sondern war einzig und allein Schuld der Werftingenieure von Deptford, die sich einfach die Masten der *Resolution* nicht genau genug angesehen hatten.

Man war guten Mutes am 4. Februar 1779 aufgebrochen und zur Untersuchung der anderen Inseln ausgelaufen. Es war ja deutlich, und die Eingeborenen hatten es bestätigt, daß die Hawaiigruppe aus einer ganzen Anzahl größerer Inseln bestehe, ganz zu schweigen von vielen kleinen und größtenteils unbewohnten Eilanden. Kao, ein kluger Mann, der vermutlich priesterliche Funktionen ausübte, hatte Cook die großen Inseln aufgezählt, die freilich allesamt wesentlich kleiner waren als Hawaii selbst und deren Berge auch nicht so hoch zum Himmel ragten. Er nannte Maui, Oahu und Kauai und dann, als weniger groß und bedeutend, aber ebenfalls besiedelt, Niihau, das die Briten ja bereits kannten, dazu noch Molokai, Lanai und Kahoolawe. Wenn Cook auch nicht daran denken konnte, alle acht Inseln genau zu vermessen, so war er sich über die Bedeutung einer Inselgruppe von zusammen etwa sechstausend Quadratmeilen Landfläche durchaus im klaren. Wer sie besaß und ausbaute, der würde in der transpazifischen Schiffahrt stets ein entscheidendes Wort mitzureden haben. Und wenn es noch eines Hinweises auf die Wichtigkeit dieser Inseln bedurft hätte, so war dieser durch die Russen erfolgt, die im höchsten Norden, in Zonen, in denen Europäer sich kaum am Leben halten konnten, dennoch Handelsstationen unterhielten und damit ihre Ansprüche auf diese Inselbrücke zwischen den Kontinenten angemeldet hatten.

Um sich ein wenig zu entlasten, hatte Cook wiederum William

Bligh eingesetzt und ihm die Pinasse anvertraut. Der Fünfundzwanzigjährige aus Plymouth war zwar nur Master, also noch nicht einmal Leutnant, aber er hatte einen so unbändigen Ehrgeiz und einen so starken Willen, daß Cook überlegte, ob er ihn nicht auffordern sollte, den Schneeberg zu besteigen, der sich über der Insel Hawaii bis zu den Wolken auftürmte, gewiß höher als der Pik von Teneriffa, ja so hoch wie die höchsten Berge der Alpen.

Das hätte aber zweifellos sehr viel Zeit erfordert und im Grunde wenig Nutzen gebracht. Sollten doch künftige Kolonisatoren diese Forschungen im Innern weitertreiben. Bligh wurde also nur zu einer größeren Patrouille ermutigt und kehrte mit der Nachricht zurück, er wundere sich, daß die Insel Hawaii so viele Lebensmittel habe liefern können: wirklich fruchtbar und gut bewirtschaftet sei nämlich nur der Küstensaum. Das Innere liege voll von Lavabrocken, die Felder seien mit Tuff beregnet von den zahlreichen Ausbrüchen mindestens dreier hoher Vulkane, kurz, es bedürfte noch großer Vorarbeiten, ehe man die Landflächen im Innern der Landwirtschaft nutzbar machen könne.

Diese Beobachtungen erklärten so manches, was in den vorangegangenen Wochen James Cook mehr verwundert als beunruhigt hatte. Zunächst waren einzelne Vornehme mit vorsichtigen Fragen an ihn herangetreten, wann die weißen Götter denn wieder aufzubrechen gedächten. Da die Anlieferung der Lebensmittel niemals nachgelassen hatte, war diese Frage nicht so ohne weiteres verständlich, erklärte sich aber nun dadurch, daß man offenbar um des Tauschhandels willen einen gewissen Raubbau betrieben hatte. Schließlich kehrte die Gelegenheit, gegen Schweine und Jamswurzeln Eisenteile, Beile, Nägel und Messer zu bekommen, nicht so bald wieder, und es war vor allem völlig unsicher, wann sie sich wieder ergeben würde. Die Leute entblößten sich offenbar des Nötigsten aus purer Gier nach den ihnen unbekannten Dingen, die auf der *Discovery* und der *Resolution* angeboten wurden. Das schuf Mißstimmungen, für die keiner der Europäer etwas konnte; es wurde ehrlich getauscht, es wurde nichts geraubt oder beschlagnahmt. Aber welches Naturkind vermag schon der Versuchung eines solchen Augenblicks zu widerstehen?

Nach der Ausfahrt am 4. Februar war das Wetter plötzlich umgeschlagen, wie es in der Nähe hoher Berge mit ihren Fallwinden keine Seltenheit ist. Ein großes Kanu mit Frauen an Bord war vor der Kealakekua-Bucht in Seenot geraten, und da die anderen Kanus sich nicht um die Schiffbrüchigen kümmerten, vielleicht auch genug mit sich selbst zu tun hatten, mußte die *Resolution* ein Dutzend nasser und frierender Eingeborenenfrauen an Bord nehmen, sehr zum Ärger des Kapitäns, der erst wenige Tage zuvor einen seiner Leute hatte auspeitschen lassen, weil er trotz Verbots zu einem Mädchen an Land geschlichen war.

Die Fahrt zur Nordspitze der großen Insel war gegen den Sturm schon schwierig genug, und die Enge an Bord machte jede Überlegung, jedes Manöver, kurz das gewohnte Leben vollends unmöglich, ganz abgesehen von den Schwierigkeiten, die ein Sturm auch für erprobte Mannschaften mit sich bringt. Die Frauen und Mädchen fürchteten sich anfangs ein wenig, da sie aber schon manchen Sturm erlebt hatten und dabei stets in ihren winzigen Kanus gesessen waren, gelangten sie bald zu der Einsicht, daß ihnen auf einem so großen Schiff wohl nichts passieren werde, und genossen es, daß man sie nicht von Bord weisen konnte. Sie drückten sich zwischen den Männern herum, lenkten sie ab und stahlen dem Kapitän und den Offizieren jede Minute der Ruhe, weil bekanntlich nichts schwerer zu hüten ist als ein Dutzend koketter Frauenzimmer, noch dazu inmitten einer ganzen Seemannschaft.

Als nach einigen Tagen der Sturm endlich abflaute, ergab eine Untersuchung des Vormasts, daß er nicht nur angebrochen sei, sondern daß das ganze unsichtbare Stück, der Teil, mit dem er ins Schiff versenkt war, als verrottet gelten mußte. Eben dieser Teil aber sollte ihm den Halt geben!

Wäre man auf Neuseeland gewesen oder auf den Hebriden, wo immerhin einige Inseln hohen Baumwuchs hatten, Cook hätte einen geeigneten Baum aussuchen und einen völlig neuen Mast einsetzen lassen. Auf dem Lavagrund von Hawaii jedoch gab es zwar allerlei Holz, aber sie hatten in den vier Wochen, die sie dort vor Anker lagen, keinen tauglichen Baum gesehen. Es war nur möglich, den morschen Mastteil zu schäften und zu umkleiden, eine langwierige Arbeit, deren Erfolg zweifelhaft war.

»Wenn ich dazu etwas sagen darf, Sir«, meldete sich James King, der zweite Leutnant, »so sollten wir vielleicht nicht wieder in jene Bucht zurückkehren, die wir, mit Verlaub gesagt, leergefressen haben.«

»Und warum? Der Liegeplatz ist gut, die Leute kennen uns, und wir werden Helfer brauchen!«

»Ich ... ich habe Ihnen nicht alles gesagt, Sir, was sich dort begeben hat.«

»Dann wird's aber Zeit, Leutnant!«

»Der König und der Priester Kao waren oft in meiner Gesellschaft, wenn ich mit den Seesoldaten das kleine Observatorium beschützte … Sie, Sir, waren an Bord, ich aber war stets unter den Eingeborenen, beinahe einen Monat lang … Man hat mich bedrängt, Tag für Tag und immer dringender, ich solle auf der Insel bleiben. Sie boten mir an, mich in den Bergen zu verstecken. Jeden anderen, sagten sie, würden sie ausliefern, mich aber würden sie verbergen und als einen Häuptling halten, mit einem großen Haus und vielen Frauen.«

Cook zog die Brauen hoch.

»Und warum gerade Sie?«

»Nun … wie gesagt: mich kannten sie am besten, mich hatten sie den ganzen Tag beobachtet … ich erschien ihnen vielleicht nicht so geheimnisvoll wie die anderen, die immer nur aus den Booten stiegen und dann wieder zum Schiff fuhren … Vor allem aber: es scheint, daß man mich für Ihren Sohn gehalten hat, Sir …«

Nun mußte Cook lachen.

»Ich weiß nicht, ob Sie das als Kompliment nehmen durften, King … aber interessant ist die Sache doch. Was wurde noch gesprochen?«

»Ich habe den Eindruck schwelender Feindschaft. Die Leute sind viel klüger, als wir annehmen, und viel bessere Diplomaten. Sie haben es uns verübelt, daß wir so viele Lebensmittel an Bord brachten.«

»Es wurde doch alles bezahlt!«

»Dennoch. Wir scheinen das Gastrecht übermäßig strapaziert zu haben. Die Hawaiianer durften offenbar nichts abschlagen, nahmen es aber übel, daß wir dies ausgenützt haben.«

Cook ging nachdenklich auf und ab.

»Daran ist natürlich etwas Wahres. Wir konnten schließlich nicht in sie hineinsehen, aber wir hätten eben doch unsere Phantasie walten lassen sollen. Bligh hat mir inzwischen die Augen darüber geöffnet, daß es auf diesen Inseln keinen echten Überfluß gibt, aber diese Information kam eben zu spät. Sie haben nicht unrecht mit Ihren Bedenken, Leutnant, aber ich kann mit einem Vormast, der jeden Augenblick über Bord gehen kann, nicht zwischen den Inseln kreuzen, bis sich irgendwo ein sicherer Hafen auftut mit einem großen Sandstrand und friedlichen Eingeborenen, die uns auch noch das nötige Holz besorgen. Auf der größten Insel haben wir auch die größten Chancen, geeignetes Material für die Ausbesserungsarbeiten zu finden, und die sind nun einmal unerläßlich!«

James King hatte mit allen seinen Bedenken recht gehabt. Die Insulaner an der Kealakekua-Bucht machten, gelinde gesagt, lange Gesichter, als die *Resolution* und die *Discovery* wieder auftauchten und die Fremden, die so viele Schweine und Jamswurzeln verbraucht hatten, sich anschickten, zu neuen Käufen ans Ufer zu kommen. Daß ein Dutzend lachender und winkender Frauen dabei ebenfalls an den Strand kam, die man schon in den Wellen umgekommen wähnte, besserte die Stimmung nur unwesentlich.

Parea, einer der jüngeren Häuptlinge, ein kräftiger und dabei intelligenter Mann, wagte sogar die offene Frage, warum die weißen Götter denn eigentlich zurückgekehrt seien, ja er vertraute King an, daß die Lage gespannt sei. Es werde ganz gewiß zu kleinen und großen Diebstählen kommen, und weder er – Parea – noch die anderen Häuptlinge seien in der Lage, ihre Leute im Zaum zu halten. Der Bann sei gebrochen, die Scheu vor dem Neuen dahin, niemand fürchte mehr die Fremden, seit man gesehen habe, daß einer von ihnen gestorben und begraben worden sei wie die Hawaiianer auch.

King mußte dies alles zugeben, wies zugleich aber auf den Vormast, der inzwischen ausgebaut worden war und nun am Strand lag. Es war offenbar, daß nur die ungünstige Witterung und eine Notlage die Rückkehr der beiden Schiffe veranlaßt habe.

»Sie bauen das Observatorium zwar wieder auf, King«, befahl der Kommandant, »aber achten Sie darauf, daß stets genug Seesoldaten an Land sind, um die Arbeiten zu schützen. Ausflüge sind verboten. Wir beschränken uns auf das Zweckmäßige. Die Seesoldaten sollen nicht nur das Seitengewehr aufpflanzen, sondern auch stets schußbereit sein. Mir ist ganz und gar nicht wohl bei diesem erzwungenen neuerlichen Aufenthalt, aber jetzt liegt der Mast an Land, jetzt müssen wir hierbleiben, bis er wieder in Ordnung ist.«

Die Lage verschlimmerte sich schnell, aber es geschah so unmerklich, als habe der Teufel selbst seine Hand im Spiel und bediene sich mit böser Kunstfertigkeit der harmlosesten Dinge. Insulaner und Seeleute hatten in den vergangenen Wochen und Monaten jede Scheu voreinander verloren. Die Offiziere und die Häuptlinge, gewiß, die stellten einen besonderen Menschenschlag dar, vor dem man sich nach wie vor zu Boden warf, weil es der Brauch so wollte. Aber die einfachen Matrosen und die Seesoldaten mit ihren Gewehren, aus denen sie winzige Kügelchen verfeuerten, die ohnedies kaum einen Strohpanzer zu durchdringen vermochten, diese schlichten Weißen, die bewegten sich in der vulkanischen Exotik von Hawaii eher tapsig und wie große Kinder, und sie waren ganz gewiß nicht zu fürchten.

Es begann denn auch, wie Streitereien zwischen Kindern stets anheben: einer greift nach einem Ding und läuft damit davon, die anderen setzen hinterher. Nicht selten wurde es eine amphibische Jagd, weil die Hawaiianer sich im Wasser bewegten wie die Delphine und den Briten, die meist nicht einmal schwimmen konnten, mit diesen Künsten weit überlegen waren. Eben darum aber mischte sich hin und wieder einer der jüngeren Vornehmen ein, wenn auch nur in jenen Fällen, wo der Dieb keinen Anhang hatte oder keine Sympathien genoß. Parea etwa, ebenso stark wie geschickt, übernahm gelegentlich eine Verfolgung aus purer Lust an der Bewegung und um sich mit dem Dieb zu messen. Hatte er ihn dann erjagt, so verlor er die Lust an dem Spiel: sollten die Weißen doch auf ihre Messer und Beile und Sextanten besser aufpassen.

Die Matrosen waren nach den vielen Wochen auf Neuseeland, auf Tahiti und Hawaii von der gewaltlosen Überlegenheit der Weißen über die Eingeborenen ebenso überzeugt wie James Cook selbst, und sie wußten auch, daß Übergriffe, die zur Tötung eines Eingeborenen führten, streng bestraft wurden. Also wehrten sie sich gegen die Hawaiianer, die ihnen die Tonnendeckel und das Handwerkszeug gleichsam unter den Augen wegstahlen, nur mit Handgreiflichkeiten. Das war Matrosenart: wer sich etwas zuschulden kommen ließ unter Gleichrangigen, der bekam eine Maulschelle, und hatte er eine ganze Gruppe geärgert oder geschädigt, so gab es eine größere Prügelei. Die Insulaner schienen dabei ihre tödlichen Waffen ebenso zu meiden wie die Weißen, es war eine stumme Übereinkunft, daß die Dolche und die Speere so lange nicht eingesetzt würden, als die Gewehre und Pistolen nicht sprachen. Man schlug mit dem aufeinander ein, was eben zur Hand war, nicht selten mit Rudern, die dann freilich so hart trafen, daß der braune Mann blutüberströmt in den Sand sank.

Während James Cook nach mehr als einem Jahrzehnt eigener Erfahrung mit den Eingeborenen überzeugt blieb, daß die Hawaiianer einen offenen Krieg, eine blutige Auseinandersetzung ebenso vermeiden würden wie alle anderen Südseeinsulaner, mit denen er bis dahin zu tun gehabt hatte, wurde Gore, der Vorsichtige, angesichts der täglichen Übergriffe unruhig und ließ die Geschütze laden, um schnell eingreifen zu können, wenn sich eine größere Auseinandersetzung entspinnen sollte. Clerke hingegen sorgte für eine andere Art der Abschreckung. Als auf der von ihm kommandierten *Discovery* die Schmiedezangen gestohlen wurden, die man für die Ausbesserungsarbeiten dringend brauchte, ließ er den schuldigen Insulaner nicht nur mit vierzig Peitschenhieben bestrafen, sondern nach der Strafe auch weithin sichtbar an den Großmast binden.

Die jüngeren Offiziere und Maate blieben hingegen immer noch sorglos. Leutnant Vancouver machte sich mit der Pinasse zu einer Verfolgungsjagd auf, ohne Waffen in das Boot zu legen. Als sie das

Eingeborenenkanu, in dem ein gestohlenes Salzfleischfaß lag, gegen den Strand hin abgedrängt hatten und den Dieben ihre Beute abnehmen wollten, mischten sich die am Strand versammelten Zuschauer des Wettrennens ein, zerbrachen die Ruder, welche die einzige Waffe der Matrosen gewesen waren, und verprügelten Vancouvers ganze Mannschaft, allerdings ohne jemanden ernsthaft zu verletzen. Es war das deutliche Zeichen dafür, daß die Hawaiianer die Weißen nicht mehr fürchteten. Waffenlose Matrosen wurden eben mit den Fäusten bearbeitet, wobei die Insulaner durch ihre Überzahl natürlich die besseren Chancen hatten.

James Cook ärgerte sich vor allem über diesen Zwischenfall außerordentlich. Vancouver war ein fähiger Offizier. Was sollte man anderen abverlangen, wenn er so schwere Fehler machte? Bei aller Eile, mit der man zur Verfolgung aufgebrochen war, mußte sich ein Offizier Seiner Majestät Marine doch darüber klar sein, daß unbesonnene Handlungen mehr Schaden stifteten als ein abhanden gekommenes Salzfleischfaß. Nun war ein Dutzend Ruder zerbrochen, vor allem aber hatten die Insulaner einen leichten Sieg errungen und aus dem Umstand, daß sie die Weißen verprügelt hatten, gewiß eine größere Befriedigung erlebt, als wenn es Tote gegeben hätte. Sie waren eben wie Kinder, sie liebten es, sich zu balgen, sie hatten auch keine Angst, und sie wollten, wenn ihnen etwas gefiel, mehr davon haben, viel mehr und womöglich auch viel häufiger ...

»In dieser Nacht«, berichtet Heinrich Zimmermann von der auf diese Ereignisse folgenden Nacht vom 13. auf den 14. Februar 1779, »wurde von unserem Schiff, der *Discovery*, ein Boot abgeschnitten und entwendet. Es war das beste, das wir hatten, und als ich, weil ich damals auf dem Verdeck Wache hatte, morgens bei Anbruch des Tages den Diebstahl wahrgenommen (hatte) und es Herrn Kommodore Cook hinterbracht worden war, so ließ er gleich sechs Boote mit Ober- und Untergewehr stark bemannen.«

Zimmermann verwendet, da er sich jahrelang in einer englisch sprechenden Umgebung bewegte, mitunter ungebräuchliche oder wörtlich übersetzte Ausdrücke für nautische und militärische Begriffe. Gemeint sind offenbar Seesoldaten, die den Befehl erhalten hatten, das Seitengewehr aufzupflanzen und zu laden.

»Vier Boote mußten den Hafen sperren und keinen Kahn der Wilden hinauslassen, mit zweien ging er selbst an Land, stieg nebst dem Seesoldatenleutnant Herrn Philipps und ungefähr noch zwölf Mann aus und gab dem Schiffsleutnant (Leutnant zur See) Herrn Williamson Order, daß er mit der übrigen Mannschaft, die ungefähr noch aus vierzehn Mann bestand, in den Booten bleiben solle.

Herr Cook hatte im Sinn, den König auf das Schiff in Arrest zu bringen und ihn so lange nach dem auf der Insel Ulibra geschehenen Beispiel als Geisel zu behalten, bis das Boot wieder herbeigeschafft würde.«

Es war das normale Verfahren, ja James Cook hatte kaum eine andere Möglichkeit. Schon beim Verschwinden der zwei Deserteure Monate zuvor hatte man zu ähnlichen Maßnahmen greifen müssen, und meistens hatten die Könige sich auch nicht sonderlich gewehrt, erstens, weil sie den Vorgang durchschauten, zweitens aber, weil gerade die Häuptlinge eher beurteilen konnten, daß blutige Auseinandersetzungen unter den Eingeborenen mehr Opfer fordern würden, als auf den mit Kanonen bestückten großen fremden Schiffen. In der inzwischen allgemein gereizten Stimmung war das herkömmliche Verfahren jedoch nicht mehr so leicht durchzuführen, und die nunmehr zu Handgreiflichkeiten ermunterten Eingeborenen gedachten nicht, ihren König an Bord gehen zu lassen, selbst wenn er dazu gutwillig bereit sein sollte.

»Dieses Vorhaben«, fährt Zimmermann in seinem Augenzeugenbericht fort, »hätte ihm (Cook) auch hier gelingen können, wenn er die bewaffnete Mannschaft zurückgelassen und den König auf das Schiff mit Freundlichkeit und gütlich eingeladen hätten. Allein, er war hier zu hitzig, und dies führte zu seinem nicht genug zu bedauernden Tod.

In der Zeit, als er den König aus seiner Wohnung am Arm bis an das Ufer brachte, wurde von der Mannschaft der vier Boote, die den Hafen sperrten, auf die Kähne von Insulanern, die ausfahren wollten, verschiedentlich gefeuert und vermutlich dadurch einige dieser Leute verwundet.

Das Volk, das sich bei unserer Ankunft gleich in einer unzählbaren Menge versammelte (!) und das sich schuldig wußte, riet dem König ab mitzugehen, und dieser weigerte sich hierauf auch. Ein altes Weib breitete zwischen dem Könige und Herrn Cook ein Tuch aus und deutete damit an, daß ihn der Kapitän nicht über dasselbe bringen dürfe. Herr Cook wollte den König gewaltsam mit sich fortreißen, das Volk aber (be)warf ihn mit kleinen Steinen. Er, der zuvor von diesen Leuten als ein Abgott verehrt worden war, ergrimmte darüber, schoß aus seiner mitgeführten doppelten (doppelläufigen) Flinte den mit Schrot geladenen Lauf auf sie ab, ergriff den König nochmals bei der Hand und riß ihn über das ausgebreitete Tuch mit sich fort.«

Andere Augenzeugenberichte sprechen nicht nur von einer großen Menge Volks, sondern von zwei- bis dreitausend Menschen. Daß diese so schnell am Strand zur Stelle waren, beweist, daß bereits etwas in der Luft lag, daß sich eine Auseinandersetzung vorbereitete, die vermutlich, nach allen bisherigen Gepflogenheiten, zwar als Kraftprobe gedacht war, aber doch im wesentlichen unblutig verlaufen sollte. Die kritische Grenze, jenseits der die Demonstration zum Gewaltakt werden sollte, hatte die alte Frau gezogen, eine in den Tabusitten Kundige, die, für alle sichtbar, ein buntes Tuch in den Sand legte, das stumme Signal: bis hierher und nicht weiter. James Cook, durch die tagelangen Reibereien nervös geworden, gereizt auch durch die neuerliche zeitraubende Reparatur eines Mastbaums, beachtete in der Rage und vielleicht auch im Vertrauen auf die bis dahin unfehlbare Wirkung seiner wohlbekannten Person das Tuch ebensowenig wie die Frau, die mit einem stummen Zauberkunststück beinahe unmerklich alles entfesselte. Cook riß den gewichtigen König zu sich heran, über das trennende Tuch hinweg, und »einer, der gleich hinter Herrn Cook stand, stieß ihm einen eisernen Dolch, von denen er dem Volk in der Art ihrer oben beschriebenen hölzernen Dolche einige hatte verfertigen lassen und zum Geschenk gegeben, zur rechten Schulter hinein und vorne auf der linken Seite zum Herzen hinaus.

Herr Cook fiel tot zur Erde, und unsere Mannschaft auf dem Lande gab auf das Volk Feuer. Dieses stürmte gleich auf sie los, erschlug noch drei Männer von ihnen, und drei wurden verwundet. Herr Leutnant Williamson machte bei diesem Vorfall in den nächsten zwei Booten nur den Zuschauer: Die Mannschaft wollte gleich näher an Land rücken, auf das Volk feuern, um dadurch den notleidenden Kameraden zu Hilfe zu kommen und auch den Tod ihres Kommodore auf der Stelle zu rächen. Er gab es aber nicht zu, sondern er drohte, daß er den, der einen Schuß täte, selbst erschießen wollte. Seltsam war diese Weigerung, und ich weiß nicht, war es Zaghaftigkeit, oder wollte er mit Fleiß (absichtlich) die doch schuldige Hilfe nicht leisten. Ersteres kann ich von ihm kaum glauben, da er doch gleich bei unserer Ankunft auf der Insel Niihau einen der Wilden, weil ihre Höflichkeit ihm zweifelhaft vorkam, zu erschießen das Herz hatte.«

Damit beginnen die Rätsel um diesen Tod, um den ganzen Vorfall. Daß Cooks Schrotschuß keine Wirkung hatte, erklärte sich aus dem Umstand, daß der Mann, auf den er gezielt hatte, einen Mattenpanzer getragen hatte. Unbegreiflich aber bleibt das Verhalten Williamsons, und schwer in Einklang zu bringen sind auch die verschiedenen Aussagen der Offiziere, die angesichts der harten britischen Seekriegsgerichtsbarkeit nicht so freiweg schildern konnten und wollten wie der einfache deutsche Matrose Heinrich Zimmermann.

Zwei Offiziere hatten unanzweifelbare Positionen. Der eine war Clerke, der Kapitän der *Discovery*, ein Mann, der an Lungentuberkulose litt, seit er sich Jahre zuvor für seinen hochverschuldeten Bruder in die Londoner Elendsquartiere hatte begeben müssen. Er war an diesen hektischen Tagen praktisch nicht einsatzfähig und blieb ebenso auf dem Schiff wie Leutnant Gore, der stets auf der *Resolution* befehligte, wenn Cook an Land ging. Gore verfolgte die Ereignisse mit dem Fernglas und gab sofort Feuerbefehl. Die Kanonenkugeln, die am Strand zwischen den nach Tausenden zählenden Eingeborenen einschlugen, retteten den Begleitern Cooks bis auf einige wenige das Leben.

Darüber hinaus aber liegt vieles im Dunkel, und das dichteste Dunkel herrscht wohl um die Beweggründe Williamsons: zwar hätte er Cook, der schon durch den ersten Stich tödlich verletzt wurde, nicht mehr retten können. Aber das konnte Williamson ja nicht wissen. Er sah Cook nur fallen, und er hätte alles tun müssen, um den offensichtlich Schwerverletzten in Sicherheit zu bringen. War es die Lähmung, wie sie so manchen angesichts großer Verantwortung befällt? War es überlegte Rache für die harte Zurechtweisung, die Cook ihm hatte zuteil werden lassen? Der frühe Tod eines großen Mannes, überflüssig, ja beinahe Spiel des Zufalls wie der ganz ähnliche Tod Magellans, wirft Schatten auf alle, die mit ihm waren, tiefe Schatten, die in zweihundert Jahren nicht lichter, nicht durchsichtiger geworden sind.

Nachbericht

In vielen großen Szenen der Entdeckungsgeschichte fällt uns ein Umstand besonders auf: daß ein Mann, in der Regel der Anführer oder Schiffskapitän, auch in den Augen primitivster Völkerschaften besondere Achtung genießt. Auch für Menschen, die von ihm kaum etwas wissen können, ist er mit einer besonderen Aura umgeben, die ihn dann auch auf entscheidende Weise beschützt. Diese Tatsache erklärt uns, daß Hernando Cortez aus den mörderischen Schlachten gegen die unendliche Überzahl der Tlascalteken und Azteken lebend hervorgegangen ist, daß sich ein Cabeza de Vaca jahrelang waffen- und wehrlos zwischen heidnischen Indianerstämmen bewegen konnte, daß in der europäischen Geschichte immer wieder waffenlose Priester vor die Stadttore treten und die wildesten Raubscharen mit der erhobenen nackten Hand zur Umkehr bewegen, ja ganzen Armeen andere Wege und Ziele weisen.

Das, was alle diese von ihrer Sendung geschützten Menschen gemeinsam haben, nennt man das *Charisma.* Von den Rittern der Tafelrunde im frühen Mittelalter bis zum »roten Kampfflieger«, dem Baron Richthofen im Ersten Weltkrieg, hielt es seine unsichtbare Schutzglocke über zahllose Helden, ja gab ihnen eigentlich erst Gelegenheit zum Heldentum und auch die Zeit, zur Legende zu werden. Irgendwann aber zerspringt diese Glocke; mancher feinnervige Begleiter ahnt es voraus, der Held selbst freilich vernimmt den Warnton niemals. Der als unverletzlich Angesehene, der charismatische Anführer, dessen Namen inzwischen die ganze Welt kennt, erliegt einem heimtückischen Angriff, im offenen Kampf wäre ihm ja kein anderer Mann gewachsen. Die Welt wird für eine Weile dunkler, ein Licht ist erloschen, Ratlosigkeit breitet sich unter den Überlebenden aus, denn gerade auf diesen Tod war niemand vorbereitet. Man hatte ihn in stillschweigender Übereinkunft für unmöglich gehalten.

Diese Seelen- und Sachlage trat ein, als James Cook in den Ufersand gefallen war, als sich ein Berg brauner Leiber auf ihn warf, als ein hilfloser Leutnant plötzlich aufspringender Angst nachgab und alle Rettungsversuche unterblieben. Was sich damals in den Gemütern zweier Schiffsbesatzungen begab, ist heute nicht mehr so ohne weiteres zu verstehen. Tagtäglich werden Träger charismatischer Berufe und Ämter auf offener Straße getötet: Ärzte, die Tausenden geholfen haben, Richter, die über Zank und Streit standen, ja Lenker ganzer Staaten, zu denen Millionen aufblickten. Das Christentum hat jene Urkraft verloren, die selbst der Heide Attila empfand, als ihm der Papst auf der Heerstraße nach Rom entgegentrat. Wir sind heute ahnungsloser als die Hawaiianer, die wie böse Buben über den Weißen herfielen, den sie als Gott verehrt hatten, und darum registrieren wir mit einer gewissen Verblüffung, wie vollständig sich die Männer der *Resolution* und der *Discovery* nach der Ermordung des Kommodore James Cook in die Defensive drängen ließen. Der Matrose Zimmermann berichtet:

»In ungefähr anderthalb Stunden war der Fockmast der *Resolution* auf das Schiff gebracht, weil wir mit annähernd neunzig Mann an Land gegangen waren, um ihn zu holen. Herr Clerke wollte, da nun die Hauptsorge vorüber war, ich weiß nicht aus was für geheimen Ursachen, sich doch nicht an den Eingeborenen rächen, sondern hoffte den Körper des erschlagenen Cook in Güte zu bekommen und sich mit ihnen wieder vollkommen auszusöhnen. Das Schiffsvolk vermutete aber, daß auf diese Weise weder das eine noch das andere würde ausgeführt werden können, denn wir hatten schon vorher gesehen, daß die Eingeborenen den Körper Cooks auf den Berg hinaufschleppten. Die ganze Nacht brannten auf dem gleichen Berge mehrere große Feuer, und unter dem Volke war ein beständiges, allgemeines Jubelgeschrei.«

Clerke, durch seine schwere Krankheit behindert, ja gelähmt, versuchte für Cook zu tun, was er noch für ihn tun konnte, und nahm wohl auch an, im Sinne Cooks zu handeln, wenn er das Einvernehmen mit den Eingeborenen wiederherstellte – Cook hatte schließlich auch für die Ermordung der Furneaux-Leute auf Neuseeland nicht Rache genommen. Leutnant Gore hingegen hatte vorgeschlagen, beide Schiffe ganz nahe an den Strand zu bringen und mit den vereinten Breitseiten das Häuptlingsdorf zusammenzuschießen.

»Am andern Tag, am 15. Februar früh, schickte Herr Clerke den Herrn Leutnant King und Herrn Midshipman Wennkover mit fünf stark bewaffneten Booten und weißen Friedensfahnen nach dem Lande ab mit dem Auftrag, in aller Güte von den Eingeborenen den Körper des Kapitäns zu verlangen und zu versuchen, sich mit ihnen auszusöhnen. Wir hielten mit den fünf Booten in kurzer Entfernung vom Lande, und beide Herren Offiziere, die die Sprache der Wilden ziemlich gut verstanden, richteten ihren Auftrag den Eingeborenen aus, die sich am Strande eingefunden hatten. Sie zeigten uns zwar ein Stück weißes Tuch als ein gegenseitiges Friedenszeichen, spotteten aber unser nur und gaben zur Antwort: *O-runa no te tuti heri de mio a papa heri mai,* das heißt: Der Gott Cook sei nicht tot, sondern schlafe im Walde und würde morgen kommen.«

Daraufhin schlug nun sogar der sanfte Leutnant King vor, sich der Waffen zu bedienen, aber Clerke ließ den Tag verstreichen, befahl für den 16. Februar einen weiteren Versuch und erreichte abermals nichts bei den Eingeborenen, die Kleidungsstücke Cooks am Strand schwenkten, seinen Hut aufsetzten und die Weißen in solcher und anderer Weise verspotteten. Auch das hätte Clerke nicht zu einer anderen Politik veranlaßt, aber er brauchte Wasser, um die feindselige Insel verlassen zu können, die Wasserholer wurden immer wieder mit Steinwürfen angegriffen, so daß schließlich Gores Vorschlag durchdrang, die Hütten beschossen wurden und die Wasserfässer beider Schiffe gefüllt werden konnten. Im Zuge der Verhandlungen über die Einstellung der Beschießung brachten dann einzelne Vornehme offensichtlich mehr aus eigenem Antrieb denn in der Absicht, etwas wiedergutzumachen, Leichenteile des ermordeten Kapitäns, aus denen zu erkennen war, daß die Eingeborenen eine kannibalische Orgie gefeiert hatten. Auf die gleiche Weise, nämlich aus dem Verwandtenkreis dieser Einsichtigen, konnten noch einige ähnlich grausige Überreste des armen Cook gesammelt werden, so daß am 21. Februar 1779 die traditionelle Bestattung auf See stattfinden konnte, ein Grab auf Hawaii hätten die Wilden ja doch nicht respektiert. Nicht der Seemannstod, den Cook vorausgeahnt hatte, war es gewesen. Cook war in der geheimen Überzeugung ausgelaufen, den Tod in den Wellen zu finden; nun war es immerhin das Grab im Ozean, das er gefunden hatte.

Selbst einfache Matrosen waren von diesen Ereignissen tief bewegt, und Heinrich Zimmermann setzt, unmittelbar nachdem er die Übergabe ans Meer geschildert hat, zu einer Charakteristik an, die diesem Deutschen ohne Schulbildung alle Ehre macht.

»Ich glaube es dem Gedächtnis dieses Mannes, der einer der größten unserer Zeiten war, schuldig zu sein, hier seine Beschreibung etwas weitläufiger auszuführen.

Herr Cook war ein großer, schöner, starker, etwas hagerer Mann, schwarzbraun, finster von Gesicht, etwas gebückt. Er war anfänglich ein gemeiner Matrose (gewesen), schwang sich aber durch seine Verdienste so hoch, daß er einer der berühmtesten Seefahrer wurde. Er war sehr streng und jähzornig und so, daß die geringste Widersetzlichkeit eines Offiziers oder Matrosen ihn aus der Fassung brachte. Er hielt unerbittlich auf die Schiffsgesetze und die darauf gesetzten Strafen, und zwar in dem Maße, daß, wenn mitten unter den Wilden auf einem Posten etwas entwendet wurde, die härtesten Strafen gegen den, der den Posten (das heißt die Wache) hatte, verhängt wurden. Kein Seeoffizier hatte vielleicht jemals eine so ausgedehnte Oberherrschaft über seine unter ihm dienenden Offiziere wie er, so daß keiner sich jemals unterstanden (hat), ihm zu widersprechen. Er saß öfters mit seinen Offizieren an der Tafel, ohne ein Wort zu reden, und überhaupt war er sehr zurückhaltend. Der Gemeinen (das heißt der einfachen Seesoldaten und Matrosen) nahm er sich in gerechten Sachen mehr an als der Offiziere; zuzeiten war er auch gegen das Schiffsvolk sehr leutselig. Bei verschiedenen Gelegenheiten hielt er sehr schöne Ansprachen, und ich erinnere mich noch besonders, wie er uns, als wir das erste Mal vor Niihau waren, sehr freundschaftlich ermahnte, daß wir den unschuldigen Wilden die Krankheiten nicht übertragen möchten, womit wir angesteckt waren.«

Cook tritt uns also nicht als rücksichtsloser Eroberer entgegen, und wenn er auch stets an England, an das Kolonialreich denkt, das zu seiner Zeit ja erst im Entstehen ist, so unterscheidet sich seine Einstellung zu den Naturvölkern doch wohltuend von jener eines Christoph Kolumbus, der sie schon im ersten Bericht von Guanahani im

Geist in Sklavenketten sieht und sie unter den Schätzen Westindiens wie eine Ware anführt, oder auch vom Verhalten eines Pizarro, der den Untertanen der Inkaherrscher ihre Besitztümer mit der Rücksichtslosigkeit und Kälte eines Gangsters abpreßte. Diese Unterschiede sind um so bemerkenswerter, als die ganze spanische Conquista, die Eroberung der Neuen Welt, im Zeichen des Kreuzes erfolgte und die Ausbreitung des Christentums als oberstes Ziel vorgab, während James Cook aus schlichter Menschlichkeit und ohne große Worte das tat, worauf seiner Meinung nach auch heidnische Völker Anspruch erheben durften.

»Er redete niemals von Religion, wollte keinen Priester auf dem Schiff dulden, feierte sehr selten die Sonntage, war aber sonst ein gerechter Mann in seinen Handlungen, fluchte niemals, auch im größten Zorn nicht. Er war besonders reinlich, und nach diesem Beispiel mußte sich die gesamte Equipage (Mannschaft) richten; besonders das Schiffsvolk (Seesoldaten und Matrosen) mußte alle Sonntage frisch angekleidet sein. Die Mäßigkeit war eine Haupttugend bei ihm. In der Zeit, als ich mit ihm die Reise gemacht habe, hat ihn keiner jemals betrunken gesehen. Er wollte niemals gestatten, daß der gemeine Mann seinen Branntwein (das heißt die Tagesration) aufheben und dann sich betrinken sollte; und wenn hie und da einer wegen Trunkenheit sein Amt nicht verrichten konnte, so ging es niemals ohne schwere Strafe ab.«

Bemerkungen wie diese werfen ein bezeichnendes Licht auf die Zustände an Bord britischer Kriegsschiffe im achtzehnten Jahrhundert. Die einfachen Leute waren, das geht aus vielen Hinweisen hervor, überwiegend geschlechtskrank und häufig betrunken, ja sie sparten sich sogar die ungefährliche Tagesration vom Mund ab oder erwarben im Spiel zusätzlichen Rum, damit es für einen veritablen Rausch reiche. In dieser Hinsicht hatte sich seit den Tagen des Francis Drake nicht viel geändert, nur daß dieser eben ein Korsar gewesen und nicht im Auftrag einer gelehrten Gesellschaft um den Erdball gesegelt war.

»Seine Tafel«, fährt Zimmermann in seiner Cook-Charakteristik fort, »war sehr einfach, einfacher, als jemals ein Seeoffizier sie hatte. Er aß meistenteils Sauerkraut mit einem gesalzenen Stück Fleisch, (dazu) etwas Erbsen; und so bestand seine Tafel aus zwei, höchstens drei Gerichten. Sonnabends war er meistens freundlicher als sonst, er trank auch dann ein Glas Punsch mehr als gewöhnlich auf die Gesundheit schöner Frauen und Mädchen. Niemals hatte man auch nur den Verdacht bei ihm, daß er Umgang mit Frauenzimmern habe; selbst auf Tahiti und Hawaii, wo jeder der Anziehung des Frauenvolks nachgab, war er allein rein und unversehrt. Im übrigen Genuß liebte er die Gleichheit, und wenn sich die Gelegenheit ergab, teilte er Trank und Speise unter sich, den Offizieren und Matrosen gleich aus.«

Das sind Eigenschaften, die James Cook als einen echten, der Sache ergebenen Anführer ausweisen und ihn neben die großen Feldherren stellen. Wie oft hatte Napoleon Erfolg, weil er nach mäßigem Essen früher zu Bett gegangen und früher aufgestanden war als seine hochadeligen und vielkonsumierenden Gegner, und wie kläglich nehmen sich sogenannte Lebenskünstler wie die Marschälle Soubise und Richelieu oder auch August der Starke als Feldherren gegenüber Schlachtenlenkern mäßigen Lebens aus, also neben dem Prinzen Eugen oder Friedrich dem Großen.

»Die Unerschrockenheit war sein Hauptmerkmal. An den unbekannten Küsten von (Nord-)Amerika lief er in nebeligen Nächten mit vollen Segeln und schlief dabei ruhig; und öfters dagegen, wenn niemand Gefahr vermutete, kam er auf das Verdeck, veränderte den Lauf des Schiffes, weil Land nahe war, so daß jedermann glaubte, er habe besondere, geheime Zeichen, aus denen er die Gefahr abnehmen (erkennen) könne.«

Da ist es ausgesprochen: die Mannschaft vertraute James Cook in so hohem Maße, das sie überzeugt war, er besitze ein Schutzbündnis mit dem Schicksal, ein geheimes Ahnungsvermögen für die Gefahr, kurz, er sei durch sein Charisma geschützt oder, wie man dafür früher sagte, *gefeit* im wahrsten Sinn des Wortes, das Unheil hatte über ihn keine Macht. Versteht man, was für die Männer der *Resolution* und wohl auch der *Discovery* an diesem Februartag des Jahres 1779 zusammengebrochen war? Die Wilden in ihrem Übermut hatten es beinahe zutreffend formuliert, als sie sagten, Gott Cook sei im Wald schlafen gegangen und werde morgen wiederkommen. Er kam wieder, aber nicht als Mensch, sondern als Legende. Zimmermann jedenfalls betont es ausdrücklich, daß jene Fälle, in denen niemand sich zu erklären vermochte, wieso Cook die Gefahr erkennen konnte, sich wiederholt zugetragen hatten; Riffe, Küsten, Landvorsprünge ahnte er, ohne sie sehen zu können, und irrte sich dabei niemals. So ein Mann läßt sich nicht durch einen Nachfolger ersetzen, vor allem nicht durch einen kranken Mann wie Clerke, dem in den Augen der Mannschaften bei aller Wertschätzung auch jene Erprobung im persönlichen Einsatz fehlte, auf die es gerade vor einfacheren Gemütern stets in besonderem Maß ankommt.

»Ich glaube nicht, daß England einen tapfereren Seeoffizier gehabt hat als James Cook. In dem Augenblick der größten Gefahren war er der Munterste, Heiterste, Standhafteste. Seine Hauptbeschäftigung war dann nur, die Stille und Ruhe auf dem Schiff (wieder) herzustellen, was ihm auch so gelang, daß meistens aller Augen nur auf ihn gerichtet waren.«

Was Zimmermann und die anderen Matrosen empfanden, das teilte sich offensichtlich auch den Menschen mit, die James Cook zum erstenmal sahen, die nicht Jahre, sondern nur Wochen oder höchstens Monate mit ihm verbrachten – den Eingeborenen von Neuseeland, Tahiti und Hawaii.

»Er war geboren, mit den Wilden umzugehen. Man sah, daß der Umgang mit ihnen ihm mehr Vergnügen machte als alles andere. Er liebte sie, verstand die Sprache verschiedener Inseln und hatte die besondere Gabe, die Insulaner für sich einzunehmen. Eben das war die Ursache, daß die Wilden ihn verehrten und zuzeiten vergötterten; aber eben das war auch die tiefere Ursache für jenen Zorn, in dem er entbrannte, wenn sie von dieser Verehrung abließen oder ihn wohl gar verspotteten. Er war dann in seiner Rache unmäßig, wobei er allerdings keinen mit dem Tode strafen ließ. Er konnte sich durch seine Gebärden den Wilden vorzüglich verständlich machen, und so, wie er sich hierin durch den Umgang mit den Wilden eine besondere Geschicklichkeit erworben hatte, so waren auch sie ihm am meisten ergeben. Auch tat er alles, was ihnen Vergnügen bereiten konnte: er suchte sie durch Geschenke, durch Mitteilungen, durch allerlei Vorstellungen unserer europäischen Sitten, der Kriegsart und so weiter zu unterhalten und ihre Freundschaft zu erwerben.«

Heinrich Zimmermann verbreitet sich dann über die uns zum Teil schon bekannte Technik James Cooks in der Bekämpfung von Seuchen und Krankheiten an Bord. Er war darin, zumindest was die britische Marine betraf, ein einsamer Vorkämpfer, während die Holländer auf ihren Schiffen das Geheimnis der Skorbutbekämpfung schon seit mehr als hundert Jahren kannten. Nicht alles, worauf Cook setzte, hat sich in der Folge tatsächlich als nützlich erwiesen; die Bierwürze zum Beispiel brachte bei Vorbeugung und Behandlung dieser schleichenden, zu äußerster Schwäche, Geschwüren und Blutungen führenden Erkrankung so gut wie gar nichts, das Sauerkraut, das Cook immer wieder allen seinen Untergebenen vorsetzen ließ, erwies sich hingegen als ebenso nützlich wie die Reinlichkeit und die viele Bewegung in frischer Luft, die er durch straffen Dienst erzwang. Cooks Leistungen und Erfolge auf diesem Gebiet blieben vorbildlich, bis im Dampfschiff-Zeitalter lange Seereisen selten wurden und der offenbar nur einen geschwächten Organismus befallende Virus damit seine Schrecken verlor. Der Landskorbut wurde bis in den Ersten

Weltkrieg nach Cooks Methoden bekämpft, vor allem in Rußland, wo das arme kleine Volk, in Fastenperioden und Notzeiten, beinahe alljährlich vom Skorbut befallen wurde. James Cook, der ja mit Dampfschiffen nicht rechnen konnte, arbeitete auch auf diesem Gebiet für die Zukunft vor. »Sobald wir an einer Insel landeten, mußten gleich Leute ausgeschickt werden, um frisches Gemüse zu sammeln, und dieses mußte in den Suppen gegessen werden ... An den amerikanischen Küsten und in Neuseeland brauten wir Bier. Wir schlugen verschiedenen Bäumen die Wipfel ab, kochten sie in Wasser, gaben dann auf eine halbe Ohm (d. h. auf ca. 75 Liter) gekochten Wipfelsuds eine Maß eines aus Malz zubereiteten Likörs und warfen fünf bis sechs Pfund Zucker hinein. Dieses war ein angenehmes und gesundes Getränk, wir genossen es statt des Brandweins ... Sobald einer vom Schiffsvolk erkrankte, wurde ihm einer zur Versorgung zugeteilt, und Herr Cook fragte selbst nach allen Kranken und erfüllte die Pflichten eines Vaters. War etwas Frisches zu haben, so war es besonders für den Kranken bestimmt ...«

Man muß diese Mitteilungen Heinrich Zimmermanns gegen das halten, was sich sonst auf den Schiffen begab, was etwa ein Melville noch ein Menschenalter später mitmachte, was uns zahlreiche andere Autoren von der Härte und Einsamkeit des Lebens in einer Schiffsmannschaft berichten. Cook sorgte durch seine väterliche Fürsorge für etwas, was man heute Betriebsklima nennt, und machte aus den sonst kaltschnäuzigen und rohen Gesellen eine geschlossene Familie. Das alles war durch einen Dolchstich zunichte geworden; mit Cook war nicht nur ein Mann getötet worden, sondern ein Hort des Vertrauens, der Hoffnung und der seelischen Zuflucht.

»Die allgemeine Bestürzung, die der Tod unseres Kommodore verursacht hatte, ist der schönste Lobspruch für Herrn Cook. Alles auf den Schiffen war verstummt, niedergeschlagen, empfand, seinen Vater verloren zu haben. Man sieht selbst dieser Reisebeschreibung an, daß nach seinem Tod der Erforschungsgeist, die Entschlossenheit, der feste Mut verloren gewesen. Die traurigen Gedanken, welche den Tag, an dem wir die wiedergebrachten Stücke seines Körpers in der See begruben, begleiteten, rührten fast alles Volk zu Tränen, und ich setze hier hinzu: Hätte das Schicksal gewollt, daß ein anderer Offizier sein Leben bei einem solchen Vorfall eingebüßt hätte, man würde gesehen haben, wie Cook den Tod eines braven Europäers gerächt hätte.«

Aus diesen Zeilen spricht zweifellos nicht Menschenhaß oder gar Verachtung für die Eingeborenen, sondern eine begreifliche Empörung über den Tod eines Mannes, der selbst stets das Leben geschont hatte, der in einem für seine Epoche verblüffenden Ausmaß Ehrfurcht und Liebe für primitive Kulturen empfand und es sogar riskierte, seine eigenen Leute zu enttäuschen, um nicht den sogenannten Wilden allzuhart entgegentreten zu müssen. Für einen Seeoffizier jener Zeit ist all dies so ungewöhnlich, daß man die Persönlichkeit dieses großen Entdeckers wohl mit Recht – vor allen anderen Eigenschaften – durch diese seine Haltung gegenüber anderen Rassen charakterisiert sieht. Jahre bevor die französische Romantik den »guten Wilden« entdeckte, sah sich James Cook schon in der Vaterrolle und Fürsorgeverpflichtung für alle entdeckten Gebiete und Völker der Südsee, versuchte sie vor europäischen Krankheiten zu behüten und pflanzte überall seine kleinen Heilkräutergärten als ein beinahe rührendes Zeichen für die Verantwortung, die er auf jeder dieser Reisen, in all diesen Jahren stets empfand.

Das strenge militärische Reglement auf Schiffen Seiner Majestät bewirkte, ehe man den Ort des Unglücks verließ, noch eine Maßnahme, die von vielen Besatzungsmitgliedern als zusätzliche Belastung empfunden wurde. Nicht Gore konnte die Expedition zu Ende führen, der Leutnant, den auf der *Resolution* jeder so gut kannte wie den Kapitän selbst und der nächst Cook das größte Vertrauen genossen hatte, sondern der kranke Clerke von der *Discovery* wurde neuer Kommodore. Und statt bei seinen Leuten zu bleiben und von dem kleinen, aber tüchtigen Schiff aus die Expedition zu leiten, wechselte Clerke an Bord der *Resolution*, so daß die nach dem Tod Cooks ohnedies verwaisten Mannschaften sich noch auf neue Befehlshaber und eine andere Art der Schiffsführung einstellen mußten.

Charles Clerke, der Mann aus Weathersfield in der Grafschaft Essex, war erst sechsunddreißig Jahre alt, aber er war krank. Die Tuberkulose, an der er litt, nannte man damals noch Schwindsucht; sie sollte zur unheilvollen Geißel der Südseeinseln werden, weil die von ihren Missionaren in Kleider gezwungenen Insulaner in den häufigen kurzen Regengüssen naß wurden, sich erkälteten und wie die Fliegen an einer Infektionskrankheit dahinstarben, gegen die sie keinerlei Abwehrkräfte besaßen. Clerke war körperlich bereits am Ende, als Cook ermordet wurde. Dennoch trieb ihn das Pflichtgefühl zu einem neuerlichen Versuch, die Nordwestpassage aufzufinden, und damit abermals nach Norden.

Er beendete im Februar 1779 zunächst die Erkundung der Hawaiigruppe und sichtete am 24. Februar, zwei Tage, nachdem er die Kealakekuabucht verlassen hatte, die Inseln Kahoolawe und Lanai, über die man bis dahin kaum etwas wußte, auch ihre Lage nicht kannte. Am 27. Februar landete er dann auf der großen Hawaii-Insel Oahu, und zwar an der Nordwestküste, blieb aber nur kurz und segelte in die Waimeabucht der Insel Kauai weiter, einen Naturhafen am Südwestende der viertgrößten Insel dieser Gruppe. Zur Erholung der Mannschaften und zur endgültigen Verproviantierung vor einer neuen Suchfahrt nach Norden lagen die beiden Schiffe dann noch eine Woche vor dem schon bekannten Niihau und verließen am 15. März 1779 die Inselgruppe endgültig.

Die Nordfahrt begann Clerke nicht am Ostrand des Stillen Ozeans, sondern im russischen Hafen Petropawlowsk, dem Haupthafen der Halbinsel Kamtschatka, damals einem winzigen Städtchen von wenigen hundert Einwohnern, in dem der russisch-amerikanische Handel, das heißt der Verkehr mit den russischen Pelzhandels- und Fischereistationen auf Alaska, gerade erst begann. Die Stadt hatte ihren Namen von den beiden Vulkanen Peter und Paul, die beide in der Eiseskälte dieser nordpazifischen Landschaft immer wieder tätig wurden wie die Vulkane der Hawaiigruppe.

Erst Mitte Juni 1779 brach die Expedition nach Norden auf, aber selbst das war noch zu früh. Das Beringmeer empfing die *Resolution* und die *Discovery* mit Nebel über den zahlreichen Untiefen und mit Treibeis, und am 19. Juli erreichte Clerke die feste Eisgrenze ein paar Kilometer südlicher als im Vorjahr mit James Cook. Entkräftet, aber nicht entmutigt, segelte Clerke am Eisrand entlang nach Westen in der Hoffnung, irgendwo eine Öffnung zu finden und weiter nach Norden vorstoßen zu können, eine erstaunliche Willensleistung angesichts der desolaten Gesamtsituation und ein eindrucksvoller Beweis für die Pflichttreue dieser britischen Offiziere, die offensichtlich hinter James Cook nicht zurückstehen, seine letzte Reise doch noch zu einem Erfolg führen wollten.

Am 27. Juli gab Clerke schließlich auf und kehrte um, nicht in Richtung der unwirtlichen amerikanischen Küste, sondern wiederum nach Kamtschatka, wo man die Briten gut aufgenommen hatte. Am 21. August kam die Küste von Kamtschatka wieder in Sicht, aber Clerke hatte sich zuviel zugemutet: er starb am 22. August 1779, nach manchen Angaben 36, nach anderen 38 Jahre alt, und man muß annehmen, daß auch der Arzt von Petropawlowsk, wenn es einen gab, sein Leben nicht mehr hätte retten können. Das Kommando der Expedition übernahm nun Leutnant Gore, der auf die *Resolution* zurückkehrte, während King die *Discovery* kommandierte.

Ein Kuriosum, eine der seltsamsten Szenen der Entdeckungsgeschichte begab sich, als Clerke zum erstenmal Petropawlowsk ansteuerte. Im April war der Hafen noch größtenteils zugefroren, eine breite und feste Eisdecke lag anstelle des Meeres vor der Festung, und über dieses Eis marschierten im Nebel zehn Mann unter Leutnant King auf die Russen zu, die, hinter ihren Schanzen liegend, auf einmal ein Dutzend Männer aus dem Ozean auftauchen sahen, als wären sie von Amerika herüber zu Fuß gegangen. Die Friedenszeichen, die alle Insulaner verstanden hatten, überzeugten auch den russischen Posten, und zudem hatte King das Glück, daß der Gouverneur der Festung ein Deutscher war: der Sohn des Generals Behm, den Katharina die Große hierher, in den äußersten Osten ihres Reiches, verbannt hatte. »Dieser würdige Mann«, berichtet Zimmermann, »schickte allsogleich zwei seiner Bedienten, wovon einer ein geborener Preuße und der andere ein Russe, aber von deutschen Eltern (!) war, nebst einem russischen Kaufmann zu unseren Schiffen ab. Diese brachten einen deutschen Brief mit, worin sich der Gouverneur über unsere Ankunft freute und uns mit dem, was in seiner Macht stände, zur Hand zu gehen versprach. Ich kann nicht ausdrükken, welche Empfindungen es bei uns hervorrief, daß wir Landsleute einander hier trafen . . .«

Gouverneur Behm half tatkräftig mit zweiundzwanzig Mastochsen und nahm auch den Bericht von Cooks Tod auf, zur Weiterleitung nach Petersburg und London. Und als er wenige Wochen darauf selbst abberufen wurde, traf er noch Vorsorge, daß die zurückkehrende Expedition unter Leutnant Gore weitere siebzehn Mastochsen erhielt, die ebenso ein Geschenk waren wir die erste massive Frischfleischanlieferung.

Daß dieses großzügige Verhalten keineswegs die Regel war, bewies schon wenige Wochen später die Lage in Macao, wo Gore sich auch gegen Geld keine Lebensmittel verschaffen konnte. Ein portugiesisches Schiff unter einem irischen Kommandanten sprang ein, indem es dreimal soviel kaufte, wie es selbst brauchte . . . Dort erfuhr Gore übrigens auch, daß inzwischen wieder einmal See- und Kolonialkrieg zwischen England und Frankreich herrschte, den Mächten, die einander im achtzehnten Jahrhundert so ziemlich all jene außereuropäischen Gebiete streitig machten, die Spanier und Portugiesen übriggelassen hatten. Die französische Regierung hatte jedoch den beiden Schiffen der Cook-Expedition ausdrücklich eine sichere Heimreise, also den Neutralitätsstatus garantiert, ein weiteres Zeichen dafür, daß damals in der Weltpolitik noch bessere Sitten herrschten als heute und der Ehrenkodex intakt war: niemand dachte daran, die Cook-Expedition als Geiseln zu nehmen . . .

Am 22. August 1780, ein Jahr nach Clerkes Tod, erreichten die beiden Schiffe, die einen vorsichtigen Bogen um das ganze Kriegsgebiet beschrieben hatten, die Orkneyinseln an der Nordspitze von Schottland und damit britisches Gebiet; Ende September ließen sie in Deptford die Anker fallen, dort, wo mit den unzureichenden Ausbesserungen das Unheil dieser viereinhalbjährigen Expedition begonnen hatte. Insgesamt waren auf beiden Schiffen, einschließlich der mit Cook ums Leben gekommenen Männer, vierzehn Tote zu beklagen, eine für diese Reisedauer außerordentlich niedrige Quote, die sich weiter reduziert, wenn man die sechs Toten von Hawaii und zwei über Bord gespülte Matrosen abzieht. Die einst so gefürchteten Krankheiten der Seeleute und die übermenschlichen Strapazen der langen Seereisen waren offensichtlich durch James Cook besiegt worden.

Es bleibt uns noch übrig, das Nötigste über die Entwicklung jenes geographischen Raumes zu sagen, in dem James Cook die flächenmäßig größte und als Energieleistung wohl einzigartige Entdeckungsarbeit vollbrachte. Weder Australien noch die pazifische Inselwelt sind nämlich in den Sog der europäischen Politik geraten, bis auf einzelne wenige Inseln wie Midway, Mururoa oder Hawaii mit Pearl Harbour haben sie sich auch in die Weltgeschichte noch nicht eingetragen.

Daß der lange gesuchte Südkontinent, unser nunmehr fünfter Erdteil, zunächst eine Verschickungskolonie der britischen Krone wurde, ist wohl ebenso bekannt wie das ähnliche Schicksal des französischen Neukaledonien. Die im Pazifik rivalisierenden Mächte haben da einander wenig vorzuwerfen. Australiens erste Kolonisten waren die 757 Sträflinge und Bewacher, die am 20. Januar 1788, also knapp zehn Jahre nach Cooks Tod, in jener Botany Bay landeten, die ihm so gut gefallen hatte. Da sich der Hafen bei näherer Betrachtung als doch nicht so günstig erwies, wurde im nahen Port Jackson eine Siedlung begründet, das heutige Sydney. Zum Sträflingsnachschub gesellten sich bald freie Kolonisten, die sich vor allem in Süd- und Westaustralien niederließen. Zwischen 1848 und 1868 kamen die letzten Sträflinge, doch hatten sich inzwischen Tausende anderer Einwanderer durch den Völkermord auf Tasmanien und die Unterdrückung der australischen Ureinwohner kaum minder schwere Verbrechen aufgeladen. Zu Beginn unseres Jahrhunderts hatte Australien etwa so viele Einwohner wie München heute (1,15 Millionen), wozu allerdings eine damals nicht genau bekannte Zahl von Aborigenes, also Eingeborenen, kommt (maximal 200 000). Der nach langen Eifersüchteleien 1901 zustande gekommene Bund der australischen Kolonien (Commonwealth of Australia) hat heute mit Tasmanien und den vorgelagerten Inseln etwa 14,5 Millionen Einwohner, von denen sich etwas mehr als 100 000 als Australide – als Eingeborene und Mischlinge – bezeichnen.

Neuseeland hatte zum Unterschied von Australien eine polynesische Bevölkerung, von deren Intelligenz und Wehrhaftigkeit sich nach Cook noch andere Entdecker überzeugen konnten. Ihre Gesamtzahl betrug um die Mitte des vorigen Jahrhunderts etwa 50 000 auf der Nord- und weitere 2 000 auf der Südinsel. Ihnen ist, obwohl erst seit einigen Jahrzehnten staatliche Hilfen für die Ureinwohner festzustellen sind, ein gewisser Wiederaufstieg gelungen; sie zählen heute, hundert Jahre nach jener ersten Schätzung, gut eine Viertelmillion. Die Kolonisation Neuseelands hatte erst 1814 eingesetzt, wurde durch Missionare langsam vorangetrieben und durch die schweren Maorikriege von 1820–1828 zurückgeworfen. Erst 1840 kam ein Waffenstillstand zustande, dem 1843–1846, 1881, 1883 und 1886 neue Aufstände folgten. Unter Richard Seddon verteidigte Neuseeland hartnäckig seine Unabhängigkeit von Australien und ist heute mit 3,1 Millionen Einwohnern selbständiges und gleichberechtigtes Mitglied des British Empire.

Von den übrigen Entdeckungen Cooks hat nur die Inselgruppe Hawaii eine ähnlich günstige Entwicklung genommen und ist heute als gleichberechtigter Bundesstaat der USA und beliebtes Touristenziel zu besonderem Wohlstand gelangt, den es allerdings mit einer vollständigen Überfremdung bezahlt. Will man das alte Hawaii finden, so muß man zu einer der wegen ihres starken Vulkanismus noch nicht so vollständig bebauten und zivilisierten Inseln übersetzen. Honolulu auf der Insel Oahu hat Hawaii und seiner Hauptstadt Hilo längst den Rang abgelaufen. Auf 16 700 Quadratkilometern leben heute etwa 900 000 Menschen auf den Inseln, davon etwa ein Drittel Weiße.

Dort, wo James Cook und die Seinen sich am wohlsten fühlten, nämlich auf den Gesellschafts- und den Freundschaftsinseln, ließen sich nach einigen Interventionen anderer Mächte die Franzosen nieder. Im Oktober 1788 war Bligh – unter Cook Master auf der *Resolution* – mit der *Bounty* nach Tahiti gekommen, hatte fünf Monate Brotfruchtbäume ausgegraben und vor der Abreise die auch von Cooks Reisen bekannte Jagd nach Deserteuren durchführen müssen. Ihre grausame Behandlung an Bord und die allgemeine Unzufriedenheit der Mannschaften, die sich nach Tahiti und dem Südseeidyll des dortigen Lebens zurücksehnten, führten bald darauf zu der schon erwähnten und oft behandelten Meuterei auf der *Bounty*. Der mit seinen Anhängern ausgesetzte Bligh vollbrachte im offenen Boot eine außerordentliche Seefahrerleistung, entdeckte einige Inseln in den Gruppen der Neuen Hebriden und der Fidschiinseln und landete im Juni 1789 auf Timor. Er war nach Cook der erste Europäer, der die Torresstraße durchfuhr. Der außerordentlich harte Mann zog sich, wo immer er tätig wurde, Ärger und Widerstände zu und wurde 1808 als Gouverneur von Neusüdwales (Australien) ebenfalls durch eine Revolte abgesetzt.

Die Meuterer von der *Bounty* hatten einen ersten Siedlungsversuch auf Tubuai wegen der Feindschaft der Eingeborenen abbrechen müssen; einzelne kehrten nach Tahiti zurück, wurden von der britischen Strafexpedition aufgegriffen und in England vor Gericht gestellt, wobei man jedoch wegen Blighs bekannter Härte nur drei Todesurteile verhängte; der Großteil der Meuterer hingegen ging mit einigen Frauen und Männern aus Tahiti auf die Suche nach einer gastlichen Insel. Sie fanden 1790 die von ihren Ureinwohnern seit Jahrhunderten verlassene Felseninsel Pitcairn. Erst 1808 brachte ein Walfangschiff, die *Topaz,* Nachricht von ihnen nach Europa, 1829 starb John Adams, der letzte der Meuterer.

Obwohl die Insel nur begrenzte Lebensmöglichkeiten bot, Landwirtschaft und Fischfang beide erschwert waren und mitunter auch Unfrieden zwischen Weißen und Polynesiern ausgebrochen war, wuchs die kleine Gemeinschaft auf Pitcairn immer weiter an, so daß der Gouverneur von Neusüdwales 1856 den Versuch unternahm, sie nach Norfolk Island zu verpflanzen. Dort waren die Lebensbedingungen vergleichsweise außerordentlich günstig, aber schon 1858 kehrten die ersten beiden Familien nach Pitcairn zurück, und andere folgten. Heute verteilen sich die Nachfahren der *Bounty*-Meuterer etwa gleichmäßig auf Norfolk und Pitcairn. Adamstown, das Dorf an der Nordküste von Pitcairn, hat etwa siebzig Häuser, die Einwohner sind allesamt Adventisten, geben ihre eigenen Briefmarken heraus und werden alljährlich von etwa fünfzig Schiffen besucht, die wegen der Brandung in der Regel nicht landen (britische und holländische Linien des Neuseeland-Panama-Verkehrs). Ausflugsverkehr mit kleinen Schiffen besteht nach den nicht dauernd bewohnten Koralleninseln Oeno, Henderson und Ducie. Henderson ist die interessanteste dieser Inseln, durch Höhlen mit rätselhaften Skeletten und durch den Umstand, daß einige Walfänger von der *Essex,* deren Fangboot von einem Wal verschleppt und leck geschlagen wurde, hier 1820/21 als Robinsone lebten.

Tahiti, um zur Hauptsache zurückzukehren, wurde nach Wallis und Cook von verschiedenen europäischen Schiffen besucht, die Missionierung begann jedoch erst 1797 und scheiterte 1809. Zurückgekehrte Missionare bekehrten 1815 König Pomare II. zum Christentum. Daß 1836 französische katholische Missionare vertrieben wurden, rief die französischen Kriegsschiffe auf den Plan, und zwischen 1838 und 1843 erreichten es wiederholt französische Flottenbesuche mit dem Ergebnis, daß Tahiti französisches Protektorat wurde. 1914 versenkten die deutschen Panzerkreuzer *Scharnhorst* und *Gneisenau* vor Tahiti zwei französische Schiffe und beschossen die Hauptstadt Papeete. Heute ist sie, trotz ihrer nur etwa 30 000 Einwohner, das ungemein lebhafte Zentrum des ganzen französischen Polynesien, zu dem ja noch die Tuamotugruppe, die Marquesas sowie die Tubuai- und die Gambiergruppe gehören. Von den nicht ganz 100 000 Menschen, die sich dort des französischen Geschicks im Umgang mit Farbigen erfreuen, sind mehr als 70 000 Polynesier, rund 10 000 Chinesen. Nicht zu dieser Verwaltung gehören die große Insel Neukaledonien mit ihren Nachbarinseln (Loyaltyinseln, Hunter Islands, Île des Pins). ~~Hier,~~ angesichts der Größe der abweisenden Insel, hatten sowohl Frankreich als auch England eher gezaudert, und die Inbesitznahme erfolgte erst 1853. Zwölf Jahre später trafen die ersten Sträflinge ein, und seither wurde die Insel beinahe so berüchtigt wie Cayenne in Französisch-Guayana, vor allem, da man hier Langzeithäftlinge unterbrachte, von denen sich der Staat für immer zu befreien suchte, wie Kommunarden und Sozialisten des geschlagenen Frankreich nach 1871. Die von melanesischen Kannibalen, also nicht von Polynesiern, bewohnte Insel hatte mehrere Eingeborenenaufstände zu verzeichnen, den schwersten 1878, den letzten ernsthaften im Jahr 1917.

Die Hauptbedeutung der Insel liegt heute in ihren Naturschätzen (Chrom, Nickel), aber selbst der Fremdenverkehr hat begonnen, sich für die berüchtigte Sträflingsinsel zu interessieren, und das *Pacific Islands Yearbook* schreibt ein wenig ironisch: »Das, was die Touristen hier am liebsten tun (außer sich an der französischen Atmosphäre zu erfreuen), ist die Besichtigung von Eingeborenendörfern, der Besuch des berühmten Aquariums von Anse Vata und der schaurige Gang durch die Kerker der Insel Nou (Nouvelle-Calédonie).«

Die Neuen Hebriden, auf denen James Cook einige Inseln entdeckte, andere in ihrer Lage richtiger vermaß, blieben bis 1825 unbeachtet, als der irische Seemann Peter Dillon die großen Sandelholzwälder auf einigen dieser Inseln zu erschließen begann und den Holzexport aufnahm. Auf Tanna, wo James Cook so freundlich aufgenommen worden war, und auf Eromanga begann rücksichtsloser Raubbau, und die Holzfäller des Iren, aber auch anderer Nationen gerieten bald in blutige Händel mit den sich ihrer Haut wehrenden

Eingeborenen. Opfer dieses wohlbegründeten Weißenhasses wurden leider auch zwei Missionare, die Reverends Williams und Harris, die 1839 auf Eromanga getötet wurden. Mit Hilfe christlicher Samoaner wurde die Missionierungsarbeit wieder aufgenommen und erzielte in den sechziger Jahren des vergangenen Jahrhunderts ihre ersten Erfolge. Die Missionare waren es auch, die als erste gegen das sogenannte *Blackbirding* protestierten, nämlich die Rekrutierung von Sklavenarbeitern auf den Hebriden und ihre Verschiffung auf die Fidschiinseln, wo für die Baumwollplantagen Arbeitskräfte gesucht wurden.

Es war also ein reichlich düsterer Hintergrund, auf dem sich die Europäer und die Eingeborenen zusammenfanden, und erst 1886 kam es zu einer britisch-französischen Vereinbarung mit dem Zweck, gemeinsam für die Menschenrechte auf den Neuen Hebriden zu sorgen. Aus einer zunächst nur von Schiffsoffizieren gebildeten Kommission wuchs 1906, als das deutsche Interesse an einigen Gruppen der Südseeinseln die Franzosen wie die Briten alarmierte, jenes Kondominium (Gemeinschaftsregierung), das bis 1980 bestand. In diesem Jahr wurde die Inselgruppe – wie man sagen muß, unvorbereitet – in eine recht ungewisse Zukunft entlassen. Die Eingeborenen sind, wie auch anderswo, zur Selbstverwaltung noch nicht fähig, der einzigen bedeutenden britischen Firma auf den Neuen Hebriden steht eine französische Übermacht mit starkem wirtschaftlichem Einfluß gegenüber, radikale Eingeborenengruppen werden weiterhin für Unruhe sorgen, vor allem, da die Bevölkerungsstruktur außerordentlich komplex ist: zu den 1 500 Franzosen stießen im Lauf der Jahre noch 2 500 Vietnamesen und 600 französische Untertanen aus Tahiti. Die melanesischen Ureinwohner vermischten sich im neunzehnten Jahrhundert, zum Teil durch die rücksichtslose Verschickungspolitik, stark mit Polynesiern, so daß heute verschiedene Dialekte auf den Neuen Hebriden gesprochen werden und den besitzenden Weißen keine geschlossene Eingeborenenpartei mehr gegenübersteht.

Die Doppelkette der etwa achtzig Inseln wird von Vila aus verwaltet, einem 4 000-Einwohner-Städtchen auf der Insel Efate; die zweite etwa gleich große Stadt ist Santo, von den Franzosen Luganville genannt, auf der Insel Espiritu Santo.

Die dritte Reise James Cooks galt, wie wir nun wissen, weniger der Entdeckung neuer Länder oder Inseln als dem Seeweg um Nordamerika herum, den zwischen 1650 und 1900 vor allem die Briten immer wieder suchten, weil sie ihn dringender brauchten als alle anderen Nationen. Er ist wohl das opferreichste Expeditionsgebiet, und seit dem tapferen Martin Frobisher, der schon 1576 in den Labradorgewässern eine Durchfahrt nach Westen suchte, und Henry Hudson, der 1610 in arktischen Gewässern mit seinem Sohn von Meuterern ausgesetzt wurde, hat die inzwischen legendäre Nordwestpassage mitunter ganze Schiffsbesatzungen in den Tod gelockt. Dabei hatte Samuel Hearne mit seinem treuen indianischen Freund Montanabbee schon 1771, also in der Epoche der Cook-Reisen, den Coppermine River erreicht und war über den Großen Sklavensee in die Zivilisation zurückgekehrt. Man wußte also von Ausdehnung und Wildheit dieses nördlichsten Nordamerika, von den großen Wasserwegen und den Seen zwischen Atlantik und Pazifik.

Im Jahr 1845 fuhr Sir John Franklin mit zwei Schiffen zur Suche nach der Nordwestpassage aus. Warum er ihnen die unheilverkündenden Namen *Erebus* (Unterwelt) und *Terror* gab, weiß man nicht, doch sollte sich das düstere Omen bald bestätigen. Er gelangte durch den Lancaster Sound nach Westen, wurde dann aber ein Opfer des Packeises, wobei falsche Karten oder der Umstand, daß man sich für dieses unbekannte Gebiet überhaupt auf Landkarten verließ, den Untergang herbeiführten: nach zwei Polarwintern, zwischen denen sich nur eine kurze Spanne offenen Wassers ergeben hatte, starb Franklin im Juni 1847. Im dritten Winter gaben die Mannschaften und die verbliebenen Offiziere die Hoffnung auf, daß eine Rettungsexpedition zu ihnen durchkäme, und marschierten über das Eis und durch den menschenleeren Norden Kanadas verzweifelt nach Südosten. Alle 105 Männer fanden dabei den Tod, insgesamt hatte das Unternehmen 130 Tote zu verzeichnen, zu denen sich noch die Verluste der vierzig (!) Suchexpeditionen gesellten, die Franklin retten oder doch eine Spur von ihm finden wollten.

Einer dieser erfolglosen Retter fand immerhin den Einstieg zur Passage, ihren pazifischen Anfang, den James Cook gesucht hatte – das war der Ire Robert John Le Mesurier McClure, der denn auch wenigstens 10 000 Pfund kassieren durfte. Außerdem wurde er geadelt, also Sir. Er war auf dem Schiff *Investigator* 1850 durch die Beringstraße nach Norden gefahren, um Franklin zu suchen. Aus der flachen Beaufortsee – der großen Nordbucht Alaskas – lief er in die Prince of Wales Strait ein und setzte, als sein Schiff im Eis festfror, die Entdeckungsreise unerschrocken auf Schlitten bis zum Melville Sound fort, der schon 1819 von Europa aus erreicht worden war. Damit stand fest, daß die Passage als solche existierte, aber erst Roald Amundsen auf der kleinen, tüchtigen *Gjøa* schaffte es, sie in den Jahren 1903–1906 tatsächlich zu befahren.

Die wirkliche Erschließung dieser Wasserstraßen rund um Nordamerika und entlang der sibirischen Eismeerküste erfolgte trotz so mutiger Vorreiter wie Nordenskjöld, Amundsen oder Larsen erst unter den militärischen Gesichtspunkten der Gegenwart. Verspricht sich nämlich eine der beiden Supermächte einen militärischen Vorteil von der Beherrschung einer Region oder der Erschließung eines Verkehrsweges, dann stehen sogleich ganz andere Summen zur Verfügung, als sie die tapferen Polarforscher bei wissenschaftlichen Instituten oder kleinen Regierungen locker machen konnten.

Die Sowjetunion verfügt heute über ein gut funktionierendes Netz von Wetter- und Radarstationen in der Arktis und eine ganze Eisbrecherflotte, die den Seeweg zwischen dem norwegischen Nordkap und Kamtschatka ganzjährig offenhält. Praktische Handelsbedeutung hat er vor allem dadurch, daß er die neuen Hafenstationen miteinander verbindet, die an den Mündungen der großen sibirischen Ströme entstanden.

Ganz ähnlich steht es um die Nordwestpassage zwischen Nome auf Alaska und der Labradorküste, vor allem, seit die Alaska Pipeline das wertvollste Ausfuhrgut dieses nördlichsten US-Staates über Haines Junction bis nach Juneau fließen läßt, wo auch James Cook schon ankerte.

Der aufrechte Kapitän hat auf seinen drei schier endlosen Reisen nicht nur der geographischen Wissenschaft gedient, sondern auch eine neue Welt vorbereitet, die kleiner geworden ist, mehr zusammenrücken mußte und nicht mehr aus dem vollen leben kann. Die von ihm aufgefundenen weiten siedlungslosen Räume sind kostbar geworden angesichts der Übervölkerung unserer Erde, und die Rohstoffquellen des fünften Erdteils, aber auch Alaskas haben erst in den letzten Jahren ihren ungeheuren Wert für die Welt von heute und morgen erkennen lassen. Mit den 20 000 Pfund, die Cook nicht bekam, wäre dies alles nicht abzugelten gewesen, aber die britische Admiralität war dennoch nicht kleinlich: die Witwe des Seehelden erhielt eine hohe Pension, seiner Familie wurde ein Wappen zugestanden, und in der Kealakekua Bay erhebt sich heute ein Denkmal des Mannes, den die Hawaiianer dort erschlagen haben. Es konnte wohl kaum mehr sein, und es scheint doch viel zuwenig ...

Quellen und Literatur

In diesem Buch ist nichts erfunden. Selbst die wenigen Gespräche stützen sich auf Eintragungen in den Tagebüchern von James Cook oder seinen Mitreisenden. Gerade diese Aufzeichnungen aber beweisen auf sehr instruktive Art, daß ein und das andere Ereignis, daß selbst scheinbar eindeutige Vorgänge und Zwischenfälle von verschiedenen Personen ganz verschieden gesehen und nacherzählt werden. Wer sich mit den drei großen Entdeckungsreisen des Kapitäns Cook eingehender beschäftigen will, wird darum zu diesen Aufzeichnungen greifen müssen, und es ist zu bedauern, daß sie zur Zeit in unserer Sprache nur in einem einzigen Fall vollständig vorliegen. Doch auch die Auswahlausgaben geben wertvolle Ergänzungen zu unserem Buch und sind auch dort fesselnd, wo die eigentlichen Ereignisse hinter Schilderungen der Völker und ihrer Inseln zurücktreten. Man kann zur Zeit im Handel oder in fast allen öffentlichen Bibliotheken folgende Titel erhalten:

Captain James Cook: Entdeckungsfahrten im Pacific. Erdmann-Verlag, Tübingen 1971, Taschenbuchausgabe Bastei-Lübbe, Bergisch-Gladbach.

Daß der Band die drei Logbücher der großen Reisen enthalte, stimmt zwar nicht, macht aber auch nicht sehr viel aus, weil ein richtig geführtes Logbuch für den Laien unlesbar ist. Was Erdmann und Bastei-Lübbe herausbrachten, ist eine Auswahl aus Cooks eigenen Aufzeichnungen während der Reisen, zusammengestellt von dem Australier A. Grenfell Price. Zwischen dem Text des Herausgebers und dem Cooks ist leider nicht deutlich genug unterschieden.

Georg Forster: Entdeckungsreise nach Tahiti und in die Südsee 1772–1775, Tübingen 1979, Erdmann-Verlag.

Die von Hermann Homann besorgte Neuausgabe des berühmten Reisebuches ist durch ein kurzes biographisches Vorwort über Forster Vater und Sohn ergänzt und weitgehend vollständig. Die Orthographie und gelegentlich auch der Satzbau Forsters wurden modernen Gewohnheiten angeglichen, auf erläuternde Anmerkungen wurde verzichtet. Das Nachwort über Forsters Schicksale nach seiner Heimkehr ist lesenswert.

Heinrich Zimmermann: Reise um die Welt mit Kapitän Cook. Klaus Renner Verlag München 1966.

Vermutlich auf Anregung Forsters niedergeschrieben, sind diese Aufzeichnungen als Stimme eines einfachen Matrosen und als Bericht eines Deutschen an Bord der *Discovery* von doppeltem Interesse und von großem Reiz in allen Einzelheiten. In der vorliegenden Ausgabe hat der hervorragende Pazifikkenner Hans Plischke wertvolle Einführungstexte und erläuternde Fußnoten beigesteuert und im Anhang ein Literaturverzeichnis gegeben. Auf dieser Ausgabe fußt eine 1978 bei Erdmann, Tübingen, veranstaltete neue Ausgabe, die leider auf die Anmerkungen verzichtete.

Pacific Islands Year Book and Who's who. Sydney and New York Pacific Publishing Co. 1981.

Das unschätzbare Nachschlagewerk erscheint in unregelmäßigen Abständen neu und enthält in einzigartiger Vollständigkeit nicht nur geographische und touristische Mitteilungen über alle Inseln des Pazifik, sondern auch über Geschichte, Entwicklung, Wirtschaft und heutiges Leben. (Nur englisch.)

Dietmar Henze: Enzyklopädie der Entdecker und Erforscher der Erde, Akademische Druck- und Verlagsanstalt, Graz, seit 1978.

Dieses bedeutende Nachschlagewerk ist noch im Erscheinen, gibt aber in seiner fünften Lieferung auf den Seiten 643–715 gedrängt und mit englischen Zitaten die Geschichte Cooks und seiner drei großen Reisen nach dem neuesten Stand der Wissenschaft. Sehr wertvoll die Übersicht über die James-Cook-Literatur am Ende des Artikels. Das Werk widmet eigene Stichwortartikel auch den meisten wichtigen Teilnehmern der Cook-Reisen und Offizieren wie Clerke, Gore usw.

Hans Plischke: Der Stille Ozean. Janus-Bücher im Verlag R. Oldenbourg, München 1959.

Taschenbuch mit gedrängter, aber gut lesbarer Einführung in die Probleme und die Geschichte des pazifischen Raums mit Zeittafel und leider zu kurzem Literaturverzeichnis. Die beste Ergänzung zu den eigentlichen Reiseberichten.

Inhalt